Das Buch

Das freiheitsliebende Herz von Prinzessin Sophie drückt eine schwere Last: Heiraten soll sie – und das möglichst genauso erfolgreich wie ihre große Schwester Sisi, die Kaiserin von Österreich. Schließlich gibt sie dem Druck ihrer Eltern nach und willigt ein, sich mit ihrem Cousin Ludwig, dem charmanten, kunstsinnigen Bayernkönig, zu verloben, denn der ist ihr wenigstens ein lieber, vertrauter Freund. Aber nach der Verlobung behandelt Ludwig sie plötzlich kalt und abweisend. Und dann schlägt das Schicksal zu – in Gestalt des Hoffotografen Edgar Hanfstaengl. Sophie und der kluge Freidenker verlieben sich unsterblich ineinander. Gegen alle Konventionen beginnen sie eine leidenschaftliche Affäre. Aber das Glück der beiden Liebenden kann nicht von Dauer sein: Sie werden verraten und Sophie wird zur Ehe mit ihrem schlimmsten Feind gezwungen ...

Die Autorin

Natalie Scharf, 1966 in Wasserburg geboren, verfasste zwei mehrfach ausgezeichnete Jugendromane. Seitdem ist die dreifache Mutter erfolgreich als Drehbuchautorin tätig. Auch das tragisch-romantische Leben von Sisis kleiner Schwester wird – in einer Koproduktion von *RTL, ORF, Antenne 2* und *RAI* – mit internationaler Starbesetzung verfilmt.

Natalie Scharf

Sisis kleine Schwester

Roman

Ullstein

Ullstein Taschenbuchverlag 2000
Der Ullstein Taschenbuchverlag ist ein Unternehmen der
Econ Ullstein List Verlag GmbH & Co. KG, München
Originalausgabe
© 2000 by Econ Ullstein List Verlag GmbH & Co. KG, München
Lektorat: Petra R. Strehmer / lüra – Klemt & Mues GbR
Umschlagkonzept: Lohmüller Werbeagentur GmbH & Co. KG, Berlin
Umschlaggestaltung: Bezaubernde Gini, München
Titelabbildung: AKG, Berlin
Gesetzt aus der Sabon, Linotype
Satz: Josefine Urban – KompetenzCenter, Düsseldorf
Druck und Bindearbeiten: Ebner Ulm
Printed in Germany
ISBN 3-548-25069-6

1. Kapitel

Die Hunde witterten den Tod. Ihr erregtes Gekläff hatte an jenem Sommertag den Gesang der Feldlerchen in den Wäldern von Possenhofen verstummen lassen. Gleichzeitig vibrierte der Boden unter den harten Hufschlägen der jagenden Reiter. An der Spitze der Gruppe ritt Sophie, Prinzessin in Bayern. Obwohl sie im Damensattel jagte, saß kein anderer Reiter so aufrecht und gerade auf seinem Pferd wie sie. Bei jedem Sprung ließ sie die Zügel locker durch die Hände gleiten, um sie gleich darauf mit beispielloser Schnelligkeit wieder aufzunehmen. Schon als Kind hatte Sophie die Lektion gelernt: Je mehr Freiheit sie ihrem Pferd bei unentwegt treibendem Sitz ließ, desto höher und williger sprang es.

Sophie zog jedoch nicht nur aller Blicke auf sich, weil sie eine hervorragende Reiterin war. Ihr dunkelblaues Reitkleid mit dem kleinen Zobelbesatz schmiegte sich wie eine zweite Haut um ihre schmale Taille, unter dem schwarzen Reitzylinder kringelte sich eine widerspenstige kastanienfarbene Lockenflut und ihre leuchtend blauen Augen sprühten nur so vor Temperament.

Dicht hinter der Prinzessin hielt sich ihr Vater, Herzog Max in Bayern. Im Gegensatz zu dem traditionellen Rot der Jagdfräcke und dem Schwarzgrün der Damen trug er eine derbe graue Kammgarnhose und eine braune Lodenjoppe.

Sein vom Wetter gegerbtes, sonnengebräuntes Gesicht war vor Anstrengung angespannt. Er schien es nicht fassen zu können, dass seine jüngste Tochter wieder einmal schneller war als er. Kein Zaun und kein Graben waren ihr zu hoch oder zu breit. Dabei ließ Sophie das braun-weiß-schwarz gefleckte Knäuel der Hundemeute keinen Moment aus den Augen, denn an der Art und Weise, wie die Fox-Hounds die Hindernisse überwanden, konnte sie erkennen, ob der Graben vor oder hinter der Hecke war oder gar auf beiden Seiten. Gleichzeitig achtete Sophie auf besonders sumpfige Stellen, und um ja nicht an Zeit und Tempo zu verlieren, galoppierte sie in einem großen Bogen darum herum, wenn sie die reich verzweigten Blütenstände der Binsengewächse, auffallend dunkelgrün gefärbte Wiesenflächen oder gar einen Teppich weiß blühender Sumpfblumen entdeckte.

An hohen schlanken Fichten vorbei, über Moos und Farndickicht setzte die Gruppe, bis die Fox-Hounds endlich den Fuchs im Unterholz aufgestöbert hatten. Zahllose Pferdehufe preschten den Hunden hinterher und klatschten in schlammige Pfützen, die sich überall am Waldboden gebildet hatten. Die Erde war noch immer aufgeweicht und schlammig von den Regengüssen, die in den letzten Wochen niedergegangen waren. Oft hatte sich die Sonne in jenem Sommer des Jahres 1866 noch nicht gezeigt.

In seiner Verzweiflung versuchte der Fuchs – ganz gegen seine Natur –, sich auf eine krumm gewachsene Esche zu retten, aber er rutschte immer wieder ab. Schließlich sprang er mit einem gewaltigen Satz in einen Bachlauf, das Wasser spritzte in alle Richtungen. Die Fox-Hounds folgten ihm unbeirrt und der Leitrüde gelangte ganz in die Nähe seines Opfers. Angetrieben von den anfeuernden Rufen seines Herrn schnappte er zu, aber er bekam nur ein Büschel rötlicher Schwanzhaare zu fassen. Der Fuchs nahm noch einmal seine ganze Kraft zusammen. Er sprang auf das gegenüberliegende Ufer zu, rutschte ab, versuchte es erneut, krallte sich im schlammigen Wurzelgeflecht fest, fand endlich Halt und kroch die Böschung hinauf. Kaum hatte er trockenen Boden erreicht, da schlug er einen Haken nach rechts auf ein Kiefernwäldchen zu, dann einen nach links, wieder einen nach rechts, und plötzlich war er wie vom Erdboden verschluckt.

Die verwirrten Fox-Hounds, die Schnauzen dicht am Boden, versuchten vergebens, die Witterung wieder aufzunehmen.

Auch die Reiter drehten die Köpfe ratlos suchend nach allen Richtungen. Der alte, silberbärtige Graf Josef von Cronberg zügelte sein Pferd, blickte zu Herzog Max hinüber und rief: »Wir müssen uns aufteilen, sonst entwischt er uns noch ganz!«

Herzog Max nickte seinen vier Equipagen zu, die die Fox-Hounds sofort in kleinere Gruppen einteilten.

Inzwischen waren die letzten Reiter wieder zum Hauptfeld gestoßen. Unter ihnen befand sich auch Ferdinand Duc d'Alençon. Er war Mitte zwanzig, mit starken, gut geformten dunklen Brauen, einem leicht gespaltenen Kinn und einem eigensinnigen Mund. Man hätte ihn als einen gut aussehenden Mann bezeichnen können, wären in seinem Gesicht nicht Kälte und Hochmut zu lesen gewesen. Sein Blick war unverwandt auf Sophie gerichtet, während neben ihm sein Vetter, Philipp von Coburg, sein Pferd zügelte. Philipp war es gewesen, der Ferdinand eingeladen hatte, an der Jagd in Possenhofen teilzunehmen. Der hatte die Gelegenheit gern ergriffen, denn seine Anwesenheit war bei gesellschaftlichen Ereignissen sonst meist unerwünscht. Die großen Zeiten der Orléans und Alençons waren längst vorüber.

Während Ferdinands Blick auf Sophie ruhte, blitzte in seinen Augen ein Funke auf, der verriet, dass er sich mit dieser Situation noch längst nicht abgefunden hatte. Dieses bezaubernde Wesen, das zudem noch die Schwägerin von Kaiser Franz Josef von Österreich – des mächtigsten Mannes in Europa – war, hatte ihn von der ersten Sekunde an fasziniert. Er wusste natürlich, dass alle anderen Schwestern von Kaiserin Elisabeth längst verheiratet waren und nur Sophie, die ihrer berühmten älteren Schwester in Schönheit und Anmut in nichts nachstand, noch in Possenhofen, umgarnt und umschwärmt von zahllosen Verehrern, lebte.

Philipp von Coburg warf seinem französischen Verwandten einen Seitenblick zu. »Trügt mich der Eindruck oder schenkst du deine Aufmerksamkeit gerade ganz anderen Reizen als denen der Jagd?«

Ohne seine Augen von Sophie zu nehmen, antwortete Ferdinand: »Für mich, werter Vetter, hat die Jagd gerade erst richtig begonnen.«

Während sich die Reiter in kleinere Gruppen aufteilen, blickte nun auch Philipp in Sophies Richtung und sagte: »Mit Verlaub, teuerster Ferdinand, ich hatte angenommen, es sei selbst in Frankreich bekannt, dass die jüngste Schwester der Kaiserin von Österreich nur Körbe verteilt. Ich möchte dir daher vorschlagen, es mit einer etwas weniger schwierigen Partie zu versuchen.«

»Einen Verlierer, mein lieber Philipp, erkennt man schon an der Einstellung«, konterte Ferdinand. »Einen Gewinner übrigens auch!« Dabei zog er sein Pferd heftig an der Kandare und seine linke Augenbraue wurde zu einer scharfen Spitze, als er hinzufügte: »Du blickst gerade auf meine zukünftige Frau, verehrter Vetter!«

»Davon scheint sie aber noch nichts zu wissen«, lachte Philipp. »Sie sieht dich ja nicht einmal an!«

Sophie bemerkte in der Tat nicht, dass sich die Unterhaltung zwischen den beiden Männern um sie drehte. Locker hielt sie die Zügel ihres Pferdes in der Hand und wartete darauf, dass die Jagd weiterging.

Endlich, als alle sich in kleinere Gruppen aufgeteilt hatten und einige Reiter an der Prinzessin vorbeigeprescht waren, fiel auch ihr Pferd in einen tänzelnden Galopp. Sophie ritt ein Stückchen in einer der Gruppen mit, blieb aber hinter den anderen. Plötzlich zügelte sie ihr Pferd und lenkte es völlig überraschend ins Dickicht. Die Prinzessin hatte bemerkt, dass der Fuchs – solange die Hunde ihm auf den Fersen gewesen waren – gegen den Wind geflüchtet war, und ahnte, dass er jetzt instinktiv mit dem Wind flüchten würde, um so seinen Verfolgern das Jagen auf seiner Fährte zu erschweren.

Einige Male musste Sophie den Kopf einziehen, um unter den tief hängenden Zweigen hindurchpreschen zu können. Mit einem gewaltigen Sprung setzte sie schließlich wieder aus dem Dickicht heraus. Gerade wollte sie über die Lichtung galoppieren, als sie den Fuchs entdeckte, der sich hinter einem Sandhügel verkrochen hatte.

Hart riss sie an den Zügeln. Ihr Pferd tänzelte erschrocken und sofort legte sie ihm beruhigend die Hand auf die rostbraune Flanke – dabei ließ sie den Fuchs keine Sekunde aus den Augen. Speichel tropfte in dünnen weißen Fäden aus seinem Maul, er hechelte und bebte am ganzen Leib. Seine bernsteinfarbenen Augen blickten auf die Prinzessin und er schien am Ende seiner Kräfte zu sein.

Er ist wie ich, schoss es Sophie plötzlich durch den Kopf. Von allen gejagt! Wir beide sind nichts weiter als Trophäen.

Heiraten sollte sie! Das hörte Sophie inzwischen beinahe jeden Tag. Mit ihren neunzehn Jahren galt sie bereits als alte Jungfer. Ihre Schwestern waren bedeutend jünger gewesen, als sie die Ehe eingegangen waren.

Immer wieder lamentierte ihre Mutter, Herzogin Ludovika, dass sie noch nie so viel Rücksicht auf die Wünsche einer Tochter genommen hatte. Schließlich war Ludovika selbst ebenfalls verehelicht worden, ohne dass man sie nach ihren Gefühlen gefragt hätte. Sophie wusste von den bitteren Tränen ihrer Mutter, denn für die stolze bayerische Königstochter war eine Welt zusammengebrochen, als sie erfahren hatte, dass der politisch unbedeutende Herzog Max ihr Gemahl werden sollte. Obwohl Ludovika darüber nie ein Wort verlor, kannte Sophie die bittere Wahrheit. Zu oft hatte sie schon die Dienstboten darüber tuscheln hören. Ludovikas große Liebe war Prinz Miguel von Braganza gewesen. Sophies Großvater dachte aber gar nicht daran, seiner Tochter den Segen für eine solche Ehe zu geben. Ludovika war schon als Kind ihrem Cousin Herzog Max versprochen worden und außerdem bestand keinerlei Hoffnung, dass Dom Miguel jemals den portugiesischen Thron besteigen würde. Als sich dann plötzlich das politische Blatt doch noch wendete und Miguel völlig überraschend König wurde, reiste er sofort nach Bayern, um nochmals um die Hand seiner großen Liebe anzuhalten.

Sophie konnte sich lebhaft ausmalen, wie sehr ihre Mutter damals gelitten hatte, denn Miguel traf genau an dem Tag ein, an dem die Hochzeitsglocken für Ludovika läuteten. Und Sophie hatte auch erkannt, dass ihre Eltern nicht füreinander bestimmt waren; viel zu unterschiedlich waren sie in ihren Einstellungen und in ihrem Wesen. Herzog Max scherte sich einen Teufel um Konventionen und Etikette. Er kümmerte sich weder um Klassenunterschiede noch um Konventionen. Politik interessierte ihn erst recht nicht. Aber Sophie wusste auch, dass ihr Vater völlig verkannt wurde. Die Bevölkerung hielt ihn für einen bäuerlichen Herzog, und fast niemandem war bekannt, dass er deutsches Bundesrecht, Physik, Völkerkunde, Geschichte und Kirchengeschichte an den Universitäten in München und Landshut studiert hatte, und das – zu Sophies größter Bewunderung – gemeinsam mit bürgerlichen Kommilitonen. Am liebsten hätte die Prinzessin es ihrem Vater gleichgetan, aber als Frau blieb ihr der Zugang zu den Universitäten verwehrt.

Sophie wurde plötzlich aus ihren Gedanken gerissen. Hundegekläff und galoppierende Hufe näherten sich. Sie wandte geistesgegenwärtig den Kopf und rief laut: »Hier ist der Fuchs nicht! Sucht auf der anderen Seite!« Dann flüsterte sie: »Jetzt lauf schon, sonst erwischen's dich noch!«

Als hätte der Fuchs verstanden, rappelte er sich mit letzter Kraft wieder auf, aber . . .

In diesem Augenblick zerriss ein lauter Knall die Luft, der Fuchs überschlug sich, zuckte noch einige Male. Dann lag er tot auf der Erde.

Schockiert drehte Sophie sich um und zum ersten Mal in ihrem Leben nahm sie Ferdinand von Alençon wahr. Allein ritt er auf sie zu, das Jagdgewehr in der Hand. Als sein Blick den ihren traf, lüftete er seinen Zylinder. Sophie starrte ihn stumm vor Entsetzen an.

Er muss mir unbemerkt gefolgt sein!, schoss es ihr durch den Kopf, während sie beobachtete, wie er vom Pferd sprang, auf den erlegten Fuchs zuging und sich bückte. Etwas Langes, Schimmerndes blitzte im Sonnenlicht auf. Ein Jagdmesser! Mit einem Schnitt trennte er von dem Kadaver die rechte Vorderpfote ab und hielt sie Sophie lächelnd entgegen. »*Pied d'honneur* – eine alte französische Tradition: die Ehrenpfote für die schönste Verbündete, die eine solche Kreatur je gehabt hat.«

Für ihn war es offenbar die größte Ehre, die ein Mann einer Frau erweisen konnte, für Sophie aber war es der blanke Hohn. Ihre Hände zitterten und am liebsten hätte sie ihm ihre Reitgerte ins Gesicht geschleudert, aber sie versuchte, ihrer Stimme einen ruhigen Klang zu geben, als sie erwiderte: »Ich weiß nicht, wer Ihr seid, und ich wünsche, es in meinem Leben auch nicht zu erfahren!«

Dann gab Sophie ihrem Pferd die Sporen und galoppierte davon, während Ferdinand ihr sprachlos hinterherstarrte, die blutverschmierte Fuchspfote immer noch in seiner Hand.

»Wir werden uns wieder sehen«, sagte er dann und lächelte. Aber Sophie konnte seine Worte nicht mehr hören.

Der Schuss hatte ein gutes Dutzend Reiter angelockt, die nun die Lichtung erreicht hatten. Unter ihnen war auch Sophies junge Zofe Nadia Burger. Die Gruppe zügelte die Pferde, und als Nadia den Kopf wandte, sah sie ihre Herrin in einiger Entfernung davongaloppieren.

»Hoheit!«, rief sie.

Sophie reagierte nicht und Nadia blieb nichts anderes übrig, als ihr Pferd zu wenden und in halsbrecherischem Tempo in dieselbe Richtung zu reiten. Aber sie konnte nicht darauf hoffen, ihre Herrin einzuholen. Schon während der Jagd hatte sie vergeblich versucht, mit der Prinzessin Schritt zu halten. Nadia war durchaus eine gute Reiterin – vor allem deshalb war sie von Herzogin Ludovika vor gerade mal drei Wochen in ihren Dienst genommen worden.

Als Tochter einer Münchner Lazarettschwester und eines einfachen Soldaten verfügte sie keinesfalls über die Referenzen, die der Zofe einer Prinzessin angemessen gewesen wären. Doch Nadia war der Zufall zu Hilfe gekommen. Ihre Mutter hatte eine Aristokratin von einem hartnäckigen Rückenleiden geheilt und diese hatte während eines Besuches in Possenhofen auch von der Tochter der Wunderheilerin geschwärmt, weil diese jedes Buch verschlinge, auf so nette Art und Weise Konversation zu führen verstand und dabei noch eine vorzügliche Reiterin sei. Das war für Herzogin Ludovika ausschlaggebend gewesen. Schließlich wusste sie, dass sich ihre Tochter lästiger Begleiterinnen, die weniger gut zu Pferde waren, stets zu entledigen verstand.

Und jetzt das!, dachte Nadia betrübt. Wenn sie ihre Stellung verlor, würde sie heiraten müssen.

Unglücklich wendete sie schließlich ihr Pferd und machte sich schweren Herzens allein auf den Weg nach Possenhofen zurück. Großer Gott, betete sie im Stillen, mach, dass Herzogin Ludovika nicht allzu bös mit mir ist. Das nächste Mal will ich die Prinzessin auch nicht mehr aus den Augen lassen!

Die Jagd war zu Ende. *Halali!* Das gesamte Feld hatte sich um Ferdinand von Alençon versammelt, um ihm zu gratulieren. Einem alten Brauch folgend wurde Ferdinands Wange mit dem Blut des Fuchses genetzt. Jeder sollte sehen, wer der Sieger war. Während die Hunde erregt winselten und von den Equipagen zusammengetrieben wurden, schenkte Max traditionsgemäß den Satteltrunk aus. Als er Ferdinand einen Becher mit frisch gebranntem Korn gereicht hatte, sagte er feierlich: »Als dem Sieger der heutigen Jagd steht es Euch zu, beim nächsten Mal hinter mir und den Hunden zu reiten.«

Hoch zu Ross mit der blutig genetzten Wange hatte Ferdinand etwas Diabolisches an sich, als er lächelnd erwiderte: »Mein Schloss in Vincennes liegt leider zu weit entfernt. Aber ich würde mich glücklich schätzen, wenn Eure Tochter beim Jagdschmaus neben mir säße.«

Philipp von Coburg warf seinem Vetter einen Blick zu, der weder seine Überraschung noch seine Anerkennung verhehlen konnte.

Herzog Max widersprach nicht, sondern sah forschend in

die Runde, um Sophies Reaktion abzuwarten – und erst jetzt stellte er fest, dass weder die Prinzessin noch ihre Zofe unter den Anwesenden waren.

Er ahnte, wohin seine Tochter geritten war.

2. Kapitel

Eine Lokomotive dampfte gemütlich durch bayerisches Voralpenland. Im königlichen Abteil, das aufwändig mit Arbeiten aus Lapislazuli und Gold getäfelt und mit himmelblauen Samtkissen geschmückt war, saß der heimkehrende Ludwig. Dunkles widerspenstiges Haar kringelte sich über seinen verträumten Augen. Er trug eine prächtige Chevaulegers-Uniform und hatte sich verschwenderisch mit *Chypre* parfümiert. Er hielt viel auf seine äußere Erscheinung, und eine Hoffriseuse hatte einige Stunden damit verbracht, ihm vor seiner Abreise aus Genf die Haare mit einem Brenneisen zu wellen, um ihm das Aussehen eines Künstlers zu verleihen. So gern wäre er Künstler gewesen, stattdessen war er König!

Völlig in Gedanken versunken blickte Ludwig aus dem Fenster, beobachtete, wie Dörfer, Wälder und Wiesen an ihm vorüberzogen. Die Rückkehr nach Bayern hatte für ihn jedes Mal wieder etwas Beklemmendes. Schaudernd rief er sich das Bild von Schloß Nymphenburg, in dem er aufgewachsen war, ins Gedächtnis zurück. Er dachte daran, wie einsam und elend er sich dort immer gefühlt hatte. Seine Eltern, Königin Marie, eine geborene Prinzessin in Preußen, und König Maximilian, hatte er nur selten zu Gesicht bekommen, denn nach Ansicht seiner Erzieher förderte die Distanz zu anderen Familienmitgliedern Ludwigs Selbständigkeit.

Noch heute bekam Ludwig eine Gänsehaut, wenn seine Wege die seines ehemaligen Lehrers, des Grafen Theodor de la Rosée, kreuzten. Der Graf war es schließlich gewesen, der ihn gezwungen hatte, schon als Baby militärisch aus dem Kinderwagen zu grüßen. Aber selbst das hätte Ludwig ihm verzeihen können. Nie würde er jedoch jenen heißen August-nachmittag des Jahres 1848 vergessen. Er hatte gerade seinen dritten Geburtstag gefeiert, als der Graf die Pferde vor die Kutsche des Prinzen spannen ließ und zusammen mit ihm zum Starnberger See fuhr. Der Thronfolger sollte schwim-men lernen! Als Ludwig ins Wasser gehen sollte, gehorchte er nicht, weil ihm das Brodeln darin Angst machte. Daraufhin packte der Graf ihn an den Schultern und warf ihn kurzer-hand hinein. Ludwig erinnerte sich immer noch an das Gur-geln und Tosen in seinen Ohren, als er untertauchte und nur noch Finsternis um ihn war. Er war in jenem Augenblick davon überzeugt, so sterben zu müssen – er würde ertrinken! Aber Graf Theodor de la Rosée zog ihn zappelnd und nach Luft schnappend wieder an Land. Ludwig weinte bitterlich, nachdem der Graf ihn einen Versager geschimpft hatte und mit ihm zurück ins Schloss gefahren war.

Warum er Tränen vergieße, hatte man ihn später gefragt, er weine ja schließlich auch nicht, wenn er den Soldaten bei ihren Schießübungen zusah.

Ludwig konnte sich noch allzu gut an seine Antwort erin-nern. »Den Soldaten kann ich befehlen, dem Wasser nicht!«

Nach jenem schrecklichen Erlebnis hatte er wie besessen Schwimmen gelernt, denn er wollte nie wieder in eine so demütigende Lage geraten. Nun war er ein ausgezeichneter Schwimmer. Ertrinken würde er sicher nicht!

Ludwig fröstelte und er bemerkte, dass er hungrig war. Wenn er sich an seine Kindheit erinnerte, dachte er immer ans Essen. Schließlich hatte er damals nie genug bekommen. Eine spartanische Lebensweise gehörte zu den erzieherischen Maßnahmen, die man für geeignet hielt, den Jungen abzuhärten.

Der einzige Lichtblick in seiner Kindheit waren seine Besuche in Possenhofen, wenn er mit seinen Cousinen und Cousins zusammen sein durfte. In dem gemütlichen alten Schloss, das eine so warmherzige Atmosphäre ausstrahlte, war die Speisekammer immer voll und sein Onkel Max war ein wundervoll großzügiger, aufgeschlossener Mensch. Noch gut konnte er sich an die bunten geselligen Runden der Literaten erinnern, die sich samstags in Possenhofen trafen. Bei Bier und reichlich Zigarren – man konnte in den Räumen die Hand nicht mehr vor den Augen sehen – wanderten illustrierte Zeitschriften, Musikalien und Bücher von Hand zu Hand. Ludwig hatte schon als Kind davon geträumt, diesem Kreis eines Tages angehören zu dürfen.

Große Bewunderung empfand er auch für seine ältere Cousine Sisi, aber am wohlsten fühlte er sich in Sophies Nähe. Mit ihr konnte er über alles reden – ein nur unwesentlicher Altersunterschied trennte sie voneinander.

Damals war er noch Kronprinz und ahnte nicht, dass er schon wenige Jahre später König werden würde. Sein Vater war an einer geheimnisvollen Krankheit gestorben. Niemand wollte mit ihm darüber sprechen, aber er hörte die Dienstboten tuscheln, die sich heimlich erzählten, dass daran nur Männer starben. Offiziell hieß es, der Tod sei durch einen Gehirnschlag eingetreten. Die Beerdigung würde Ludwig sein ganzes Leben nicht vergessen. Dass es an jenem Tag stürmte und schneite, hatte er sofort als schlechtes Omen für seinen Regierungsantritt angesehen. Er konnte sich noch gut daran erinnern, wie der Sarg mit seinem Vater darin in die Gruft gesenkt worden war. Aber wenn Ludwig ehrlich zu sich selbst war, fehlte der Vater ihm nicht einmal. Es hatte niemals Nähe zwischen ihnen gegeben. Nur ein einziges Mal hatte König Maximiliam ihm bedauernd anvertraut, dass er als Kind seinen Vater, König Ludwig I., außerhalb offizieller Termine ganze zwölfmal gesehen hatte. Doch Ludwig hatte keinerlei Mitleid, schließlich machte er es mit seinem eigenen Sohn nicht besser. Und er sehnte sich verzweifelt nach jemandem, der ihm väterlichen Halt gab, zu dem er aufblicken konnte.

Als Ludwig das erste Mal dem Komponisten Richard Wagner begegnete, spürte er sofort, dass dieser wundervolle Künstler den leeren Platz einnehmen konnte. Es war nicht nur die wundervolle Musik, die dieser Mann komponierte. Wagner wurde sein Freund, sein Held und sein Meister.

Ludwigs Blick verlor sich wieder in der vorüberziehenden Landschaft. Auch in diesem Fall war es wie immer gewesen! Wenn ihm etwas wichtig wurde, nahm man es ihm sofort.

Nur wenige Monate durfte er den geliebten Tondichter in München an seiner Seite wissen, dann musste er seinen Freund ins Exil schicken. Zu teuer und zu aufwändig sei der Lebensstil des Komponisten, hatte man ihm lapidar mitgeteilt. Anfangs hatte Ludwig sich geweigert, aber dann drohte das gesamte Kabinett mit Rücktritt. Ein Staatskrise drohe, waren die erregten Worte seiner Mutter, das Militär stehe auch schon bereit. Diese dumme Preußin! Was verstand sie denn schon vom Leben?

Schließlich hatte er zwar nachgeben müssen, doch niemand konnte ihn davon abhalten, jede freie Minute in der Schweiz zu verbringen, wo Wagner jetzt lebte. Ludwig genoss diese Besuche sehr und die Rückkehr nach Bayern fiel ihm von Mal zu Mal schwerer.

Zudem wurde auch die politische Lage immer verzwickter, denn seit kurzem mischte sich Berlin immer mehr in die bayerische Politik ein. Ludwig wusste, dass Preußens Kanzler Bismarck die Souveränität Bayerns immer mehr zu untergraben versuchte, um im Kriegsfall auch die bayerischen Truppen an seiner Seite zu wissen.

Bislang hatte Ludwig sich gegen diese Bestrebungen erfolgreich zur Wehr setzen können, aber nun drängten auch verschiedene bayerische Minister auf ein Bündnis. Es war Ludwig völlig klar, dass sie ihn für zu schwach hielten, allein gegen den Deutschen Bund bestehen zu können. Wahrscheinlich hatten sie sogar Recht. Das Kabinett konnte ihm schließlich jederzeit wieder in den Rücken fallen.

Ludwig stieß einen tiefen Seufzer aus. Es fehlte ihm tatsächlich an Durchsetzungskraft, und obwohl er es sich nicht anmerken ließ, schmerzte ihn das sehr. Als eine besondere Kränkung empfand er dabei die Tatsache, dass seine Minister glaubten, er merke nicht einmal, dass er zum Spielball geworden war.

Als es nun an der Tür des Zugabteils klopfte, wandte er in Erwartung neuer schlechter Nachrichten finster den Kopf vom Fenster ab. Die Tür öffnete sich und in einer tiefen Verneigung trat der königliche Sekretär Lorenz Düfflipp ein, der sich erst wieder zu voller Größe aufrichtete, als Ludwig ihm ein entsprechendes Zeichen gab.

»Ich wollte Majestät nur noch einmal daran erinnern, dass Ministerpräsident Fürst Hohenlohe-Schillingsfürst Euch am Bahnhof abholen wird, weil ...«

»... weil er mir meine Ankunft in Bayern sofort zu verleiden gedenkt«, unterbrach Ludwig seinen Sekretär und fuhr mit schlecht gelaunter Miene fort: »Gibt es sonst noch irgendwelche Hiobsbotschaften? Hat Bismarck zum Krieg aufgerufen? Ruft sonst noch jemand nach mir?«

Im selben Moment ertönte von draußen eine helle Frauenstimme: »L-L-Ludwig!«

Verblüfft blickte Ludwig wieder aus dem Fenster und erst jetzt bemerkte er Sophie, die im gewagten Herrensitz neben dem Zug galoppierte und einen Strauß frischer Wiesenblumen grüßend durch die Luft schwenkte.

Schlagartig veränderte sich das gerade noch so missmutige Gesicht des Königs. Natürlich, er hatte ihr doch selbst telegrafiert, dass er heute heimkehren würde!

Sophie, seine geliebte Cousine! Immer noch war sie der einzige Mensch, mit dem er offen und frei über alles sprechen konnte – auch über seinen Lieblingskomponisten. Im Gegensatz zur übrigen Verwandtschaft teilte sie die Begeisterung für Wagners modernes Musikdrama mit ihm. Außerdem war sie ungewöhnlich musikalisch. Sie hatte ihm erzählt, wie begeistert Franz von Liszt von ihrem Talent gewesen war. Liszt hatte der Prinzessin, als sie noch ein Kind war, Klavierunterricht erteilt. Auch Ludwig schätzte Sophies Klavierspiel, aber sie verfügte auch über eine einzigartige Stimme. Anfangs hatte die Prinzessin nur für sich gesungen, wenn sie gute Laune hatte. Dann hatte der König festgestellt, dass sogar die Hofsopranistinnen Mühe hatten, den Ton so lange und so sicher zu halten wie Sophie, und seitdem bat er sie, so oft sich die Gelegenheit ergab, ihm vorzusingen.

»Wärst du nicht als meine Cousine geboren worden«, pflegte Ludwig zu sagen, »hätte ich dich längst zu meiner privaten Hofsängerin ernannt.«

Sophie war darüber mehr amüsiert als geschmeichelt.

Bald gab es ein stilles Abkommen zwischen Prinzessin und König. Um unangenehmen Verpflichtungen zu entkommen, schoben sie gegenseitige Besuche vor; sie sang dann für ihn und er lauschte.

Aber Ludwig liebte auch ihre Lebensfreude und ihren unvergleichlichen Witz. Nie würde er vergessen, wie sie als kleines Mädchen nach einer Schlachtung in Possenhofen dem Brandmetzger die Harnblase eines Schweines stibitzte. Wie ein Lausbub hatte sie das Organ, das, groß wie ein Kindskopf, von dunklen Äderchen durchzogen, wirklich abscheulich aussah, nach dem Trocknen an einen Stecken gebunden. Eine Hofdame fiel prompt auf den Streich herein und nahm den vermeintlichen Luftballon bewundernd in die Hand. In Possenhofen wurde die Dame, von der man sich erzählte, ihre Schreie seien bis München zu hören gewesen, nie wieder gesehen. Wenn er sich an diesen Vorfall erinnerte, musste Ludwig immer noch lachen.

Er beugte sich aus dem Zugfenster, um Sophie zu winken. Als die Prinzessin den König erblickte, trieb sie ihren Hengst noch mehr an. Der Reitzylinder rutschte in ihren Nacken und die kastanienfarbene Haarflut fiel ihr über Schultern und Rücken. Sie scherte sich nicht darum.

»Am Feldafinger Bahnhof hält der Zug!«, rief Ludwig. »Ich warte dort auf dich!«

»Nein!«, schrie Sophie zurück. »Ich warte dort auf dich – pass auf, jetzt überhole ich den Zug!«

Düfflipp, der immer noch neben dem König stand, erblasste. Er hatte große Mühe, sein Entsetzen über das schockierende Benehmen der Prinzessin zu verbergen. Ludwigs Mutter, Königin Marie, hatte ohne Zweifel Recht, wenn sie behauptete, dass man sich die jüngste Tochter von Herzog Max leicht in einem Zirkus vorstellen konnte, nicht aber bei der Übernahme repräsentativer Pflichten.

»Ist sie trotz ihrer Weiblichkeit nicht eine beeindruckende Seele!«, rief Ludwig begeistert und Düfflipp nickte höflich. »Ganz und gar, wirklich eine beeindruckende Seele.«

Im Stillen dachte er: Sie sind beide verrückt!

* * *

Nadia war ein Stein vom Herzen gefallen. Zwar hatte sich die Miene der Herzogin bedrohlich verfinstert, als sie ihr gestanden hatte, die Prinzessin aus den Augen verloren zu haben. Aber Ludovikas Groll schien sich mehr gegen ihre Tochter als gegen deren Zofe zu richten. Missmutig und mit rauschendem Kleid war die Herzogin im Schloss verschwunden. Nadia warf der Herzogin einen letzten Blick nach, dann legte sie die Zügel ihres Pferdes in die wartenden Hände des Stallmeisters. Dabei schweifte ihr Blick über das weitläufige Gelände des Schlosses. Wie am Tag ihres Eintreffens in Possenhofen beeindruckte sie die Schönheit, aber gleichzeitig auch die Einfachheit und die Gemütlichkeit, die das Anwesen ausstrahlte. Inmitten von schier unendlichem Grün lag das beinahe klobig wirkende Gebäude aus rotem Backstein mit den vier wuchtigen, von Zinnen gekrönten Schlosstürmen. Franzl, der Possenhofener Kutscher, hatte ihr erzählt, dass man von den Türmen aus bis zum Wettersteingebirge blicken konnte.

Inmitten des Parks taten sich schattige Alleen auf, sanft in allen Farben glühende Nelken- und Tulpenbeete wurden von dichten weißen Jasminbüschen umrahmt, deren süßer Duft alle Wege – auch die, die zum Ufer des Sees führten – in eine betäubende Wolke hüllten. Patinagrüne und goldgelbe Akazien woben aus dem Licht der warmen Nachmittagssonne zarte Schleier. Zwischen leuchtenden Rosenbeeten tummelte sich allerlei Getier: Gänse, Hühner und Enten watschelten umher, suchten im dichten Ufergebüsch ihre Nester. Vor dem Bootshaus lümmelte sich ein Junge, der gerade den Kahn säuberte, mit dem Herzog Max immer zum Fischen hinaus auf den See fuhr.

Mehrere Obstbäume im Park standen in voller Blüte und eine niedrige Holzbank war von zwei strohgedeckten Bienenstöcken besetzt. Ganz in der Nähe kläfften und bellten die Jagdhunde in ihrem Zwinger; Fox-Hounds, Stag-Hounds und Harriers, auf die der Herzog ganz besonders stolz war. Bei Fuchs-, Rothirsch- und Hasenjagden waren sie unentbehrlich und kaum ein Tier konnte ihnen entkommen.

Ach, wenn meine Kinder eines Tages doch nur in einer solchen Umgebung aufwachsen könnten, seufzte Nadia im Stillen, während sie einen Kunstband von Rouyer aus der tiefen Tasche ihres Umhangs fischte.

Herzogin Ludovika hatte ihr für den Rest des Nachmittags freigegeben und Nadia nutzte jede freie Sekunde, um zu lesen, Neues zu lernen und ihren Verstand wach zu halten. Darin sah sie die einzige Chance, einmal einen wohlhabenden Mann auf sich aufmerksam zu machen.

* * *

Mit geröteten Wangen galoppierte Sophie auf den Feldafinger Bahnhof zu, der mehr ein Provisorium als eine öffentliche Bahnstation war, weil außer der Königsfamilie niemand sonst diese Haltestelle nutzte: Es gab nur ein kleines Wachhäuschen, einen Schaffner und eine holprige Straße, auf der sich ungewöhnlich viele Menschen tummelten. Kutschen wurden mit königlichem Gepäck beladen, das man kurz zuvor aus dem Zug geladen hatte, der schon Richtung Münchner Hauptbahnhof weitergefahren war.

Vor der Königskutsche standen Ludwig, Düfflipp, der bayerische Ministerpräsident Fürst Hohenlohe-Schillingsfürst und Minister Pfretzschner zusammen.

»Ich war fast so schnell wie der Zug!«, rief Sophie.

Mit einem Satz sprang sie vom Pferd, lief auf den König zu, verneigte sich und überreichte ihm den Blumenstrauß als Willkommensgruß.

»Sophie! Wie schön, dass du mich begrüßen kommst!«

Die Prinzessin strahlte ihren Vetter mit einem herzlichen Lächeln an, wandte sich dann an Fürst Hohenlohe-Schillingsfürst und seinen Minister. »Ich hoffe, ich habe Sie nicht in einer wichtigen Unterredung gestört.«

Natürlich, dachte der Ministerpräsident, natürlich hast du! Es geht um den Norddeutschen Bund mit Bismarck und noch tausend andere Fragen, die zu klären sind. Laut erwiderte er aber: »Ihr stört ganz und gar nicht, Prinzessin. Es ist nur leider dringend von Nöten, dass Seine Majestät nach langer Abwesenheit einen kurzen Blick auf wichtige Staatsakten wirft.«

Hoffnungsvoll hielt Fürst Hohenlohe-Schillingsfürst dem König einen Stapel Papiere entgegen, aber der schnupperte an Sophies frisch gepflückten Blumen.

»Mein lieber Ministerpräsident – meinen Sie nicht auch, es wäre äußerst ungezogen, meine Cousine wegzuschicken, ohne dass ich ein wenig mit ihr geplaudert habe? Schließlich war ich längere Zeit fort und muss in Erfahrung bringen, was unterdessen geschehen ist.«

Ludwig gab Befehl, sein Gepäck bereits vorab nach Schloss Berg zu bringen. Da er sich trotz der langen Reise gar nicht müde fühle, wolle er die verbleibende Zeit des Nachmittags noch ein wenig nutzen, um mit der Cousine einen Ausflug in die Berge zu unternehmen.

Kurze Zeit später war Sophie in ihrem Element. Während der Ministerpräsident, Düfflipp und der Kutscher im Coupé der Kutsche ausharren mussten, saß die Prinzessin oben auf dem Bock neben Ludwig und hatte die Zügel des Gespanns fest in der Hand.

»Du kannst es dir nicht vorstellen...« Sophie äffte den Tonfall ihrer Mutter nach: »So geht das mit dir nicht mehr weiter, Sopherl. Heiraten musst du endlich!«

»Gott bewahre!«, seufzte Ludwig. »Das haben sie bei mir zum Glück längst aufgegeben.«

»Du Glücklicher!«, erwiderte Sophie. »Keine Gelegenheit lassen sie aus, um mich zu verkuppeln. Gerade just in diesem Moment sollte ich eigentlich in Possenhofen sein und heute Abend muss ich schon wieder mit zum Hofball nach München.«

»Ich und glücklich?«, entgegnete Ludwig. »Das Gefühl hab ich, als stürze nach und nach die ganze Welt ein. Inkognito muss ich nach Genf reisen, um Wagner zu treffen. Einen schlechten Einfluss soll der Meister auf mich haben, intrigant und gefährlich soll er sein. Dabei lebt er doch nur für seine Musik, und ausgerechnet die Leute, die so Böses von ihm behaupten, die leben vom Krieg und vom Töten!« Der König warf seiner Cousine einen brüderlich liebevollen Seitenblick zu. »Ich weiß, dass du ihn auch verehrst, unseren geliebten Meister, und gerade das schätze ich an dir so sehr. Ach, Sophie, wieso müssen sie einem immer das nehmen, was einem am liebsten ist? Eines musst du mir versprechen: Unsere Freundschaft dürfen sie nie zerstören!«

»Aber geh, wie sollte das denn möglich sein?« Energisch zog Sophie die Zügel und hielt die Kutsche an. Sie hatten bergiges Gelände erreicht.

»Was hast du vor?«, rief Ludwig verblüfft.

»Bist du etwa zu müde zum Klettern?« Lachend sprang sie vom Bock.

»Nein!«

»Ja!«, zischte das Gefolge in der Kutsche leise.

»Dann werde ich dir jetzt den wundervollsten Ort der Welt zeigen.«

Während Ludwig hinter ihr herlief, quälten sich der Ministerpräsident und Dürfflipp aus dem Coupé.

»Sie sind beide verrückt!«, stöhnte Dürfflipp.

3. Kapitel

In Possenhofen spielte zur selben Zeit im Park eine kleine Kammermusikkapelle. Die Jagdgesellschaft scharte sich um den zum Jagdschmaus gedeckten Tisch. Auch Ferdinand von Alençon war unter den Anwesenden. Sein Vater, der Duc de Nemours, stand neben ihm. Er war kleiner und untersetzter als sein Sohn und Gesichtsausdruck und Auftreten verrieten den besessenen Pedanten.

Eine Schar von Dienern strömte aus dem Schloss, brachte große silberne Platten, Suppenschüsseln und Krüge mit Deckeln, die voller köstlicher Speisen und gutem, goldfarbenem Bier waren. Es gab gebratene Enten, gefüllt mit Zwiebeln und Walnüssen, gebackene Pilze, süße Biskuits und als Dessert Waldfruchteis im luftigen Blätterteigmantel.

Herzog Max war ein großer Redner, wenn es um das Reiten bei der Jagd ging, und er war hier ganz in seinem Element. »Schon mein Vater lehrte mich diesen Grundsatz: je größer die Geschwindigkeit, desto mehr Anlehnung, je geringer die Geschwindigkeit, desto weniger Anlehnung. Der Reiter muss seinem Pferd eine große Anlehnung gestatten, ein Auflegen auf das Gebiss. Dadurch entsteht eine Verlagerung des Schwerpunktes aus der Mitte des Pferdekörpers nach vorn!«

»Das klingt wie hohe Mathematik«, scherzte eine Stimme,

aber Max achtete gar nicht darauf und fuhr fort mit seinen Thesen.

Ludovika plagten derweil ganz andere Sorgen. Während sie neben ihrer Zofe Irma stand, war ihre Miene genauso düster wie der Himmel, an dem sich dicke Wolken zusammengezogen hatten und die Sonne verdunkelten.

Als die ersten Regentropfen fielen, schleppten die Lakaien eilig den Spieß mit dem Wildbret an ein geschütztes Plätzchen und die Gäste flüchteten ins Innere des Schlosses. Ludovika knurrte schlecht gelaunt: »Der Platz neben dem jungen Württemberg bleibt auch drinnen für die Sophie frei. Sie wird schon noch kommen!«

* * *

Doch die Prinzessin dachte gar nicht daran. Ganz oben auf dem Gipfel des Berges stand sie zusammen mit Ludwig, am äußersten Rand der Felswand. Der Wind bauschte ihr Kleid.

»Ist es hier nicht wunderschön?«

Im selben Moment zuckte über den violetten Himmel ein zackenförmiger Blitz und ein lauter Donner zerriss die Stille. Und schon prasselte der Regen wie eine Sturzflut auf die Erde nieder.

Sophie rief mit glänzenden Augen: »Das ist die Freiheit, Ludwig! Glaubst du nicht auch?«

Binnen Sekunden war ihr dunkelblaues Reitkleid vollständig durchnässt und unter dem Stoff zeichneten sich ihre vollen Brüste ab.

Ludwig warf ihr bewundernde Blicke zu. »Ach, könnte *er* dich doch auch so sehen«, murmelte er.

»Wer?«

»Eine Komposition würde er dir widmen, so schön siehst du gerade aus.«

Jetzt erst wurde ihr klar, dass er vom Meister sprach.

Ludwig verspürte plötzlich das unwiderstehliche Verlangen, sie singen zu hören. Hier und jetzt! Sie musste hier und jetzt für ihn singen!

Ludwig hatte die Bitte noch nicht ausgesprochen und da kamen ihm der Ministerpräsident und Düfflipp, die bis auf die Haut durchnässt und völlig erschöpft endlich den Gipfel erklommen hatten, gerade recht.

»Meine Herren! Ich wünsche unverzüglich über ein Klavier zu verfügen!«

Die beiden Männer erstarrten. Fürst Hohenlohe-Schillingsfürst machte den Eindruck, als wolle er sich aus Verzweiflung in den Abgrund stürzen.

»Aber wie sollen wir denn ein Klavier hier heraufschaffen, Majestät?«

»Ein Bösendorfer Flügel wäre angemessen.« Ludwig ignorierte den Einwand. »Ich will das Beste!«

»Vielleicht werden wir beim Pfarrer im Dorf fündig«, erwiderte Düfflipp erstaunlich gelassen. Er hatte schon ausgefallenere königliche Wünsche erfüllen müssen. »Ein paar kräftige Träger werden wir auch finden.«

Sophie beobachtete, wie der Ministerpräsident fassunglos den Mund aufsperrte, sich aber sofort besann. Er verneigte sich und erklärte, dass auch er selbstverständlich alles in seiner Macht Stehende unternehmen werde, um den Wunsch zu erfüllen. Wenn Majestät seinerseits dann später vielleicht nur einen kurzen Blick auf die wirklich wichtigen Staatsunterlagen werfen könnte …

Kaum waren die beiden verschwunden, wandte Ludwig sich wieder Sophie zu, die immer noch ins Tal blickte. Sie lauschte dem Wind und betrachtete die tanzenden Bäume. Ein Lächeln stahl sich auf ihre Lippen, während sie ihr Gesicht dem Regen entgegenhielt.

Von mir aus singe ich ihm mein ganzes Leben lang vor, dachte sie, wenn ich nur nicht heiraten muss!

* * *

Ungehalten starrte Ludovika aus einem Fenster und hielt Ausschau nach ihrer Tochter.

Die Jagdgesellschaft hatte sich längst aufgelöst und auch Philipp von Württemberg bereitete vor dem Possenhofener Schloss seinen Aufbruch vor. Wohl oder übel musste die Herzogin seine Entscheidung akzeptieren. Sophie schien sich offensichtlich nicht für ihn zu interessieren. Er hatte sich daher der jungen Erzherzogin Maria Therese von Österreich zugewandt. Mit einem tiefen Seufzer beobachtete Ludovika, wie Philipp in seine Kutsche stieg.

Es regnete immer noch. Steine und vom Regen aufgeweichter Dreck wirbelten unter den davonrollenden Reifen der Württemberger Kutsche in die Höhe.

Ach, Philipp wäre ein guter Schwiegersohn gewesen, dachte Ludovika seufzend. Er stand zwar nur in der hinteren Reihe der Rangfolge der Mitglieder des Hauses Württemberg. Aber es gab keine männlichen Nachkommen und mit ein bißchen Glück wäre Sophie vielleicht sogar Königin geworden.

Nur noch einige unbedeutende Gäste waren in Possenhofen geblieben. Sie hatten eine lange Heimreise vor sich und deshalb über Nacht um Logis gebeten. Um die standesgemäßen Bewerber und Heiratskandidaten hatte sich ihre jüngste Tochter wieder erfolgreich gedrückt.

Das werde ich ihr nicht mehr durchgehen lassen, schwor sich Ludovika, die schon weitere düstere Wolken aufziehen sah. Ein weiteres wichtiges gesellschaftliches Ereignis stand bevor und Mutter und Tochter wurden am Abend zum Hofball in München erwartet. Auch dort versammelten sich wieder hochkarätige Verehrer.

Wenn sie bis dahin nicht zu Hause ist, dachte Ludovika wutentbrannt, werde ich sie das erste Mal seit langer Zeit übers Knie legen!

Schlecht gelaunt wandte sich die Herzogin vom Fenster ab und scheuchte ein paar Dienerinnen auf. Schließlich mussten die Ballkleider noch vorbereitet werden.

* * *

Als Sophie von ihrem Ausflug mit Ludwig ins Schloss zurückkehrte, war es beinahe dunkel und die Herzogin einem Nervenzusammenbruch nahe.

Nur mühsam beherrscht eilte Ludovika auf die Königskutsche zu, deren Wagenräder geräuschvoll über die unebenen Pflastersteine des Schlosshofes ratterten, bis die Pferde vor dem Possenhofener Eingang zum Stehen gebracht wurden.

Ludovika bemerkte voller Entsetzen, dass ihre Tochter keineswegs den Eindruck machte, als habe sie daran gedacht, dass sie am Abend auf einem Hofball zu glänzen hatte. Schuhe und Rock waren mit Schmutz bespritzt. Das Regenwasser tropfte von ihrem Reitzylinder, lief an dem Schleier entlang und hatte ihr Kleid bereits völlig durchnässt.

»Jetzt aber rasch ins Haus! Du siehst schauderhaft aus!«

Während Sophie von zwei Dienerinnen ins Schloss geleitet wurde, wandte Ludovika sich ihrem Neffen zu, der sie entschuldigend anlächelte.

»Liebste Tante, verzeiht, wenn ich Cousine Sophie erst jetzt nach Hause bringe, aber wir hatten einen so wundervollen Nachmittag, dass ich sogar die Strapazen meiner Reise vergaß! Ein Klavier wurde auf meinen Wunsch hin auf die Spitze des Berges transportiert und ich konnte mich am

Gesang Eurer Tochter ergötzen. Ihre Stimme ist ganz unvergleichlich und ich frage mich, wem in unserer Familie sie dieses göttliche Talent zu verdanken hat. Manchmal, wenn sie singt, klingt es so schön, dass es beinahe schmerzt. Ich hatte Tränen in den Augen, liebste Tante, als ich sie vor der Kulisse unserer Berge singen hörte.«

Ludovika erwiderte sein Lächeln. »Das freut mich sehr, teuerster Ludwig. Ich hätte da übrigens noch ein kleines Anliegen...«

Düfflipp und der Ministerpräsident, die immer noch auf die Unterzeichnung ihrer Papiere warteten und tropfnass in der Kutsche saßen, beobachteten schlecht gelaunt, wie der König nicht eben begeistert seiner Tante folgte.

Wie alle anderen Räume im Untergeschoss des Schlosses war auch der Salon mit einem riesigen Kamin ausgestattet. Die Türgriffe und Angeln waren aus Silber, die Klinken waren aus Meißener Porzellan gefertigt. Während Ludwig seinem Stand entsprechend auf dem Kanapee Platz nahm, setzte sich Ludovika auf den Fauteuil ihm gegenüber. Die kleineren Sitzgelegenheiten und Stühle, die Gästen niederen gesellschaftlichen Ranges vorbehalten waren, blieben leer.

Eine Weile plauderten der König und die Herzogin über Belanglosigkeiten, die hartnäckige Erkältung der Königinmutter und das verregnete Wetter in diesem Sommer, bis Ludovika schließlich zur Sache kam. Dabei war sie sorgsam darauf bedacht, die Regeln der Höflichkeit zu beachten – mehr aber auch nicht.

»Teuerster Ludwig«, begann sie vorsichtig. »Ihr wart eine Zeit lang nicht mehr im Lande. Ich möchte daher die Gelegenheit nutzen und Euch mitteilen, dass sich in Possenhofen einiges verändert hat.«

Der junge Bayernkönig sah seine Tante überrascht an,

während Ludovika sorgfältig jedes ihrer Worte wählte. »Heiraten muss die Sophie endlich!«

Ludwig nickte, aber es war offensichtlich, dass er nicht wusste, was er damit zu schaffen hatte.

»Daher braucht sie jetzt alle erdenkliche Zeit, um die Bewerber zu prüfen.«

Als des Königs Miene unverändert blieb, seufzte Ludovika und fügte hinzu: »Es tut mir Leid, aber Ihr werdet meine Tochter in Zukunft nur noch mit meiner ausdrücklichen Genehmigung sehen können. Das wird aus den genannten Gründen nur noch sehr selten möglich sein. Mein Gemahl, Euer werter Onkel Max, teilt diese Ansicht.«

Ludwig glaubte seinen Ohren nicht zu trauen. Die geliebten Ausflüge, die Überraschungsbesuche, die wundervollen musikalischen Vorträge der Cousine, die vertrauten Gespräche – nichts würde mehr wie früher sein! Nach Richard Wagner sollte er wieder einen geliebten Menschen verlieren! Er saß da, schweigend und vollkommen regungslos, und starrte die Herzogin an, als hätte ihn der Blitz getroffen.

»Es tut mir Leid«, wiederholte Ludovika leise. »Ihr müsst verstehen, dass ich nicht zulassen kann, dass ein falscher Eindruck bei den Bewerbern der Prinzessin entsteht, wenn Ihr ohne eine Hofdame so viel Zeit mit ihr verbringt.«

Bei Ludovikas letzten Worten hatte Ludwigs Gesicht eine dunkelrote Färbung angenommen. Wie konnte man ihm unterstellen, dass ihn etwas anderes als tiefe Freundschaft mit seiner Cousine verband? Und wie konnte eine Untergebene es wagen, die Lauterkeit seiner Majestät anzuzweifeln?

Ludovika hüstelte verlegen. »Natürlich ist es nicht meine Absicht, Eure Freundschaft zu meiner Tochter zu zerstören, aber . . .«

Aber Ludwig wollte nichts mehr hören. Überwältigt von

Enttäuschung und Wut stieß Ludwig einen lauten Schrei aus, sprang auf und stürmte mit großen Schritten aus dem Salon.

Die Herzogin starrte ihm seufzend nach und erhob sich ebenfalls. Sie hatte Ludwigs Ärger auf sich gezogen, aber dennoch war sie fest davon überzeugt, im Sinne ihrer Tochter gehandelt zu haben. Im ganzen Reich war schließlich bekannt, dass der König nicht heiraten wollte. Er selbst hatte es bei jeder Gelegenheit verkündet. »Zum Heiraten habe ich keine Zeit, das soll mein kleiner Bruder Otto besorgen!«

Was Ludwig tat und sagte, war Ludovika gleichgültig. Sie musste ihre jüngste Tochter davor bewahren, auf dumme Gedanken zu kommen. Sie war ohnehin schwierig genug. Er wird sich schon wieder beruhigen, sagte sie sich, verließ den Raum und ging zum Kaminzimmer hinüber, das zur rechten Seite der Treppe lag.

Ein Lakai öffnete mit einer tiefen Verbeugung die Tür und Ludovika trat ein. Sophie saß vor dem lodernden Feuer, während fünf Kammerdienerinnen die heiße Luft in ihr Haar fächerten, das inzwischen beinahe trocken war.

»Du musst dich jetzt umziehen, Sopherl«, sagte Ludovika und die Prinzessin erhob sich, um ihrer Mutter zu folgen.

Als die Herzogin kurze Zeit später ihrer Tochter beiläufig von ihrem Gespräch mit Ludwig berichtete, stockte Sophie für einen Augenblick der Atem. In ihrem prachtvollen weißen Atlaskleid, das mit zahllosen winzigen Perlchen bestickt war, stand sie ungläubig vor ihrer Mutter und rief: »Du hast was?«

»Halt still«, mahnte Ludovika, die für das Ankleiden auf eine Zofe verzichtet hatte, um Sophie unter vier Augen von ihrer Entscheidung in Kenntnis zu setzen.

»Aber wie konntest du das nur tun?«, schrie Sophie fassungslos und ihre Stimme überschlug sich.

»Glaub mir, Sopherl, es ist nur zu deinem Besten!«

Doch Sophie war ganz anderer Meinung. Ich darf nicht schreien, versuchte sie sich selbst zu beruhigen. Wenn ich schreie, mache ich alles noch schlimmer!

»Es tut mir Leid, wenn ich dich enttäuscht habe«, entschuldigte sie sich. »Aber ich flehe dich an, Mama, verbiete mir nicht den Kontakt zum Ludwig! Wir tun doch nichts Unrechtes. Wir reden nur miteinander und manchmal singe ich halt für ihn!«

»Dann wird er sich in Zukunft in die Oper begeben müssen«, entgegnete Ludovika unnachgiebig und wandte sich wieder den Haken und Ösen von Sophies Kleid zu. »Ich bin sowieso der Ansicht, dass du dich viel zu viel mit der Musik und diesem g'spinnerten Richard Wagner abgegeben hast. Was musst du auch seine ganzen Lieder auswendig lernen? Eine Prinzessin verschwendet nicht mit solchen Dingen ihre Zeit!«

Damit war es um Sophies Beherrschung endgültig geschehen. »Willst du mir jetzt etwa auch noch das Singen verbieten?«, schrie sie aufgebracht. Ihre Gedanken überschlugen sich. Wenn sie Ludwig nicht mehr sehen durfte, würde es auch mit ihren Freiheiten vorbei sein. Im Grunde genommen hatte sie es ihm zu verdanken, dass sie noch nicht verheiratet worden war. »Aber ich will nicht so einen blutleeren Kretin heiraten!«, rief sie verzweifelt.

»Sophie Charlotte!« Jetzt verlor auch die Herzogin die Geduld. »Du mäßigst sofort deinen Ton. Einige Jagdfreunde deines Vaters haben um Logis gebeten und ich dulde nicht, dass sie dich wie ein hysterisches Waschweib durch alle Wände hindurch schreien hören!«

Mit einem Ruck schnürte die Herzogin die Taille ihrer Tochter so fest, dass Sophie nach Luft schnappte.

4. Kapitel

Etwas später verließen Ludovika und Sophie das Schloss. Die Kutsche stand auf dem Hof und auf dem Bock saß zur Abfahrt bereit der alte Franzl mit dem grauen Bart, der schon in den Diensten der Familie gestanden hatte, als Herzogin Ludovika noch ein kleines Mädchen war.

Herzog Max hatte sich entschuldigen lassen und wegen seiner Gäste den Ball abgesagt. Sophie wusste, dass ihm jede Ausrede willkommen gewesen wäre, um nicht an dem Ball teilnehmen zu müssen. Langweilige Veranstaltungen mied er, wann immer es ihm möglich war.

Der hat's gut!, schoss es Sophie durch den Kopf. Ach, wäre ich doch auch ein Mann. Vielleicht wäre dann alles leichter.

Dann dachte sie an ihren ältesten Bruder Ludwig. Dessen Verbindung zu einer bürgerlichen Schauspielerin hatte ihn seinen Rang in der Erbfolge, Geld und Ansehen gekostet. Er hatte sich zwar durchgesetzt und mit der Erlaubnis des Königs seine Geliebte heiraten können, aber hatte er es deshalb leichter gehabt?

Die Stimme ihrer Mutter riss Sophie aus ihren trüben Gedanken. »Seid ihr einander schon vorgestellt worden? Kind, das ist Ferdinand Duc d'Alençon.«

Sophie blickte auf und sah in die spöttisch dreinblickenden

Augen des Mannes, der den Fuchs erlegt. Sie erstarrte, während ihre Mutter weitersprach: »Auch er wird heute Nacht mit seinem Vater, dem Herzog von Nemours, bei uns in Possenhofen logieren. Sie sind mit den Coburgs verwandt und leben in Frankreich in Vincennes.«

»Ich habe Eure Tochter während des Jagdschmauses vermisst.« Ferdinand lächelte und verbeugte sich galant vor Sophie, um ihre Hand zu küssen.

»Wir hatten schon die Ehre«, gab sie mit eisiger Stimme zurück, raffte ihr Kleid mit beiden Händen und stieg in die Kutsche.

Ludovika wollte sich ihr Entsetzen über das Benehmen ihrer Tochter nicht anmerken lassen und schenkte Ferdinand ein strahlendes Lächeln, aber innerlich kochte sie vor Wut. Auf der Fahrt nach München würde sie Sophie gehörig den Kopf waschen.

* * *

Der Festsaal der Münchner Residenz war bereits hell erleuchtet und festlich geschmückt. In den Nischen entlang der Wände standen Statuen und an den freien Flächen dazwischen hingen prachtvolle Ölgemälde. Die Wände waren mit feinen Einlegearbeiten aus edlen Hölzern getäfelt. Blumen standen in kostbaren chinesischen Bodenvasen, die Treppe, die in einer breiten Spiralwindung aufwärts führte, war mit Girlanden aus Kletterrosen und frischen Orchideen geschmückt und unzählige Kerzen tauchten den Saal in ein goldenes, warmes Licht.

Auf der Galerie stand Ludwig, noch unbemerkt und allein, und blickte auf die ersten Gäste, die sich unter ihm versammelten. Er trug immer noch seine Chevaulegers-Uniform und wirkte unendlich traurig.

Der Festsaal füllte sich langsam und er sah kahle und lockige Häupter, nackte, von Spitzen umwogte Schultern, Diademe und blumenumkränzte Frisuren. Gold und Juwelen glitzerten im Kerzenlicht der Lüster, Fächer wurden mit leise klatschendem Geräusch entfaltet.

Als Sophie und Ludovika den Festsaal betraten, eilten Hofdiener auf sie zu und nahmen ihnen die Mäntel ab. Während alle anderen Mädchen und Frauen sich aufwändige Frisuren hatten machen lassen, trug Sophie als Einzige ihr Haar offen. Sie hatte sich weder mit Juwelen noch mit Blumen geschmückt und bestach allein durch ihre atemberaubende Schönheit. Der zarte Teint, die tiefblauen Augen, die kastanienbraune Flut ihres Haares schienen das Licht einzufangen, so dass sie die Aufmerksamkeit der anderen Gäste auf sich zog.

Sophie sah sich im Saal um und begegnete Dutzenden von Augenpaaren, bewundernden Augen, abschätzenden Augen, feindseligen Augen. Sie war es gewohnt, dass man sie anstarrte.

Zwei adelige Damen wandten sich empört ab. »Welch skandalöse Aufmachung! Sie trägt ihr Haar offen«, tuschelte die eine, während die andere sofort einstimmte: »Und das als Schwester der Kaiserin von Österreich! Wann lernt sie endlich, auf die Etikette zu achten?«

»Brunhilde, wie stellst du dir das vor? Denk an den Vater! Seine Kinder hat der Max doch alle verwildern lassen wie die Bauernbälger.«

»Aber trotzdem machen ausgerechnet seine Töchter die glänzendsten Partien Europas.«

Das stimmte. Néné, Sophies dreizehn Jahre ältere Schwester, hatte ursprünglich Kaiserin von Österreich werden sollen. Noch heute tuschelte man darüber, dass Franz Josef sich aber in Sisi verliebt hatte und diese zur Frau nahm. Néné

37

hatte wenig später Maximilian von Thurn und Taxis geheiratet. Marie, Sophies drittälteste Schwester, war die Gemahlin des Königs von Neapel-Sizilien geworden, und Mathilde, genannt Spatz, wurde so hartnäckig von dessen Bruder umworben, dass sie ihn schließlich heiratete.

»Nur die besten Partien«, murmelten die beiden älteren Damen voller Neid, schüttelten verständnislos die Köpfe und hingen ihren Gedanken nach.

Auch Ludwig hatte immer noch den Blick auf seine Cousine gerichtet. Einige uniformierte Herren begrüßten sie gerade, verneigten sich und machten ihr Komplimente.

In diesem Augenblick fiel ein Schatten neben dem König auf den Boden. Ludwig sah auf und erkannte Düfflipp, der lautlos zu ihm getreten war. »Wollen sich Majestät nicht auch zu den Gästen gesellen? So lange haben der König keinen Ball mehr besucht!«

Entsetzt winkte Ludwig ab. »Nein, nein, viel zu viele Menschen!« Und mit einem letzten traurigen Blick auf Sophie verschwand er.

* * *

Inzwischen hatten sich die Prinzessin und ihre Mutter zu Fürstin Walburga gesellt, die einen verächtlichen Blick auf ein blasses blondes Mädchen warf, das ganz allein an einem Tisch saß.

Mit verschwörerischer Miene beugte sich die Fürstin zu Ludovika und raunte ihr ins Ohr: »Ihr in Possenhofen habt wahrscheinlich noch nichts davon gehört, aber sie ist einfach nicht mehr gesellschaftsfähig.«

Herzogin Ludovika schüttelte ungläubig den Kopf. »Du lieber Himmel, wirklich? Warum denn nicht? Wir haben die Mathilde immer recht gern gehabt. Als sie noch ein kleines

Mädchen war, ist sie mit dem Albrecht oft bei uns zu Besuch gewesen.«

Erzherzog Albrecht, der gerade zum Feldmarschall ernannt worden war, genoss einen tadellosen Ruf. Er hatte Österreich mit den Franzosen, Italienern und Dänen zu einer großen Koalition gegen das aufstrebende Preußen vereint.

Seine jüngste Tochter Mathilde paßte jedoch nicht in das makellose Familienbild. Obwohl Sophie die junge österreichische Erzherzogin nicht besonders gut kannte und nur noch auf Feierlichkeiten traf, verspürte sie plötzlich eine tiefe Verbundenheit zu der Geächteten, die erst kürzlich ihre Mutter verloren hatte. Erzherzogin Hildegard hatte sich vor einem knappen Jahr beim Leichenbegängnis ihres Bruders eine rätselhafte Krankheit zugezogen, der sie schließlich unter schrecklichen Qualen erlegen war.

Fürstin Walburga reckte das fleischige Kinn. »Mir ist es völlig gleichgültig, meine liebe Ludovika, aber wer etwas auf seinen Ruf hält, der wechselt mit einer solchen Person kein einziges Wort.« Sie hatte diese Empfehlung kaum ausgesprochen, als jemand ihren Namen rief. Ein paar Schritt entfernt stand ihr Schwager, der Baron Mechtlungen, und winkte ihr zu. Fürstin Walburga rauschte ohne ein weiteres Wort mit wichtigtuerischer Miene davon.

Ludovika blickte ihr überrascht nach, dann hielt auch sie Ausschau nach standesgemäßen Gesprächspartnern und seufzte erleichtert auf, als sie sofort einen entsprechenden Kandidaten in der Menge entdeckte.

»Sieh mal, Sopherl, da ist doch der Bruder vom Franz Josef, der Ludwig Viktor, den wollen wir doch gleich mal begrüßen!«

Die Herzogin wusste, dass Sisis lediger Schwager bis über beide Ohren in Sophie verliebt war, und freute sich über die unverhoffte Gelegenheit, die beiden miteinander ins Gespräch zu bringen. Als Ludovika keine Antwort bekam, drehte sie sich um und blickte in fremde Gesichter. Sophie war verschwunden.

Die Prinzessin hatte sich auf den Weg zu Mathilde gemacht, die immer noch allein an ihrem Tisch saß. Die junge österreichische Erzherzogin riss erstaunt die Augen auf, als Sophie sich neben ihr niederließ und sie freundlich anlächelte. Mathilde war eigentlich eine hübsche junge Frau. Ihre vielleicht etwas zu farblosen Züge waren makellos. Sie hatte helle, intelligente Augen, aber das blonde Haar war stumpf und glanzlos und die strenge Frisur ließ sie mindestens zehn Jahre älter erscheinen.

»Oh, sieh an«, sagte Mathilde spitz. »Es gibt tatsächlich jemanden, der mit mir sprechen mag. Welch eine Ehre!«

Sophie ging nicht auf den beißenden Spott ein und sagte stattdessen: »Wollen wir ein wenig hinausgehen? Ich finde, es ist arg heiß hier.«

Zu Sophies größter Überraschung erhob Mathilde sich sofort, raffte ihre Röcke, und bevor jemand davon Notiz nehmen konnte, waren die beiden jungen Frauen bereits in dem überdachten Vorgarten der Residenz verschwunden. Der Garten lag still und einsam vor ihnen. Sie lehnten sich an eine Brüstung und lauschten den Geräuschen der Nacht, die aus den umliegenden Gärten zu ihnen drangen. Weit entfernt bellten ein paar Hunde.

»Mein Bruder hatte auch einmal ein Hündchen«, sagte Mathilde plötzlich. »Meine Mutter hat es ihm kurz vor ihrem Tod geschenkt und er liebte es sehr.«

Sie hielt für einen Moment inne, während Sophie der jungen Erzherzogin einen erstaunten Blick zuwarf.

»Eines Tages fuhren mein Bruder und ich mit unserem Erzieher über eine Brücke. Am Ufer des kleinen Flusses ließ er den Wagen anhalten und befahl meinem Bruder, den Hund zu ersäufen.«

Sophie starrte Mathilde entsetzt an. Bislang hatte sie solche Geschichten nur von Ludwig gehört.

»Und was hat dein Bruder gemacht?«

»Er hat mit unserem Erzieher geredet, gestritten, hat ihm gedroht, alles unserem Vater zu erzählen, aber der hat nur gelacht und gesagt, das sei längst abgesprochen.« Mathildes Augen verdunkelten sich. »Als mein Bruder immer noch nicht gehorchte, schlug er ihn halbtot. Ich schrie und weinte, aber es half alles nichts.«

»Und dann?«

»Ich glaube, der kleine Hund wusste, dass er sterben würde. Wenn ich meine Augen schließe, dann sehe ich ihn heute noch, wie er winselnd auf dem Rücken lag. Er lief nicht weg, als wüsste er, dass er seinem Schicksal nicht entfliehen konnte. Schließlich trug mein Bruder ihn ans Ufer. Er kniete nieder und tat, was unser Erzieher ihm befohlen hatte. Als der kleine Hund sich nicht mehr bewegte, durften wir wieder in die Kutsche einsteigen. Der tote Hund blieb am Wasser zurück und unser Erzieher war sehr zufrieden. Mein Bruder sollte schließlich zu einem harten Mann erzogen werden und nun hatte er den Anfang gemacht.«

Sophie war so entsetzt, dass sie kein Wort herausbrachte. Sie wusste zwar, dass solche Erziehungsmaßnahmen in ihren Kreisen durchaus nichts Außergewöhnliches waren, aber sie waren ihr fremd und unverständlich. Sie dankte Gott, dass sie solche Dinge nie hatte erleben müssen.

»Und nun versuchen Sie es auch bei mir. Ich bin einfach nicht gehorsam genug.« Mathilde hatte die Augen weit geöffnet und sprach weiter.

»Was tun sie denn?«, fragte Sophie, aber Mathilde wechselte unvermittelt das Thema.

»Warst du schon einmal verliebt?«

Sophie schüttelte den Kopf. »Jedenfalls habe ich es nicht bemerkt.«

Der Anflug eines leichten Lächelns huschte über Mathildes blasses Gesicht. Gleichzeitig zog sie aus einem brillantenbesetzten Etui eine Zigarette und zündete sie sich völlig ungeniert an der züngelnden Flamme einer Kerze an.

Sophie stockte der Atem. Wenn man sie mit der rauchenden Mathilde entdeckte, würde es einen ungeheuerlichen Skandal geben.

»Wenn du verliebt bist, dann spürst du es sofort!«

Mit einem schnellen Blick über die Schulter vergewisserte sich Sophie, dass noch niemand auf Mathildes ungebührliches Benehmen aufmerksam geworden war. Eine Frau hatte nicht zu rauchen und schon gar nicht in der Öffentlichkeit!

»Ich flehe dich an!«, bat sie eindringlich. »Wirf deine Zigarette weg! Wenn wir erwischt werden, darf ich nie wieder auch nur ein einziges Wort mehr mit dir sprechen.«

Die junge Erzherzogin zögerte nur einen Augenblick, dann warf sie die Zigarette über die Brüstung und zahllose Funken stoben in alle Richtungen.

»Mit der Liebe ist es genauso: Man sagt uns, was wir zu tun haben, und wir fügen uns.«

Für eine Weile schwiegen die beiden Frauen und Mathildes Blick verlor sich irgendwo in der Dunkelheit.

»Als ich ihn das erste Mal sah, war es um mich geschehen. Er war ein einfacher Soldat, der meinem Vater eine Zeit lang für seine Reisen nach Ungarn zur Seite gestellt worden war. Wir trafen uns heimlich, jede Nacht, und ich werde diese Wochen in meinem ganzen Leben nicht mehr vergessen. Er war ein kluger Mann, humorvoll, sensibel und nachdenklich, aber auch so groß und stark, dass ich mich in seinen Armen einfach verlieren musste.«

Das Lächeln auf Mathildes Lippen erstarb. »Aber er war in eine andere Welt geboren worden. Willst du wissen, wie es ist, mit einem Bürgerlichen zusammen zu sein?« Ihre Stimme hatte wieder den spöttischen Klang angenommen. »Oh, obwohl kein blaues Blut in ihren Adern fließt, haben sie auch Hände wie wir und ...«

»Hör auf, Mathilde! Das will ich gar nicht wissen. Ich glaube dir ja, dass du ihn geliebt hast!«

Aber Mathilde ließ sich nicht unterbrechen und fuhr mit jetzt fast schriller Stimme fort: »... und ich kann noch immer seine Hände spüren, wie sie zärtlich über meine nackte Haut streicheln. Ich fühle seine Lippen, seine Zunge, wie sie tief und warm in meinen Mund dringt, und ich höre seine Stimme flüstern, wie sehr er mich liebt und welch wundervolle Dinge er mit mir tun wird.«

»Mathilde!« Fassungslos starrte Sophie auf die junge Erzherzogin, während diese trotzig rief: »Ja, ich habe einen Bürgerlichen geliebt! Und obwohl sie jetzt alle über mich spotten, ist es mir egal, denn sogar der Schmutz unter seinen Fingernägeln war mir wertvoller als irgendeiner dieser eingebildeten Kretins hier! Ich hätte ihn geheiratet, wenn sie ihn nicht rechtzeitig umgebracht hätten.«

Ein Schaudern durchlief Sophies Körper. »Mathilde, was redest du denn da?«

Im selben Moment hatte der Kapellmeister im Saal der Residenz seinen Taktstock erhoben, hatten die Geiger ihre Violinen ans Kinn gesetzt und nun drang liebliche Musik nach draußen, die so gar nicht zu den anklagenden Worten der jungen Erzherzogin passte.

»Ich schwöre bei Gott! Es war kein Unfall«, flüsterte Mathilde. »Die so genannte erste Gesellschaft hat ihn auf dem Gewissen. Viel zu spät habe ich begriffen, dass ich seiner Liebe hätte entsagen müssen, um ihn zu retten!«

Noch nie in ihrem Leben hatte Sophie etwas so Ungeheuerliches gehört. Sprachlos vor Entsetzen starrte sie in Mathildes gequältes Gesicht, als hinter ihr eine Stimme erklang: »Ach, Sopherl, hier steckst du also!«

Herzogin Ludovika war auf die Terrasse getreten. Dicht hinter ihr hielt sich Erzherzog Ludwig Viktor, ein blonder, eitel wirkender Mann. Sein Schnurrbart war gekräuselt und gewachst, seine eng zusammenstehenden, wässrig blauen Augen waren auf Sophies Dekolleté gerichtet. Er schien bereits davon zu träumen, die Bändchen und Schleifen ihres Kleides zu lösen, als er ihren empörten Blick bemerkte und errötete.

Ihre Mutter hatte sich inzwischen der jungen Erzherzogin zugewandt. »Das ist ja eine nette Überraschung! Das ist doch die Mathilde.«

Auch Erzherzog Ludwig Viktor deutete eine steife Verneigung an. Mathilde verzog keine Miene.

»Ich hoffe, du bist uns nicht allzu bös, Mathilde«, lachte Herzogin Ludovika verlegen, »aber der Ludwig Viktor will unbedingt mit dem Sopherl den nächsten Walzer tanzen. Und darum müssen wir dich leider auch schon wieder verlassen.«

Es war offensichtlich, dass Ludovika keinen Augenblick länger mit der skandalumwitterten Erzherzogin zu sprechen wünschte, aber sie wahrte dennoch die Contenance.

Sophie und Mathilde sahen sich noch einmal für den Bruchteil einer Sekunde in die Augen, dann ging die Prinzessin mit ihrer Mutter und dem Verehrer davon und verschwand im Ballsaal.

Das Orchester spielte zum Tanz auf. Ludwig Viktor nahm Sophies Hand und zog die Prinzessin zu einem schwungvollen Walzer auf die Tanzfläche. Er schien ganz vernarrt in sie zu sein. Er lächelte unablässig, seine Augen wichen nicht von ihrem Gesicht und sie erinnerte sich daran, dass er schon früher so beeindruckt von ihr gewesen war, dass er mitten im Satz den Faden verloren hatte.

Jetzt macht er mir gleich ein Kompliment, dachte Sophie bei sich, und schon sagte er: »Darf ich Euch etwas verraten, liebstes Sopherl? Zum Ball kam ich heute nur Euretwegen aus Wien angereist. Immer wenn ich die Sisi seh, muss ich an Euch denken. Auch der Franzl findet, dass noch eine Tochter von der Tante Ludovika ein Gewinn bei uns am Wiener Hof wäre.«

Artig erwiderte Sophie sein Lächeln und verbarg ihren heimlichen Widerwillen. Nur der Gedanke daran, seinen gewachsten Bart küssen zu müssen, erregte schon heftige Übelkeit.

Nicht ohne Schadenfreude gab sie zurück: »Mein lieber Ludwig Viktor, ist es denn nicht so, dass Eure sehr geschätzte Frau Mama mit einer Schwiegertochter aus unserer Familie mehr als genug hat? Ich hörte, dass die Sisi das Leben bei Hofe ganz schön durcheinander bringt.«

Für Sophie war die Angelegenheit damit erledigt und sie war froh, dass Ludwig Viktor beim anschließenden Hofsouper nicht in ihrer Nähe ihr saß. Sie tafelte gemeinsam mit Bismarck. Die politische Situation zwischen Berlin und Wien war so angespannt, dass man darauf geachtet hatte, keinen österreichischen Gast an diesen Tisch zu setzen.

Sophie hatte gehört, dass Bismarck als Frauenheld verschrien war. Sie wunderte sich darüber, denn er war ein bulliger Mann mit buschigen Brauen, vorstehenden Augen und einem gewaltigen Schnurrbart, dessen Spitzen wie Hörner nach unten gebogen waren. Sein fülliger Körper steckte in einer prachtvollen, mit Orden bedeckten Galauniform.

Sophie wusste, dass Bismarck von vielen Menschen verehrt, von vielen aber auch gehasst wurde. In Frankreich hatte man ihm zu Ehren die Farbe »Bismarck-Braun« kreiert. Es handelte sich zunächst um ein Havanna-Braun, schlicht »Bismarck« genannt. Als sich die politische Lage zwischen Frankreich und dem preußischen Kanzler verschlechtert hatte, wurde das Braun dunkler und hieß »Bismarck krank«, dann kamen wieder hellere Töne »Bismarck zufrieden« und »Bismarck wütend«. Höhepunkte in den gespannten Beziehungen kennzeichneten die Farben »Bismarck eisig« und »Bismarck funkelnd«.

Bismarck bestimmte auch in Deutschland die Mode. Es gab Bismarckseiden, Bismarckhandschuhe, Bismarcksonnenschirme, Bismarckmützen. Kappen und Hüte waren aus Bismarckstroh und mit Bismarckspitze verziert. Einige Frauen ließen sich sogar ihre Haare in Bismarck-Braun färben.

Die Gäste an Sophies Tisch lauschten aufmerksam, während er vom Krieg philosophierte und vom vereinigten Deutschland schwärmte. »Ich strebe nicht nach einem großen Krieg«, versicherte er, »aber ein ausgedehnteres Truppenmanöver, bei dem unsere deutschen Soldaten Blut und Sieg schmecken und neue Waffen ausprobieren könnten, wäre doch erstrebenswert!«

Dann schimpfte er über die Franzosen und gab sich überzeugt davon, dass es nur noch eine Frage der Zeit sei, bis sich Frankreich endlich der deutschen Herrschaft unterordnen würde. Er dämpfte seine Stimme. Zu viele Österreicher – Verbündete Frankreichs – waren im Saal.

»Deutschland ist ein aufsteigender Stern«, flüsterte er. »Frankreich ist eine untergehende Sonne!«

Ein gefährlicher Mann!, schoss es Sophie durch den Kopf, als die anderen am Tisch fast alle zustimmend nickten. Er überzeugt sie noch davon, dass ein Krieg etwas Wundervolles ist! Kein Wunder, dass Ludwig nicht mit ihm koalieren will.

Bismarck wollte gerade mit seiner Rede fortfahren, als die Dienerschaft mit zahllosen Tabletts und Schüsseln an die Tische trat. Es gab Suppen, Pastetchen, gratiniertes Ragout mit Muscheln, Fisch, dann Ochsenrippe vom Grill mit Frühlingsgemüse und gebratene Lammkoteletts mit Kastanienpüree. Zum Schluss würde Mokka gereicht werden.

Sophie nahm unter den strengen Augen ihrer Mutter von allem nur ein Häppchen. Eine Prinzessin durfte keine Gier zeigen, und weil Sophie über einen gesunden Appetit verfügte, hatte sie vor ihrer Abfahrt im Possenhofener Schloss schon schnell eine Kleinigkeit essen müssen.

»Ich träume von einem Nord-Ostsee-Kanal und großen Kriegsschiffen, die durch Nord- und Ostsee fahren können«, hörte Sophie Bismarck schwärmen.

Plötzlich erhob sich an einem der Nebentische erregtes Stimmengemurmel und gleich darauf beobachtete Sophie, wie Erzherzog Albrecht vom Tisch aufsprang und seiner Tochter böse Blicke zuwarf. Sofort eilten einige Diener herbei und brachten die Mäntel. Der ganze Tisch war in Aufruhr, während Vater und Tochter die Residenz eilig verließen. Sophie fragte sich, was Mathilde wohl dieses Mal angestellt hatte. Heimlich bewunderte sie Mathildes Benehmen und wünschte sich den Mut, ebenfalls diese entsetzlichen Fesseln, die sich Etikette nannten, abstreifen zu können. Dann wäre sie frei und all ihre lästigen Verehrer könnten ihr gestohlen bleiben.

5. Kapitel

Der Herbst zog ins Land, die Äste der Weiden hingen wie goldfarbene Streifen zur Erde hinab und überall bedeckten trockene Blätter den Boden. Ein spanischer Prinz und der älteste Sohn des rumänischen Königs hielten hartnäckig um Sophies Hand an, aber es gab einen Bewerber, der sie wahrhaft entsetzte. Nach einem fünfwöchigen Abstecher bei seinen Verwandten in Coburg erschien Ferdinand von Alençon in Possenhofen. Er hatte unmissverständliche Absichten und wollte nicht nach Frankreich zurückreisen, ohne um die Hand der Prinzessin angehalten zu haben. Sein Vater, der Herzog von Nemours, unterstützte ihn nach Kräften.

Als Sophie davon erfuhr, rannte sie kopflos aus dem Schloss, ohne die Antwort ihrer Eltern abzuwarten. Sie wollte nur noch fort.

Während sie durch den Schlosspark lief, bauschte der Herbstwind ihr Kleid und sie lauschte ihren eigenen hastigen Schritten. Ihre Gedanken überschlugen sich: ausgerechnet dieser Widerling!

Sie durchquerte den Park, kletterte über einen Zauntritt und lief weiter über eine Wiese. Das Gras war mit feuchtem Herbstlaub bedeckt und der Boden so weich, dass sie Mühe hatte, vorwärts zu kommen. Sie wusste von ihrem Vater, dass schon Ferdinands Großvater in ganz Europa als Intrigant verschrien gewesen war. Nach außen hin spielte er den verständnisvollen Bürgerkönig, aber im Grunde war er ein gehässiger Rohling, dem nicht einmal sein eigenes Wort etwas galt, wenn ihm etwas anderes von Nutzen war. Die Verachtung der übrigen europäischen Königshöfe gipfelte schließlich in einem Heiratsverbot gegen seine Söhne. Kein Wunder, dass diese Familie derart ins politische und gesellschaftliche Abseits geraten war.

Sophie schauderte, während sie auf den einsamen Kirschbaum zulief, der mitten auf dem Hügel beinahe ein wenig fehl am Platze wirkte. Von hier aus konnte man die vier wuchtigen, von Zinnen gekrönten Possenhofer Schlosstürme besonders gut sehen.

Atemlos ließ Sophie sich unter dem Baum ins Gras fallen. Es war ihr Baum! Ihr Freund! Ihr Bruder!

Herzog Max hatte ihn am Tag ihrer Geburt pflanzen lassen. Sie lehnte sich an den schuppigen Stamm, holte tief Luft und blickte durch die Äste, die sich wie Arme in einem stummen Tanz zu bewegen schienen, in den Himmel.

Papa und Mama werden diesem Teufel eine Absage erteilen, sagte sie sich, denn schließlich ist er politisch viel zu unbedeutend. Mit dieser Hoffnung versuchte sie, sich wieder Mut zu machen und sich zu beruhigen.

Nach einer Weile fiel ein Schatten neben den Baum und Sophie blickte auf. Ihr Vater stand vor ihr und sie erschrak, als sie in sein erschöpftes Gesicht sah.

»Ich habe mir gedacht, dass ich dich hier finde«, sagte er. »Offensichtlich ist dir nicht entgangen, dass der Duc d'Alençon um deine Hand angehalten hat.«

Einen Augenblick lang hatte Sophie panische Angst. Und wenn der Vater das Ungeheuerliche nun aussprach? Aber dann hörte sie, wie er sagte: »Wir haben ihm natürlich eine Absage erteilt!«

Da stieß Sophie einen lauten Erleichterungsschrei aus, sprang auf die Beine, fiel ihrem Vater um den Hals und trommelte mit den Fäusten auf seine Brust. »Wie kannst du mich nur so erschrecken, Papa? Wie kannst du nur?«

Max lachte. »Dass du ihn nicht ausstehen kannst, war nicht schwer zu erraten, aber stell dir vor – auch deine Mutter war dieses Mal auf deiner Seite. Sie kann sich damit abfinden, dass ein verarmter Bourbon-Orléans gelegentlich zu einer Jagdveranstaltung eingeladen wird, aber das bedeutet noch lange nicht, dass er deshalb die kleine Schwester der Kaiserin von Österreich bekommt.«

»Recht geschieht's ihm!«, rief Sophie fröhlich, aber Max dämpfte ihre Freude sogleich.

»Seine Bedeutungslosigkeit war nicht der einzige Grund für unsere Ablehnung, Sopherl.«

Sie sah ihn fragend an.

»Eben ist eine Depesche eingetroffen. Du musst so schnell wie möglich nach Portugal reisen. Der König hat ein Bild von dir gesehen und du hast ihm sehr gut gefallen.«

Sophie war entsetzt. »Ja, hat das denn nie ein Ende?«

»Nein, ich fürchte nicht. Erst wenn du unter der Haube bist.« Max versuchte zu scherzen. »Du hättest halt nicht so schön werden dürfen, Sopherl! Alle wollen sie nur dich!« Der Stolz in der Stimme des Vaters war unüberhörbar.

Sophie wusste über den König von Portugal nichts. Die Portugiesen galten als der hässlichste Menschenschlag Europas und ihre Etikette war angeblich genauso steif wie die Kleider, die sie trugen. Außerdem hatte sie die traurige Verheiratung ihrer Schwester Marie nicht vergessen. Die hatte ihren Bräutigam, König Franz von Neapel-Sizilien, zum ersten Mal am Tag ihrer Hochzeit gesehen. Auf dem Verlobungsbild, das man nach Possenhofen geschickt hatte, war er ein wunderschöner Mann gewesen. In Wirklichkeit war der

König ein bisschen schwachsinnig und impotent. Er hatte das Profil eines Karpfens und war alles andere als schön. Außerdem hielt er nichts von Reinlichkeit und roch so streng, dass man mit geschlossenen Augen herausfinden konnte, in welchem Raum er sich gerade befand. Beim Hochzeitsmahl hatte er Unmengen von Essen verschlungen und der armen Marie war nur vom Zusehen ganz übel worden. In der Hochzeitsnacht geleitete man Braut und Bräutigam mit aufwändigem Zeremoniell ins Schlafgemach des Kronprinzen und prompt sperrte man die beiden dort ein. Leider machten dem Kronprinzen plötzlich die Unmengen frischer Austern, der Rheinlachs, das Rebhuhn nach sizilianischer Art, der getrüffelte Kalbskopf, die geräucherten Rentierzungen, der viele Chablis und Bordeaux zu schaffen, und da es im Zimmer keine Glocke gab, war es am nächsten Morgen völlig verunreinigt. Die schöne Marie hatte die Nacht in ihrem Hochzeitskleid verbracht und am nächsten Morgen war sie so bleich, dass sich die Farbe ihrer Haut kaum noch von der ihres Kleides unterschied. Sophie erinnerte sich noch gut an den verzweifelten Brief, den ihre Schwester nach Hause geschrieben hatte, und fragte sich, ob ihr wohl ein ähnliches Schicksal bestimmt war.

Aber trotz ihrer Zweifel war sie im Grunde davon überzeugt, dass es sicherlich das kleinere Übel war, nach Lissabon zu reisen und sich den König einmal anzusehen, als mit diesem Widerling Ferdinand von Alençon ihr ganzes Leben verbringen zu müssen.

»Also gut. Ich werde nach Portugal fahren.«

Gleichzeitig wanderte ihr Blick fort von ihrem Vater zum Schloss hinüber, wo gerade die letzten Vorbereitungen für die Abreise von Ferdinand und dem Herzog von Nemours getroffen wurden. Stallburschen liefen umher, fütterten und tränkten die Pferde des Gespanns und Lakaien beluden die

Kutsche mit Gepäck. Der Hufschmied hämmerte die letzten Hufeisen, Nägel und Zubehör für den Wagen in Form. Die verschiedenen Geräusche mischten sich zu einem geschäftigen Durcheinander. Dienerinnen riefen sich Anweisungen zu, begleitet von lautem Gekläffe der Spitze, die Ludovika in den Hof gefolgt waren.

»Komm«, sagte der Herzog zu seiner Tochter. »Ich glaube, du solltest dich von ihm verabschieden, auch wenn du ihn nicht leiden magst.«

Ferdinand wollte gerade in die Kutsche steigen, als Sophie auf ihn zutrat. Sie hatte das Gesicht eines unschuldigen Engels und sagte zuckersüß: »Oh, Duc, ich hörte von Eurem Antrag. Ihr könnt Euch gar nicht vorstellen, wie mir das Herz blutet, dass Ihr Euch leider damit begnügen müsst, in Zukunft nur von mir zu träumen.«

Mit einem triumphierenden Lächeln wandte sie sich ab und ihre lange Schleppe rauschte hinter ihr her.

Im selben Moment erklang aus dem Coupé die Stimme von Ferdinands Vater. »War das nicht die Prinzessin? Was wollte sie denn noch von dir?«

Ferdinand hatte sein Lächeln bereits wieder gefunden und antwortete gelassen: »Prinzessin Sophie sagte, sie bedaure die Entscheidung ihrer Eltern sehr, denn auch sie fühlt, dass sie eines Tages die Meine sein wird.«

* * *

Die nächsten Tage und Wochen galten den Vorbereitungen für Sophies Reise nach Portugal. Der Abreisetermin war auf den 3. Januar gelegt worden. Die besten Schneider Münchens sollten neue Kleider für die Prinzessin anfertigen, damit sie in Lissabon einen guten Eindruck machte, und auch an die Accessoires war gedacht worden: Apfelblüten aus Stoff für das Haar, Perlen, Spitzen und Hüte. Natürlich durfte auch ein neuer Sonnenschirm nicht fehlen, der zarte Teint der Prinzessin brauchte Schutz, denn sie reiste in wärmere, sonnigere Gefilde. Auch ein neues Reitkleid stand auf der Liste und Ludovika und Sophie verbrachten viele Stunden bei den Schneidern. Die Herzogin legte besonderen Wert darauf, dass Schönheit und Anmut ihrer Tochter bei dieser Gelegenheit besonders zur Geltung kamen. Ludovika überprüfte sogar Schnitt und Faltenwurf des Reitkleides, in dem Sophie sich im Schneideratelier in den Sattel eines Holzpferdes setzen musste, das vor einem Spiegel aufgebaut worden war.

Endlich war die Herzogin zufrieden. Jetzt fehlten nur noch neue Schuhe. Für die letzte Anprobe bei einem der bekanntesten Schuhmacher war bereits ein Termin vereinbart worden und Sophie musste ihre Mutter und deren Zofe noch einmal in die Stadt begleiten.

Die Prinzessin verabscheute Irma zutiefst. Die Zofe ihrer Mutter war alles andere als eine einnehmende Erscheinung. Sie sah aus wie ein Mann und war sehr geschwätzig, aber Ludovika, der sie bereits seit elf Jahren zu Diensten war, schätzte sie sehr.

Während der Kutschfahrt zum Feldafinger Bahnhof berichtete Irma den neuesten Klatsch vom Münchner Hof, sparte nicht an Taktlosigkeiten und Sophie verglich sie im Stillen mit einem störenden, ständig summenden Insekt.

In Feldafing wurde Irmas Redefluss erst einmal unterbrochen. Die drei Frauen stiegen in den Zug um, der schon geraume Zeit gewartet hatte, nachdem der Lokführer darüber informiert worden war, dass hohe Persönlichkeiten zu seinen Fahrgästen zählen würden.

Die übrigen Passagiere blickten neugierig aus den Fenstern und reckten die Hälse, aber die Damen waren schnell in dem für sie reservierten Abteil verschwunden.

Nach fast einstündiger Fahrt traf der Zug schließlich am Münchner Hauptbahnhof ein. Die Droschke, die sie ins Schuhatelier bringen sollte, musste einen Umweg nehmen, denn seit das alte Angertor abgerissen worden war, kam es immer wieder zu Behinderungen auf den Straßen.

»Diese ständigen Bauarbeiten in München sind eine Zumutung«, schimpfte Ludovika, während die Droschke geräuschvoll über unebene Pflastersteine ratterte.

Kurze Zeit später saß Sophie im Schuhatelier und starrte gelangweilt Löcher in die Luft. Ludovika bestellte zwei Paar handgesteppte schwarze Atlasschuhe mit niedrigen Absätzen, die an der Seite mit Schnürbändchen versehen und am oberen Rand mit schwarzer Spitze verziert waren. Dazu kamen noch drei Paar braune Schnürstiefeletten und ein Paar weiße Atlasschuhe mit Spitzenrosetten.

»Nehmen Sie nur vom Besten«, trug die Herzogin dem Schuhmacher auf. »Schließlich soll das Kind dem König von Portugal gefallen.«

Königin von Portugal, dachte Sophie, ist das nicht Ironie des Schicksals, Mama? Du wolltest unbedingt Königin von Portugal werden und durftest es nicht, und ich soll es werden und will es nicht!

Als Sophie kurz darauf wieder mit Mutter und Zofe am Münchner Hauptbahnhof stand und auf den Zug nach Starnberg wartete, hing sie noch immer ihren düsteren Gedanken nach.

In der Schalterhalle, über der sich das gewaltige Dach aus Eisen und Glas spannte, bot sich das gleiche Bild wie immer: Vornehme Damen drängten sich mit ihren Zofen genauso wie Bauersfrauen mit bunten Kopftüchern und Körben voller Ware, Herren mit hohen schwarzen Zylindern schritten eilig durch die Menge, belagert von Burschen, die für das Tragen von Gepäck ein paar Groschen bekamen. Es war ein ständiges Kommen und Gehen. Züge fuhren ein und verließen den Bahnhof in Richtung Rom, Linz und Stuttgart und immer wieder schrillte die Pfeife des Schaffners.

Ein Zeitungsjunge drängte sich zwischen den Reisenden hindurch, wedelte mit einer Zeitung in der Luft und verkündete die neuesten Nachrichten: Irgendwo in Amerika hatte jemand einen Stuhl patentieren lassen, mit dem man schaukeln konnte und der angeblich die Nerven beruhigte.

Sophie blickte gedankenverloren auf und da sah sie ihn. Er stand mitten auf dem Perron, war ganz und gar mit Gepäck beladen und schien gerade mit einem der Züge angekommen zu sein. Er trug eine Lederjacke, wie sie Sophie in ihrem ganzen Leben noch nicht gesehen hatte. Seine Beine steckten in einer derben grünen Kammgarnhose. Nicht einmal seine Kleidung vermochte den kräftigen Wuchs und die starken Muskeln an seinen Armen und Beinen zu verbergen. Einen Hut trug er nicht. Sein dunkles Haar war zerzaust, eine Strähne fiel ihm keck in die Stirn. Sein Gesicht war tief gebräunt und vom Wetter gegerbt. Als Sophies Blick den seinen traf, lächelte er. Die Lachfältchen in den Augenwinkeln standen weiß im tiefen Braun. Es wirkte, als habe er lange in der Sonne gelebt und dabei viel gelacht. Plötzlich berührte er seine Stirn, als ob er einen Hut lüften wollte.

Sophie erschauerte. Kurz blickte sie zu ihrer Mutter und Irma hinüber, aber die beiden Frauen hielten nach dem Zug Ausschau und bemerkten nicht, dass ein fremder Mann ganz ungeniert Sophies Aufmerksamkeit auf sich lenkte.

Unverwandt blickten Sophie und der Fremde sich an. Sie waren nur noch zwei Augenpaare, die nicht mehr voneinander lassen wollten, zwei Lächeln, die sich in der Menge gefunden hatten.

Im nächsten Moment rollte der Zug nach Starnberg in die Halle, Dampf zischte und verlor sich in der Luft, Kolben stampften und die großen Räder drehten sich langsamer. Die Bremser, die oben auf den Dächern des Zuges saßen, brachten die Wagen zum Stehen, Eisen knarrte und Wasser trat aus.

Die Herzogin griff nach der Hand ihrer Tochter und zog sie zu den Gleisen, dicht gefolgt von Irma. Sophie verlor den Fremden aus den Augen.

Im Zug war sie mit einem Satz am Coupéfenster, schob die untere Scheibe hoch, aber vergeblich suchte ihr Blick den Perron ab.

»Nun setz dich doch endlich!« Die Stimme ihrer Mutter klang ungeduldig. »So benimmt sich doch nicht die zukünftige Königin von Portugal.«

Seufzend sank Sophie in den Sitz.

Was bin ich töricht!, schalt sie sich selbst. Ich werde ihn nie wieder sehen, wer immer er auch gewesen sein mag. Also ist jeder weitere Gedanke an ihn verschwendet.

Aber tief in ihrem Inneren rebellierte sie. Diese Gewissheit wollte sie nicht akzeptieren.

* * *

Zur selben Zeit waren auch Edgars Gefühle in Aufruhr. Er schob sich mit seinem schweren Gepäck durch die Menschenmenge, blickte nach rechts und links, glaubte schon, sie wieder gefunden zu haben, aber dann starrte er nur in ein fremdes Frauengesicht.

Himmel, welch eine Schönheit! Sie war in Begleitung zweier älterer Damen gewesen, wohl einer Zofe und ihrer Mutter, und auch an ihrer Kleidung hatte er sehen können, dass sie aus einer vornehmen Familie stammte.

Als der Zug nach Starnberg aus der Halle rollte, ahnte Edgar nicht, dass sie darin saß. Stattdessen suchte sein Blick immer noch die Menschenmenge ab, bis ihm plötzlich jemand auf die Schulter tippte. Gleichzeitig hörte er eine bekannte Stimme hinter sich, die, von Rührung überwältigt, flüsterte: »Edgar! Erkennst du etwa deinen eigenen Vater nicht mehr?«

»Vater!« Mit einem Freudenschrei fiel Edgar dem alten Mann um den Hals. »Himmel, siehst du gut aus. Ich werde immer älter und du immer jünger!«

»Schwindler«, lachte der Alte. »Und jetzt komm, Junge. Unsere Droschke wartet draußen und du bist sicher erschöpft von der langen Reise.«

Das war Edgar in der Tat. Er kam geradewegs aus China, wo er lange als Fotograf gearbeitet hatte. Solche Reisen waren für einen jungen Mann seines gesellschaftlichen Standes keineswegs üblich, aber schon früh hatte es ihn in die Ferne gezogen. Als Edgar alt genug war, hatte er alles daran gesetzt, die fernen Länder, von denen er so viele Jahre geträumt hatte, selbst zu sehen. Den Vater schmerzte der Abschied jedes Mal, aber er war auch stolz auf seinen Sohn. Schon in der einfachen Volksschule war Edgar mit seinem Wissensdurst aufgefallen und er hatte auch künstlerisches Talent. Das freute den Alten ganz besonders, denn es stand außer Frage, dass Edgar eines Tages in seine Fußstapfen als Fotograf treten und das Atelier in der Maximilianstraße übernehmen würde. Hanfstaengl sah in seinen Träumen auch eine hübsche Schwiegertochter und ein paar Enkelkinder, die durch Haus und Laden tobten. Bislang hatte Edgar sich allerdings noch nicht für eine Frau entscheiden können, obwohl er reichlich Auswahl hatte. Das schob der Alte auf das unstete Leben seines Sohnes. Zwei Monate in Westafrika, eine kaufmännische Ausbildung in London und Stettin und nun der mehrjährige Aufenthalt in China: Edgar hatte einfach keine Zeit für eine Frau.

»Du kannst dir gar nicht vorstellen, wie oft mein Fotokasten eingesetzt wurde – nur leider nicht von mir, sondern von meinen Kunden, die mich plötzlich fotografieren wollten«, lachte Edgar. »Ich glaube, ich bin der meistfotografierte Fotograf Schantungs. Einen Westeuropäer bekommt man dort nicht alle Tage vor das Objektiv.«

»Ich bin froh, dass dir die Frauen dort nicht den Kopf verdreht haben. Vielleicht wärst du sonst gar nicht mehr zu deinem alten Vater zurückgekehrt.«

»Das hätte nur geschehen können, wenn mir die Fahrt schließlich doch zu lange gedauert hätte.«

In der Tat hatte die Heimreise mehrere Wochen in Anspruch genommen. Mit der Transsibirischen Eisenbahn war Edgar mit dem Zug von Lianyun im äußersten Osten Chinas gestartet und dann nach Sian, Urumchi, Moskau, Warschau, Berlin und München gereist. Sein Gepäck, das er um den halben Globus geschleppt hatte, war gefüllt mit allerlei Mitbringseln, mit Wasserpfeifen, Büchern, fremdartigen Früchten und Spielen, die man nur in China kannte; darunter waren auch weiße Bällchen, mit denen die Chinesen Pingpong spielten.

»Möchtest du eines Tages gern dorthin zurückkehren?«, fragte der Alte und Besorgnis schwang in seiner Stimme, während sie Edgars Gepäck in die Kutsche luden.

»Ja«, antwortete Edgar ehrlich, als er es sich schließlich auf dem Bock bequem gemacht hatte.

»Du hast dich in ein chinesisches Mädchen verliebt und dein Herz ist immer noch dort – stimmt's?« Die Augen des Alten blickten prüfend auf seinen Sohn. Er wollte dabei heiter wirken, aber es gelang ihm nicht. Schnell nahm er die Zügel in die Hand.

»Nein, das ist es nicht.« Edgar lächelte und sein Blick

schweifte in die Ferne. »Und ehrlich gesagt: Vorhin am Bahnhof, da habe ich die Frau meines Lebens gesehen.«

* * *

Es war Sophies letztes Weihnachstfest vor ihrer Abreise. Lorbeer, Zypresse und Steineiche mit roten Beeren schmückten jedes Zimmer in Possenhofen und erfüllten das Schloss mit einem würzigen Duft. Ein mächtiger silberner Humpen voller Glühwein, bekränzt mit Efeu und Schleifen und eine Schale mit gebratenen Äpfeln standen in der Eingangshalle immer bereit.

Jeden Tag gab es Speisen, die Ludovika mit großer Sorgfalt und alten Traditionen entsprechend ausgewählt hatte: Eberkopf mit vergoldeten Hauern, Gänse und Enten, Haferbrei mit Pflaumen, gebackener Karpfen mit Kartoffelsalat.

Jede Mahlzeit war ein Fest und was übrigblieb, wurde an die Armen verteilt, die von weit her nach Possenhofen kamen, weil sie von der Großzügigkeit der herzoglichen Familie wussten, und besonders Prinzessin Sophie gab immer noch ein bisschen mehr.

Während Sophie an Heiligabend ihrem Vater einen selbst bestickten Seidenschal und ihrer Mutter ein neues Nähkörbchen schenkte, bekam sie von Max und Ludovika eine herzförmige Miniatur – ein auf Elfenbein gemaltes, mit Brillanten besetztes Bildnis, das Sophie als Vierjährige zeigte.

»Diese Kette kannst du einmal deiner Tochter schenken«, sagte Ludovika zärtlich, als sie ihrer Tochter das Schmuckstück um den Hals legte.

Kinder!, dachte Sophie. Der Gedanke lag ihr so fern. Wie konnte sie an Kinder denken, wenn sie noch nicht einmal deren Vater kannte?

Jeden Tag stapfte Sophie in ihren Stiefeln hinaus in die winterliche Landschaft und suchte die Nähe des Kirschbaumes, des einzigen Freundes und Verbündeten, der ihr noch geblieben war.

6. Kapitel

Auch Ludwig litt unter der aufgezwungenen Einsamkeit. Unglücklich vertraute er seinem Tagebuch an: *Sophie und ich leben inmitten einer Umgebung, die uns nicht begreift und uns falsch beurteilt. Wir leben wie in einer Oase im Sandmeer der Wüste.*

In trübsinniger Stimmung verkroch Ludwig sich während der Weihnachtsfeiertage auf Schloß Berg und sprach mit niemandem. Sogar den preußischen Gesandten, der wichtige Nachrichten von Bismarck zu überbringen hatte, ließ er wieder wegschicken.

Häufig ging er erst in den frühen Morgenstunden zu Bett und schlief bis nachmittags. Auch seine Dienerschaft musste deshalb die ganze Nacht wach bleiben. Düfflipp hatte tagsüber mit Ministern, Architekten und Kunsthandwerkern zu verhandeln. Der König war nur noch mit der Planung neuer Schlösser aufzumuntern. Im Gegensatz zur Politik war er in diesem Bereich durchaus in der Lage, seine Vorstellungen durchzusetzen. Nachdem Ludwig den Bauplatz für Schloss Linderhof endlich festgelegt hatte, beauftragte er Düfflipp, alles in die Wege zu leiten, damit sofort mit der Einebnung des Bodens und der Vermessung der Baustelle begonnen werden konnte.

Der König plante eine Galerie mit einer Länge von über

vierundachtzig Metern und einer Breite von mindestens zwölf Metern. Vom Hof aus sollte man von der linken Seite her die Treppe hinaufgehen können, um in das Dienstvorzimmer zu gelangen, an das sich das Schlafgemach, das Arbeits- und das Speisezimmer, der Salon des Krieges, die Galerie und zuletzt der Salon des Friedens anschließen würden. Ludwig hatte die Raumfolge von Schloss Versailles eingehend studiert. Dieses Schloss war sein großes Vorbild und nun fieberte er der Entstehung Linderhofs ungeduldig entgegen. Während der langen Nächte des Wartens lenkte er sich damit ab, dass er kleine Privatkonzerte organisieren und Sänger und Sängerinnen nach Schloss Berg kommen ließ.

Grimmig schrieb er sich seinen Missmut von der Seele und auch einen Tag nach Silvester klagte er in seinem Tagebuch seine Tante Ludovika an: *Sie ist schuld, dass mein Herz leidet, denn ich vermisse die vertrauten, ungestörten Gespräche mit Sophie und ihren wundervollen Gesang!*

Während er die Schreibfeder noch in der Hand hielt, klopfte es, und Dürfflipp trat mit einer tiefen Verbeugung ein. »Seine Majestät ließen mich rufen?«

Ludwig tauchte, ohne aufzublicken, die Feder tief in das Tintenfass. Er schrieb schnell und schwungvoll weiter. Das Kratzen des Federkiels war der einzige Laut in der Stille des Gemachs.

»Für die kommende Nacht wünsche ich über den Konzertsaal des Hoftheaters zu verfügen«, erklärte er knapp. »Außerdem sind Malwina und Ludwig Schnorr von Carlosfeld zu verständigen. Ihr Gesang soll Hans von Bülow auf dem Klavier begleiten, der ebenfalls informiert werden muss!«

Als Ludwig bemerkte, dass Dürfflipp sich nicht entfernte und seinen Befehlen anscheinend keinerlei Gehör schenkte, schaute er grimmig von seinem Tagebuch auf.

»Ich fürchte, das wird uns einige Probleme bereiten, Majestät«, sagte der Hofsekretär vorsichtig.

»Was soll das heißen?«

»Ich bitte vielmals um Verzeihung, aber im Konzertsaal findet heute Abend das Abschiedskonzert für Prinzessin Sophie statt.«

Die Feder in Ludwigs Hand zitterte plötzlich. »Begibt sie sich auf Reisen?« Er versuchte verzweifelt, seiner Stimme einen ruhigen Klang zu verleihen.

Nur schwerlich konnte Düfflipp seine Überraschung verbergen. War es möglich, dass der König nichts von der geplanten Zusammenführung seiner Cousine mit dem portugiesischen König wusste? Dann rief Düfflipp sich ins Gedächtnis, wie missmutig und abgeschieden seine Majestät die letzte Zeit verbracht hatte. Anscheinend hatte es niemand gewagt, ihm die Botschaft zu überbringen. Jetzt war es seine Aufgabe.

»Prinzessin Sophie wird morgen nach Lissabon reisen. Sie soll dem König von Portugal als Braut vorgestellt werden.«

In fassungslosem Entsetzen starrte Ludwig seinen Hofsekretär an. Wie ein Fisch auf dem Trockenen klappte er seinen Mund auf und zu. Die Sophie weg aus München! Jetzt war es endgültig! Wenn sie Bayern verließ, wäre er auf immer und ewig allein!

Starr vor Entsetzen brachte er kein Wort hervor. Die Schreibfeder fiel ihm aus der Hand, eine fahrige Bewegung ließ das Tintenfass umfallen und die dunkle Flüssigkeit ergoss sich über den Schreibtisch und tropfte auf den Boden.

* * *

Es war kurz nach acht Uhr abends, als Sophie mit ihren Eltern in der Possenhofener Kutsche vor dem Konzertsaal des Hoftheaters vorfuhr. Ihre kastanienfarbenen Haare waren zu zwei dicken Zöpfen geflochten, die sich am Hinterkopf überkreuzten und seine schöne Form betonten. Selbst Herzog Max hatte sich dem Anlass entsprechend gekleidet. Er trug seine Generaluniform, die er nur sehr selten aus dem Schrank holte, obwohl er den Rang eines bayerischen Generals der Kavallerie innehatte. Andere Männer hätten sich gern mit einer solchen Uniform geschmückt.

Als Sophie den Saal betrat, schlug ihr heiße und stickige Luft entgegen. Zahllose Gäste hatten sich bereits versammelt. Es gab ein unablässiges Hin und Her, einige der Anwesenden nahmen ihre Plätze gerade ein, andere standen wieder auf, um Bekannte und Verwandte zu begrüßen oder noch etwas bei den Mädchen zu kaufen, die zu Dutzenden mit Körben an den Armen herumliefen und Süßigkeiten und leckere Früchte verkauften.

Die Belüftung im Konzertsaal funktionierte wie immer nur schlecht und es roch nach starkem, süßlichem Parfüm. Sophie wurde beinahe übel.

Aller Augen waren auf die drei Neuankömmlinge gerichtet und die Gäste erhoben sich von ihren Plätzen. Jeder Herr zückte seinen Zylinder und jede Dame versank in einen tiefen Hofknicks, während die Familie in der herzoglichen Loge Platz nahm.

Fächer und mit Brillanten besetzte Operngläser wurden gezückt und Sophie bemerkte, dass fast alle Gläser neugierig auf sie gerichtet waren. Wie immer, wenn eine der schönen Töchter von Ludovika in der Öffentlichkeit erschien, gehörte ihr die uneingeschränkte Aufmerksamkeit.

Ich bin doch kein Tier, das zum Opferaltar geführt wird, dachte Sophie unangenehm berührt.

Sie erkannte hier und da bekannte Gesichter. Alle waren aufgeputzt wie die Weihnachtsgänse. Die Menge erschien ihr wie eine Kaskade aus Diamanten, Perlen, Federn, Blumen, weißen Schultern, Seide, Samt, Moirée, Tüll und Spitze, eine Kaskade, die sich an hellen, blitzenden Marmorstufen brach, im funkelnden Licht der Kandelaber und Lüster.

Man führt ein freies, glückliches Leben, bis man ins heiratsfähige Alter kommt! Sophie konnte von ihren bitteren Gedanken nicht lassen.

»Herrgott, Sophie Charlotte, was zappelst du denn die ganze Zeit so herum?« Die Herzogin warf ihrer Tochter einen missbilligenden Blick zu.

Im selben Moment hob der Dirigent den Taktstock, als wolle auch er Sophies Unruhe ein Ende setzen. Die Streicher setzten ein, als sich plötzlich eine schwere Hand auf Sophie Schulter legte.

Verdutzt blickte sie auf und sah, dass ein völlig atemloser Ludwig in die herzogliche Loge gestürmt war.

Auch Herzogin Ludovika und Herzog Max wirkten irritiert, erhoben sich aber sofort und verneigten sich vor ihrem König.

»Majestät?«

»Meine liebe Tante Ludovika, mein lieber Onkel Max, ganz offiziell ersuche ich Sie um die Erlaubnis, dass die Sophie während des Konzerts mir in meiner Loge Gesellschaft leisten möge. Ich habe ein großes Ereignis zu verkünden, dass unbedingt noch vor der Abreise der Prinzessin bekannt gegeben werden muss.«

Verwirrt nickte Ludovika. Sie wusste nicht, was ihr Neffe im Schilde führt, aber sie konnte die Bitte des Königs nicht abschlagen. Auch Max nickte und die Prinzessin erhob sich, um Ludwig zu folgen.

Im Publikum war Unruhe aufgekommen, die Streicher waren verstummt, der Dirigent blickte verwirrt zur Königsloge, als erwarte er von dort entsprechende Weisungen.

Überall war Getuschel und Geflüster zu hören, das sich von Reihe zu Reihe zog und nicht mehr verstummen wollte. Zahllose Augenpaare blickten zu Ludwig und Sophie empor, die jetzt die Königsloge betraten. Eigentlich durften nur der König selbst und die Königinmutter dort sitzen.

Das wusste auch Sophie. Hochrot sank sie in die Polster und überlegte, was Ludwig wohl vorhatte.

»Was soll ich denn hier?«, flüsterte sie schließlich.

Sie war fassungslos, als Ludwig vor ihr in die Knie sank und ihre Hand nahm.

»Ja, was machst du denn da?«, stieß sie hervor.

Im Konzertsaal war kein Laut zu hören.

»Meine geliebte Sophie!«, rief Ludwig so laut, dass seine Stimme auch in der letzten Reihe zu hören war. »Soeben ist mir klar geworden, dass ich nur durch eine Verehelichung unsere endgültige Trennung verhindern kann.«

Ein Raunen ging durch die Menge. Alle starrten zur Königsloge hinauf und hielten den Atem an. Niemand wollte ein Wort oder eine Geste versäumen.

»Wenn mich überhaupt eine Frau glücklich machen kann«, fuhr Ludwig unbeirrt mit lauter Stimme fort, »so bist du die einzige und keine andere! Geliebte, Einzigartige! Die Knospe, die als Freundschaft in meiner Seele keimte, ist aufgegangen, ist Liebe zur dir geworden, ungeteilte Liebe. Als ich erfuhr, dass du unser Land für immer verlassen sollst, nach Portugal ziehst, um dort den Bund der Ehe einzugehen, wusste ich, dass ich dies verhindern muss. Und so sage ich es dir klar und bestimmt als Mann und König: Ich liebe dich und schwöre dir Treue, bis dass der Tod uns scheidet!« Und er rief: »Bayern hat eine neue Königin!«

Sophie wusste nicht, was sie denken oder gar fühlen sollte. Sie starrte ihn mit großen Augen an, er hatte sie völlig überrumpelt.

Gleichzeitig sprang das Publikum im Konzertsaal von den Stühlen auf, man klatschte und umarmte sich. Bayern hatte eine neue Königin! Taschentücher wurden geschwenkt, Zylinder flogen in die Luft und alle schrien im Chor: »Hoch lebe unsere neue Königin! Hoch lebe sie!«

Donnernder Jubel erscholl von allen Seiten, draußen in der Gaderobe wunderten sich die Angestellten darüber, dass das Stück offenbar schon zu Ende war.

Auch in der herzoglichen Seitenloge fiel Ludovika vor freudiger Überraschung beinahe in Ohnmacht. Der König von Bayern war eine weit bessere Partie als der König von Portugal!

»Ja, da versteh einer noch die Welt,« murmelte Max. »Hat der Ludwig denn nicht immer gesagt, dass er eher in den Alpsee springen würd, bevor er heiraten tät?«

»Oh, Max«, rief Ludovika glücklich. »Daran hätt ich ja im Traum nicht zu denken gewagt. Die Sophie, Königin von Bayern! Ja, warum hat sie denn nicht gleich gesagt, dass er es ist, in den sie sich verliebt hat?«

* * *

Als Sophie in dieser Nacht von Nadia zu Bett gebracht wurde, hatte sie immer noch das Gefühl, dass der Boden unter ihren Füßen schwankte. Einerseits fühlte sie eine ungemeine Erleichterung, den portugiesischen König nicht heiraten zu müssen, andererseits hatte sie sich nie als Ludwigs Braut gesehen. Er war ihr Cousin, ihr bester Freund, aber doch nicht ihr Geliebter!

Man kann nicht alles haben, ermahnte Sophie sich selbst zur Vernunft. Was würde die Mutter sagen, wenn sie sich jetzt immer noch beschwerte?

Sophie blickte in den Spiegel. Sie saß im Nachthemd zwischen den Kerzen zweier goldener Leuchter, während Nadia ihr das Haar mit einem Kamm in Strähnen teilte und dann jede einzelne vorsichtig zu kämmen begann, bis die Locken in einer glänzenden Flut über ihre Schultern wallten.

»Ich gratuliere, Hoheit«, sagte die Zofe. »Ihr müsst die glücklichste Braut auf Gottes Erden sein.« Gleichzeitig nahmen ihre Augen einen schwärmerischen Glanz an. »Verzeiht, wenn ich so offen bin, aber einen schöneren und interessanteren Mann als den König hab ich in meinem ganzen Leben noch nicht gesehen.«

Der Fremde vom Bahnhof, dachte Sophie. Gleichzeitig tadelte sie sich selbst. Ihr armer König! Das hatte er wirklich nicht verdient. Er hatte ihr einen Antrag gemacht und sie dankte es ihm, indem sie an einen anderen dachte, von dem sie nicht einmal den Namen kannte.

Langsam nickte Sophie, bis sich schließlich ein Lächeln in ihre Mundwinkel stahl. Ich werde Ludwig eine gute Gemahlin sein, nahm sie sich vor. Zweifel und Ängste schob sie beiseite und sie spürte plötzlich eine große Gewissheit: Ja, ich will meinem Heimatland eine gute Königin werden!

* * *

Die Residenz war bald von allerlei Handwerkern belagert, die von morgens bis abends hämmerten, schabten und Wände strichen. Die Privatgemächer der zukünftigen Königin bedurften der dringenden Renovierung. Weiße und goldene Tapeten wurden ausgerollt, eine Schneiderin begann, prachtvolle Brokatvorhänge und Teppiche zu nähen, die auf ausdrücklichen Wunsch des Königs mit Lohengrin-Motiven bestickt wurden. Die Möbel wurden mit weißen Bezügen geschützt, überall standen Eimer mit Farbe und Männer auf hohen Leitern nahmen Maß für die Wandbehänge. Es war ein geschäftiges Treiben.

Ludwig bestimmte außerdem, dass eine genaue Nachbildung des französischen Kaiserwagens von 1742 für seine Hochzeit gefertigt werden sollte. Eine Prunkkarosse musste es werden, und wenn sie ein Vermögen kostete, sogar die Geschirre sollten in blauen Samt eingenäht werden.

Noch nie sollte die Welt ein schöneres Hochzeitspaar als ihn und seine Cousine gesehen haben.

Auch in Possenhofen blieb man nicht untätig. Nachdem man dem König von Portugal eine Absage erteilt hatte, kümmerte man sich um Sophies Aussteuer. Kostbare Dinge aus Silber wie Bürsten, Spiegel, Kaffee- und Milchkannen sowie Teller wurden auf die Inventarliste gesetzt. Drei Ballkleider wurden genäht, zwei himmelblaue und ein weißes mit gestickten Rosen darauf. Ferner sollte die junge Braut zwölf Putzkleider aus Atlasseide und feinstem Tüll mit langer Schleppe bekommen.

Ludovika bestellte außerdem elf schlichtere Seidenkleider, damit Sophie sich auch nachmittags oder zu kleineren Empfängen angemessen kleiden konnte. Auch das schwarze Kleid für etwaige Trauerfälle vergaß die Herzogin nicht.

Zum Schluss setzte sie zwei große Krinolinen und fünf Korsetts auf die Liste. Zwei Spezialkorsetts zum Reiten waren auch darunter, die Sophie sich gewünscht hatte. Die Seidenstrümpfe bestellte Ludovika in London, denn eine Frau, die etwas auf sich hielt, trug nur Strümpfe von *Swears & Wells*.

Während der aufregenden Vorbereitungen erreichte Possenhofen auch eine tragische Nachricht: Mathilde, die junge Erzherzogin, war tot. Während eines Festes war sie von ihrem Vater beim Rauchen ertappt worden. Sie hatte die glühende Zigarette noch unter ihrem Kleid zu verstecken versucht, aber der Stoff war sofort in Flammen aufgegangen. Wie entsetzlich!, dachte Sophie und spürte, wie eine Gänsehaut über ihren Rücken kroch. Der Mut, anders als andere sein zu wollen, und der feste Wille, sich durchzusetzen, hatten Mathilde das Leben gekostet. In den folgenden Nächten schlief Sophie schlecht. Immer wieder schreckte sie hoch und sah Mathildes Gesicht vor sich. Ganz deutlich hörte sie ihre anklagenden Worte, sah, wie sie trotzig die Zigarette in der Hand hielt. Arme Mathilde! »Obwohl ich dich nicht sehr gut gekannt habe«, murmelte Sophie mit Tränen in den Augen, »werde ich dich nie vergessen. Mögest du jetzt deinen Frieden finden!«

* * *

Eine knappe Woche später erschien ein königlicher Bote in Possenhofen, ließ sich bei Ludovika anmelden und überbrachte die Nachricht, dass die Königinmutter ihre zukünftige Schwiegertochter unverzüglich zu sehen wünsche.

Obwohl Sophie mit Königin Marie verwandt war, hatten die beiden Frauen sich bislang nur auf Festen und Empfängen getroffen. Sophie hatte jedes Mal den deutlichen Eindruck gehabt, dass die Königinmutter ihr nicht gewogen war.

Als sie jetzt durch die Münchner Residenz geführt wurde, hatte sie ein beklemmendes Gefühl. Noch nie hatte sie sich in den königlichen Räumen wohl gefühlt. Und dies sollte nun ihr zukünftiges Zuhause werden.

Welch steife, ungemütliche Kälte, dachte Sophie. Hier ist es beinahe wie in einem Grab.

Ein Diener geleitete sie in den Audienzsaal, wo Marie von Bayern sie bereits erwartete. Der Raum war dämmrig. Die

Vorhänge waren geschlossen worden und ließen nur wenig Licht von draußen herein.

Auf dem Kanapee saß die Königinmutter, stickte und hüstelte ab und zu. Sie hatte sich eine langwierige Erkältung zugezogen und war immer noch nicht vollständig genesen.

Während der Lakai sich zurückzog, ging Sophie auf sie zu, sank ihr zu Füßen und küsste ihr die Hand. Mit kühlem Gesichtsausdruck wies die Königinmutter ihre zukünftige Schwiegertochter an aufzustehen und forderte sie auf, auf einem der Fauteuils Platz zu nehmen.

Sophie folgte gehorsam, ließ sich auf dem Stuhl nieder, während Marie sich wieder über ihre Stickerei beugte.

Stille trat ein; nur das Ticken der Wanduhr war zu hören und ab und zu ein Hüsteln.

Warum ignoriert sie mich nur?, wunderte sich Sophie.

Ludwigs Mutter beachtete sie tatsächlich nicht. Erst als Sophie unruhig auf dem Stuhl hin und her zu rutschen begann, blickte Marie endlich auf.

»Langweilst du dich gern?«, fragte sie und wie aus der Pistole geschossen antwortete Sophie: »Nein, Majestät, ich denke, niemand langweilt sich gern.«

»*Il faut que les Princesses apprennent à s'ennuyer avec grâce!*«, donnerte Maries Stimme durch den Raum.

Sophie machte ein verständnisloses Gesicht und Marie stöhnte gereizt auf. »Herrje, deine Französischkenntnisse sind ja noch schlechter, als ich dachte. Und nun lass in Gottes Namen deine Hände gefaltet im Schoß liegen und halte die Augen gesenkt, wenn ich mit dir spreche!«

Sophie senkte die Augen auf ihre Schuhspitzen, während Maries ungeduldige Stimme durch den Raum fegte. »Eine Prinzessin und zukünftige Königin hat sich mit Anmut zu langweilen – und das in jeder Situation! Das wüsstest du, wenn du vernünftig erzogen worden wärst!«

Mit einem letzten missmutigen Kopfschütteln wandte Marie sich wieder ihrer Stickerei zu. Es war nicht zu übersehen, dass sie mit der Wahl ihres Sohnes nicht einverstanden war.

Nach einer Weile wagte Sophie es, aus den Augenwinkeln in Maries Richtung zu spähen, und sie dachte: Früher muss sie eine Schönheit gewesen sein.

Jetzt war Maries einst wundervolles pechschwarzes Haar von weißen und silberfarbenen Strähnen durchzogen. Die Lippen waren fest zusammengepresst, um ihre Mundwinkel hatte sich ein resignierter, harter Zug gelegt, die strahlend blauen Augen, die Ludwig von ihr geerbt hatte, blickten hart und mitleidslos, während sie die dicke Nadel durch den Stoff bohrte. Ihr Kleid war schwarz mit langen weiten Ärmeln, ihren Hinterkopf bedeckte ein ebenso schwarzes Häubchen. Seit dem Tod ihres Gatten Maximilian trug sie Trauerkleidung, und obwohl sie ihn nie geliebt hatte, würde sie dies bis zu ihrem eigenen Tod auch nicht mehr ändern.

Was für eine arme Frau, dachte Sophie. Ob überhaupt noch Blut durch ihre Adern fließt? Nein, ich schwöre bei Gott, so will ich nicht werden!

Nach jener unerfreulichen Begegnung und einer entsprechenden Rüge Maries beauftragte Ludovika ihre Zofe Irma damit, künftig besonders darauf zu achten, dass Sophie sich in jeder Situation wie eine zukünftige Königin benahm.

Sophie jammerte und stöhnte, aber schließlich blieb ihr nichts, als sich zu fügen.

Selbst in Possenhofen musste Sophie stets tadellos gekleidet sein. Sie durfte nicht mehr ohne Handschuhe erscheinen, und wenn sie ein Paar Schuhe sechsmal getragen hatte, musste sie es an die Bediensteten weitergeben. Stundenlang paukte sie französische, italienische und spanische Grammatik; schließlich hatte sie sich in Zukunft an den Höfen Europas sicher zu bewegen. Am besten gefiel ihr der Fechtunterricht und ihr Lehrer war der Auffassung, sie sei so talentiert, dass sie bei entsprechender Übung jeden Mann bezwingen würde.

Beinahe kein Tag verging, an dem Sophie abends nicht todmüde ins Bett fiel, und als sie ihrer Mutter das erste Mal auf Französisch antwortete, ohne nachzudenken, lächelte Ludovika.

Doch die ständigen Anproben, Lehrstunden und gesellschaftlichen Verpflichtungen zerrten bald an Sophies Nerven und sie wünschte sich nichts sehnlicher, als wieder einmal einfach nur allein sein zu können.

Glückwünsche aus aller Welt trafen in Possenhofen ein. Auch Sophies Schwestern ließen es sich nicht nehmen, der jüngsten zu ihrer Verlobung zu gratulieren. Aber ihre Briefe waren kein Trost, denn über ihr eigenes Leben berichteten sie nichts Gutes: Sisi war schwer krank und versuchte, ihren hartnäckigen Husten wieder einmal auf Korfu auszukurieren. Nénés Mann litt an einem unheilbaren Nierenleiden. Marie hatte den sizilianischen Thron verloren und befand sich gerade mit ihrem schwachsinnigen Mann auf der Flucht und Mathildes Gatte hatte soeben seinen dritten missglückten Selbstmordversuch hinter sich. Passanten auf der Straße hatten zuerst geglaubt, ein schwarzer Anzug hinge zum Lüften auf dem Balkon eines Genfer Hotels, bis sie einen Lebensmüden erkannten und ihn gerade noch rechtzeitig retten konnten.

Sophie brachte es nicht über sich, sich bei ihren Schwestern über ihr Schicksal zu beklagen. Es wäre ihr wie blanker Hohn erschienen.

Merkwürdig, dachte sie, aber eigentlich habe ich nie wirklich zu ihnen gehört.

Als Sisi Kaiserin von Österreich wurde, war Sophie gerade sieben Jahre alt gewesen und hatte immer ihre Puppe bei sich gehabt. Ernste Gespräche, die tiefe Vertrautheit und das innige Verhältnis, das zwischen Sisi, Néné, Marie und Mathilde herrschte, hatte sich zwischen der kleinen Sophie und ihren älteren Schwestern nicht einstellen können. Als sie älter wurde, waren die Schwestern längst aus dem Haus und Sophie hatte sich daran gewöhnt, mit ihren Problemen allein fertig zu werden. Sie beantwortete die Briefe und schrieb, wie glücklich sie sei, Königin von Bayern zu werden.

Ludwig kam jetzt regelmäßig nach Possenhofen, um ihr seine Aufwartung zu machen. Er erschien gewöhnlich am Spätnachmittag. Aber die Spaziergänge mit seiner Braut wurden ihm alsbald verleidet, denn im Park war hinter jeder Hecke, hinter jedem Busch ein Lakai postiert, der das Brautpaar zu beobachten hatte. Ludovika hielt sich streng an die höfischen Gepflogenheiten und den Moralkodex: Auch für ein verlobtes Paar ziemte es sich nicht, allein zu sein. Beide dachten mit Wehmut an die Zeit zurück, in der sie nur Cousine und Cousin gewesen waren. Wenn der König sich mit seiner Cousine verlobt hatte, um mit ihr ungestört sein zu können, hatte er genau das Gegenteil erreicht.

»Die Mama ist schrecklich«, flüsterte Sophie ihm ins Ohr und ein beflissener Lakai notierte: *Siebzehn Uhr zwanzig: Liebesgeflüster.*

Aber nicht nur die neugierigen Blicke verunsicherten Ludwig, auch im Umgang mit der Cousine fühlte er sich plötzlich gehemmt.

Als Sophie einmal seine Hand warm und tröstend streichelte, spürte Ludwig, wie ihm ein Schauer über den Rücken jagte. In seinem ganzen Leben war er noch nie gestreichelt worden, weder von seinen Eltern noch von irgendeinem

Dienstboten. Und er wollte auch in Zukunft nicht gestreichelt werden!

Plötzlich bekam Ludwig es mit der Angst zu tun. Daran hatte er gar nicht gedacht. Als Gemahl hatte er auch gewisse Verpflichtungen. Und davor graute ihm. Nein, niemals konnte er eine Frau berühren – auch nicht Sophie. Schließlich hatte er sich selbst geschworen, jungfräulich zu sterben.

Den nächsten Besuch in Possenhofen sagte er ab.

7. Kapitel

Auf jedem Stuhl in der vornehmen Münchner Schneiderstube, auf jedem Tisch lagen endlose Meter von Brokat und Satin. Eine Welle weißer Seide strömte über den Fußboden, Pelzwerk häufte sich sanft schimmernd. Sophie stand inmitten von lärmendem Durcheinander und betrachtete sich im Spiegel. Sie trug den Entwurf eines atemberaubenden Hochzeitskleides. Am Boden kniete der flinke französische Schneidermeister, der gerade aus Paris eingetroffen war. Mit peinlicher Genauigkeit legte er jede Falte des Kleides zurecht. Er sprach mit starkem französischem Akzent und wedelte aufgeregt mit seinen Armen herum.

»Nur noch eine Minute, Hoheit! Könnt Ihr Euch nur noch eine einzige Minute gedulden?« Umgeben war er von seinen Gehilfinnen, die ihn mit Stecknadeln versorgten.

Fast zwei Stunden waren vergangen, bis er endlich begeistert nickte. »*C'est un triomphe! C'est la plus belle!*«

Als Sophie und Nadia das Atelier verließen, rumpelte ein offener Landauer über das Pflaster. Sophie warf einen flüchtigen Blick hinüber und ihr Herz machte einen Satz. Sie war sicher, den Fremden vom Bahnhof erkannt zu haben, aber dann war die Kutsche auch schon vorbei.

Sie spürte, dass Nadia sie fragend anstarrte. »Stimmt etwas nicht, Hoheit?«

»Doch, doch, es ist alles in Ordnung«, sagte Sophie hastig und ging schnell weiter.

Eine seltsame Unruhe breitete sich in ihr aus, ein Gefühl, das ihr vollkommen fremd war.

* * *

Edgar Hanfstaengl hatte die beiden Frauen nicht bemerkt. Geistesabwesend saß er in der Kutsche und dachte an das bevorstehende Abendessen, denn sein Vater hatte einen Geschäftsfreund und dessen Tochter Marie eingeladen, und Edgar wusste, dass dies kein zwangloses Zusammentreffen werden würde. Nicht nur Marie hoffte, dass Edgar sich endlich entscheiden würde.

Er hatte die junge Frau erst einmal gesehen. Sie hatte ihren Vater ins Atelier des alten Hanfstaengl begleitet. Hübsch war sie, das wollte Edgar gern zugeben, aber sie hatte ihn gleichgültig gelassen. Ja, sie hätte genauso gut eine Schwester, Cousine oder irgendeine andere Verwandte sein können.

Die Unbekannte vom Bahnhof dagegen, die hatte ihn beeindruckt. Noch immer ging sie ihm nicht aus dem Kopf. Aber Edgar wusste auch, dass er sie wahrscheinlich nicht mehr wieder sehen würde. Schließlich kannte er nicht einmal ihren Namen und seufzend dachte er wieder an das Abendessen, das ihm jetzt schon wie ein unverdaulicher Klumpen im Magen lag.

* * *

Vier Tage nach Sophies Anprobe sollte die Brautfahrt mit Ludwig durch München stattfinden. Der Tag war hell und klar, die Sonne strahlte vom Himmel und es war keine Wolke zu sehen. Ludovika sah darin ein gutes Omen.

Die ganze Stadt war dem königlichen Paar zu Ehren hergerichtet und prachtvoll geschmückt worden. Jedes noch so unbedeutende Schild hatte man mit Sträußen aus Maiglöckchen versehen und über die Straßen spannten sich mächtige Bögen aus Weißdorn. Eichenzweige mit blauweißen Bändern waren an viele Häuser genagelt worden, Girlanden wanden sich von Fenster zu Fenster. Selbst von dem bescheidensten Dach wehte stolz eine Fahne. Jeder Kirchturm Münchens ließ seine Glocken läuten, als die Kutsche der Prinzessin vorüberfuhr.

»Ist sie nicht schön!« Rufe der Begeisterung füllten die Straßen und die Leute reckten die Hälse, um die Prinzessin zu bewundern.

Neben Sophie saß Nadia und hielt einen gewaltigen Sonnenschirm über das Haupt ihrer königlichen Herrin, um sie vor der Sonne zu schützen. Die beiden Frauen sahen, wie die Menschen Taschentücher schwenkten und Hüte durch die Luft flogen. Einige Menschen fielen neben der Kutsche auf die Knie, streckten die Hände aus, schluchzten und riefen immer wieder Sophies Namen.

Sophie lächelte der Menge zu und winkte, bis der livrierte Kutscher das Gefährt vor der Feldherrenhalle zum Stehen gebracht hatte. Hofsicherheitsbeamte in den kornblumenblauen Uniformen der bayerischen Armee und mit kniehohen schwarzen Stiefeln an den Füßen sprangen hinzu, halfen Sophie aus der Kutsche und geleiteten sie die Treppen empor zu einem Podium, wo der Empfang des königlichen Brautpaares stattfinden sollte.

»Der König müsste jeden Moment eintreffen«, sagte Fürst Hohenlohe-Schillingsfürst und sah sich suchend um.

Sophies Blick wanderte über die Menge und blieb plötzlich an einem grobschlächtigen Mann hängen, der sich durch die Menschen in ihre Richtung drängte. An seiner uniformierten

Brust prangten auffallend viele Auszeichnungen und Orden. Er hatte einen großen, kahlen Schädel, dünne Lippen und hervorstehende Augen. Er kam ihr bekannt vor und im selben Moment hörte Sophie ihn auch schon sagen: »Vielleicht erinnern sich Hoheit noch an mich? Erwin Ratzki, im Dienste der königlichen Gendarmerie und für die innere Sicherheit verantwortlich. Meiner Verlobten Irma Butkin hatte ich die große Ehre zu verdanken, Hoheit, in Possenhofen bereits einmal vorgestellt zu werden.«

Natürlich! Irmas Verlobter, schoss es Sophie durch den Kopf. Der Mann war ihr damals schon unangenehm gewesen.

Sophie erinnerte sich auch noch gut daran, was ihr Vater über Irmas Verlobten erzählt hatte. Ratzki galt als fähiger Offizier, war aber offenbar ein Intrigant. Wenn er einen neuen Posten angeboten bekam, lehnte er ihn zunächst einmal ab, konnte es aber nicht ertragen, dass ein anderer ihn bekommen sollte, und bemühte sich dann doch darum. Zur Zeit strebte er nach dem Amt des Polizeisouveräns.

»Aber natürlich erinnere ich mich an Sie«, erwiderte Sophie.

Ratzki verneigte sich tief. »Eine so schöne königliche Braut hat Bayern noch nie gesehen.«

Im nächsten Augenblick kam Unruhe in der Menge auf und für einen kurzen Moment glaubte Sophie, dass Ludwigs Ankunft der Grund dafür sei. Dann erblickte sie eine schmutzige, armselig gekleidete Frau mit gelbem, strähnigem Haar und blasser Gesichtsfarbe. Sie hatte sich an der Absperrung vorbeigedrängt, und während Uniformierte sie zurückzudrängen versuchten, rief sie: »Aber ich will der Hoheit doch nur etwas sagen!«

Sophie forderte Ratzki auf, seine Männer anzuweisen, die Frau zu ihr vorzulassen.

Das schmutzige Gesicht strahlte sie dankbar an. »Ich . . .
ich hab gehört, dass Eure Hochzeit auf den 16. September
angesetzt ist«, sagte die Frau hastig, »und genau an diesem
Tag wollt ich eigentlich auch heiraten, Hoheit.«

Sophie lächelte. »Das ist doch wundervoll, aber warum
tun Sie es nicht?«

Die Frau errötete, während sie beschämt hinzufügte:
»Weil . . . weil . . . das Geld halt noch a bisserl knapp ist,
Majestät. Aber vielleicht wird nächstes Jahr was draus.«

Sophie dachte einen Augenblick lang nach und sagte dann:
»Es wäre mir eine Ehre, wenn Sie vom König und von mir
1000 Gulden annehmen würden, damit dieser 16. September
auch für Sie und Ihren Liebsten zu einem ganz besonderen Tag wird.«

»Großer Gott!« Mit einem ungläubigen Aufschrei fiel die
Frau auf die Knie und rief laut: »Die Liebe, die Ihr in Eurem
Herzen tragt, Hoheit, soll ein ganzes Leben lang währen!«

Die Menge brach in Jubel aus. Auch andere Bittsteller
drängten sich jetzt näher an Sophie heran, riefen, jammerten,
baten und flehten. Plötzlich gab es viele Paare, die am
16. September heiraten wollten.

Als die Flut der Menschenmenge sich immer näher an die
Absperrung herandrängte und die Brüstung bereits bedenk-
lich wackelte, ließ Ratzki die Leute energisch zurückdrän-
gen.

Gleichzeitig furchte Minsterpräsident Fürst Hohenlohe-
Schillingsfürst die Stirn, während er sich zu Sophie beugte.
»Hoheit, ich muss Euch dringend darum ersuchen, solche
Verfügungen mit dem König abzusprechen.«

»Dann soll halt jemand zu ihm fahren und ihn holen«,
erwiderte Sophie ungehalten. Ihren Ärger darüber, dass Ludwig sie so lange warten ließ, konnte sie kaum noch verbergen.

Sophie ahnte nicht, dass Ludwig gar nicht daran dachte, zur Brautfahrt zu erscheinen. Am Morgen nach dem Frühstück hatte er zu Düfflipp gesagt: »Ich hab mich zu hastig zu dieser Verlobung entschlossen. Mir ist nicht wohl dabei, aber ich werde wohl trotzdem heiraten müssen.«

Mit einem lauten Krachen flogen Stunden später die Türen des Possenhofener Salons auf. Ludovika, die gerade mit der Inventarliste von Sophies Aussteuer beschäftigt war, hob erbost den Kopf, um den Störenfried energisch zurechtzuweisen, aber sie kam gar nicht zu Wort.

Sophie tobte vor Wut. »Das hätte er nicht tun dürfen! Dieser ... dieser ... oh!!!«

»Ja, um Gottes willen, Sopherl, was ist denn geschehen?« Erschrocken sprang Ludovika von ihrem Stuhl auf und rechnete mit dem Schlimmsten.

»Er hat mich einfach sitzen lassen!«, rief Sophie und spürte erneut eine Welle der Wut in sich aufsteigen. »Er ließ ausrichten, ihn plage arges Kopfweh«

»Ja, aber vielleicht stimmt das wirklich.«

»Pah!« Sophie ließ sich nicht beschwichtigen. »Ich kenn doch den Ludwig! Wenn er ›Kopfweh‹ sagt, meint er ›keine Lust‹!«

Die Herzogin setzte sich. »Mein Gott, Sopherl, a bisserl schwierig ist er halt! Das musst du doch am besten wissen.« Gleichzeitig wandte sie sich wieder der Liste zu, um Haken hinter die bereits vom Schneideratelier erhaltenen Gewänder zu setzen.

»Meinst du, dass dir hundert Unterröcke aus Piqué reichen werden? Und zwölf Nachtjäckchen aus Musselin und Seide und ...«

»Niemals!«, rief Sophie und ihre Wangen waren dunkelrot vor Erregung.

»Du willst noch mehr?« Ludovika war überrascht.

»Das kann nicht gut gehen, Mama! Wahrscheinlich bereut er seinen Schritt schon längst«, rief Sophie verzweifelt. »Und er wagt nicht, es mir zu sagen! Ich muss mit ihm reden, bevor alles zu spät ist und . . .«

»Und jetzt hörst du endlich auf mit diesem Unsinn!«, unterbrach Ludovika sie verärgert. »Morgen habt ihr übrigens im Atelier Hanfstaengl einen Termin für die Verlobungsfotos.«

* * *

Franz Hanfstaengl war mit viel Fleiß zu einem angesehenen Fotografen geworden. Er war stolz auf sein vornehmes Geschäft in der Münchner Maximilianstraße und er besaß sogar eine Kutsche, die als Dunkelkammer eingerichtet war. So etwas konnten sich nur die wohlhabendsten Fotografen leisten.

Er liebte es, sich elegant zu kleiden, speiste gern in den besten Restaurants der Stadt und sein Fotoatelier verfügte über die längste Fensterzeile in der Straße. Das hatte einen ganz besonderen Grund. Als Franz ein kleiner Bub war, hatte sein Vater – ein bettelarmer Landwirt aus Baiernrain bei Wolfratshausen – wegen der undichten Fensterrahmen alle Fenster des Hauses zunageln müssen, um die Wärme im Winter im Haus zu halten. Der kleine Franz träumte damals von einem hellen, lichtdurchfluteten Haus, das er sich einmal leisten wollte. Er wusste nur noch nicht, wie er das anstellen sollte, denn er schien zwei linke Hände zu haben. Die Feldarbeit hasste er und so manche Ohrfeige fing er sich von seinem Vater ein, weil er den ganzen Tag vor sich hinträumte. Lediglich mit einem Kohlestift, den er in der Schublade einer alten Kommode gefunden hatte, wusste er umzugehen. Stundenlang konnte er auf einem Fleck ausharren, um einen Baum oder ein Tier detailgerecht zu skizzieren. Zahllose dieser Zeichnungen hatten der Vater und die Mutter schon zerrissen. Sie hatten keinerlei Verständnis für diese Art von Zeitverschwendung und schickten ihn lieber aufs Feld. Dort wurde Franz von seinen Geschwistern und den anderen Dorfkindern verspottet, weil er sich so ungeschickt anstellte. Wahrscheinlich wäre nicht einer der Träume des Jungen in Erfüllung gegangen, wenn das Schicksal nicht ein wenig nachgeholfen hätte.

Eines Tages – es war ein sonniger, warmer Augustnachmittag – ratterte eine Kutsche durch Baiernrain. Kurz vor dem Ortsende brach das hintere rechte Wagenrad. Franz, mit Papier und Stift in der Hand, kam gerade des Weges. Mit offenem Mund starrte er auf die Karosse mit dem prachtvollen Pferdegespann. Noch nie in seinem ganzen Leben hatte er so eine schöne Kutsche gesehen. Er vergaß völlig, dass er eigentlich den Hühnerstall sauber machen sollte, ließ sich am Wegesrand nieder und begann mit dem Skizzieren der Prunkkarosse. Durch nichts ließ er sich stören, nicht einmal durch den erregten Fahrgast, der in seiner schönen Kleidung wild gestikulierte und den armen Kutscher beschimpfte, weil er einen wichtigen Termin in München hatte und nun zu spät kommen würde.

Die Reparatur nahm einige Zeit in Anspruch und Franz war mit der Zeichnung der Kutsche beinahe fertig, als der Fahrgast wieder einsteigen wollte und plötzlich verblüfft innehielt. Erst jetzt war er auf den kleinen Jungen aufmerksam geworden, der barfuß und in zerlumpter Kleidung mitten auf der staubigen Straße saß und zeichnete. Doch nicht der Anblick des Knaben war es, der den Mann so erstaunte, sondern die Zeichnung.

»Hast du das gemacht?«, fragte er und bemerkte im nächsten Moment, wie dumm seine Frage war, denn es war ganz offensichtlich, dass der Junge der Künstler war.

Der kleine Franz bekam aber erst einmal einen gehörigen Schreck. Er dachte, dass der Fremde wütend sei, weil er, ohne um Erlaubnis zu bitten, seine Kutsche gezeichnet hatte. Und als der Mann ihn dann auch noch zu seinen Eltern bringen wollte, um mit ihnen zu sprechen, brach ihm der Angstschweiß aus – wusste er doch, wie eilig der Fremde es gerade eben noch gehabt hatte.

Doch sie waren kaum auf elterlichen Gehöft angekommen, schien es plötzlich, als sei ein Wunder geschehen, als seien die unendlich vielen Gebete, die der kleine Franz während der unendlich langweiligen Sonntagsmessen still und leise gebetet hatte, erhört worden.

Der Fremde stellte sich als Hermann Joseph Mitterer vor und berichtete, dass er einer der Erfinder der Lithografie sei. Er wollte den kleinen Franz nach München mitnehmen, um ihm dort Unterricht im Zeichnen und Lithografieren zu erteilen. »Ein so großes Talent wie Ihren Sohn hab ich bis jetzt nirgendwo getroffen!«

Als Mitterer den Eltern dann auch noch eine hohe Ablösesumme für ihren Sohn versprach und dem Jungen eine große Karriere und enormen Reichtum prophezeite, durfte er Franz sofort mitnehmen.

Der kleine Knirps platzte fast vor Stolz, als er auf die prachtvolle Kutsche kletterte und die neidvollen Gesichter seiner Geschwister und der anderen Dorfkinder sah. Er streckte ihnen die Zunge heraus. Zum ersten Mal in seinem Leben fühlte er sich wichtig und ernst genommen. Das Gespann schaukelte über die Straße und entfernte sich immer weiter von Baiernrain, und als er das Dorf nicht mehr sehen konnte, wandte er den Blick nach vorn.

In München zeigte sich schon bald, dass Mitterer Recht

gehabt hatte, denn Franz bewies außergewöhnliches Talent im Kopieren von Gemälden und in der Darstellung von lebensechten Portraits. Nach dem Besuch der Münchner Kunstakademie wurde er in kurzer Zeit zum beliebtesten Portraitisten der Münchner Gesellschaft. Von dem Erlös seines Verdienstes kaufte er sich, als er volljährig geworden war, einen kleines Ladenlokal in der Maximilianstraße und ließ auffallend große Fensterscheiben einsetzen, damit alle Räume hell und lichtdurchflutet waren.

Hanfstaengl gehörte bereits zu den angesehensten Fotografen im ganzen Land, als ihm ein weiterer sensationeller Durchbruch gelang. Er hatte als einziger Fotograf einen unnachahmlichen, eigenen Stil entwickelt und nun damit begonnen, Veränderungen an den Fotos bereits im Negativ und nicht erst mit Tusche auf dem Positiv durchzuführen. Die Ergebnisse waren spektakulär und alle wollten nur noch von Franz Hanfstaengl fotografiert werden.

* * *

Es war ein kühler, wolkenverhangener Morgen, als der König und die Prinzessin auf den Eingang von Hanfstaengls Atelier zuschritten, begleitet von Ludovika, Nadia, Düfflipp, einer Hoffriseuse und zwei Kammerdienern. Ganz lapidar hatte Ludwig sich für sein Fernbleiben von der Brautfahrt entschuldigt, und obgleich Sophie immer noch vor Wut kochte, blieb ihr nichts anderes übrig, als vorzugeben, dass sie ihm verziehen habe.

Als die Gruppe das Atelier betrat, sah sich Sophie interessiert um. Stative, Glasplatten, allerlei Chemikalien und andere Dinge lagen auf den Tischen. Der Holzboden war frisch gebohnert und glänzte mit einem Wandspiegel um die Wette. Auffallend waren die riesigen Fenster. Eine Fensterzeile ging zur Straße hinaus, die andere blickte zum Hof. In einem schwarz lackierten chinesischen Schrein stand eine alte Laterna magica und in der Ecke sah Sophie eine Etage, die mit kleinen Gegenständen beladen war: einem Vogel aus geblasenem Glas, einem alten chinesischen Schleifstein in filigran gearbeitetes Silber gefasst, einem Baum aus Korallen und anderen fremdartigen Dingen.

In einer anderen Ecke stand ein Wandschirm, hinter dem sich die Kundschaft umziehen konnte. An den Wänden hingen zahllose Gemälde, Fotografien und Lithografien. Auf den meisten waren exotische Schauplätze zu sehen; sogar ein Foto von einer ägyptischen Pharaonenstatue war dabei.

Nicht nur Sophie, sondern auch Ludwig und Ludovika betrachteten aufmerksam die Wände. Ludovikas Blick blieb schließlich an einem Bild hängen, das einen verzierten Pavillon an einem See zeigte, an dessen Ufer viele Palmen standen.

»Afrika«, sagte sie.

»Nein. China, Hoheit«, antwortete die Stimme des alten Hanfstaengl aus dem Hintergrund. Er war unbemerkt aus einem Nebenzimmer getreten. »Die Aufnahmen stammen von meinem Sohn Edgar.«

Die Gruppe wandte sich um. Franz Hanfstaengl verbeugte sich tief und begrüßte die Hoheiten ehrfürchtig.

Wie immer war er gut gekleidet und trotz seines inzwischen beachtlichen Alters hielt er sich gerade. Seine Augen blickten wach und interessiert, nichts erinnerte mehr an seine bescheidene Herkunft.

Sophie lächelte artig, doch dann änderte sich plötzlich ihr Gesichtsausdruck und sie wurde blass. Hinter dem alten Hanfstaengl war ein junger Mann erschienen und sie traute ihren Augen nicht. Das sonnengebräunte Gesicht und die leuchtend blaugrünen Augen, die an die Farbe eines Sees im

Winter erinnerten, hätte sie überall wieder erkannt. Eine dunkle Haarsträhne fiel ihm keck in die Stirn.

Als Sophies Blick ihn traf, lächelte auch er überrascht.

Sophie spürte, wie ihr Herz bis zum Halse klopfte, während der junge Mann sich verneigte und von dem Alten vorgestellt wurde. »Mein Sohn Edgar ist erst kürzlich aus China heimgekehrt. Er hat sich dort in der Kunst des Fotografierens geübt. Eines Tages wird er dieses Atelier übernehmen.«

Da noch nach dem nassen Kollodiumverfahren fotografiert wurde und die fotografischen Platten unmittelbar vor der Belichtung hergestellt werden mussten, hatte der alte Hanfstaengl seinen Sohn gebeten, ihm an diesem wichtigen Tag zu assistieren. Beim nassen Kollodiumverfahren wurde eine fast erstarrte, aber nicht vollständig getrocknete jodhaltige Kollodiumschicht auf eine Glasplatte aufgebracht, anschließend in einer Silbernitratlösung sensibilisiert und dann sofort belichtet und entwickelt. Es war ein aufwändiges Verfahren und Hanfstaengl war seinem Sohn für seine Hilfe dankbar. Es wäre ihm sehr peinlich gewesen, wenn er den König und seine Braut wegen eines Fehlers noch einmal hätte ins Atelier bitten müssen.

Ludwig schenkte Edgar ein huldvolles Lächeln. »Leben vergeht, Kunst ist unsterblich! Mein Kompliment, dass auch Sie das erkannt haben!«

Edgar erwiderte das Lächeln und verbeugte sich vor dem König. »Mein Kompliment«, sagte er, »dass Majestät die schönste Braut auf dieser Erde als die seine bezeichnen können!«

Sophie spürte, wie sie bis zu den Haarwurzeln errötete. Regungslos stand sie da und sah Edgar unverwandt an. Sie fühlte, wie ihr schwindelig wurde und ihr Herz immer noch in ihrer Kehle pochte, und sie war wie gelähmt und unfähig, sich zu regen oder zu sprechen.

Edgar verbeugte sich jetzt auch vor ihr und Sophie schalt sich selbst eine Närrin: Himmel, ich muss mich zusammennehmen! Jeder kann in meinem Gesicht lesen.

Sie sah zum alten Hanfstaengl hinüber, der inzwischen schlichte, helle Soffitten ausgesucht hatte, die ihm als Hintergrund am geeignetsten erschienen. Sophie war erleichtert, als sie nun aufgefordert wurde, sich gemeinsam mit Ludwig davor in Pose zu setzen.

Warum?, fragte sich Sophie. Warum nur? Was hat das Schicksal mit mir vor? Ich soll doch den Ludwig heiraten. Und ausgerechnet jetzt treffe ich den Mann wieder, den ich nicht vergessen kann!

Sophies und Edgars Blicke trafen sich erneut. Wärme und Zärtlichkeit durchrieselten die Prinzessin bis tief in ihr Innerstes.

Die Hoffriseuse überprüfte noch einmal das königliche Haar, dann ließen sich Sophie und Ludwig auf der vorbereiteten Récamiere nieder.

Nadia ordnete auf Ludovikas Anweisung hin flink den Faltenwurf von Sophies Kleid. Edgar kümmerte sich um die Beleuchtung. Gleichzeitig verschwand Franz Hanfstaengl unter einem schwarzen Tuch. Sophie und Ludwig durften sich nicht bewegen, mussten ihren Blick, ihr Lächeln halten und trotzdem bemerkte Sophie, dass Edgar sie unverwandt ansah.

Leise Geräusche verrieten das Hin- und Herschieben des Balges der Fotokamera, der zur Schärfeneinstellung diente. Dann endlich tauchte der Kopf des alten Hanfstaengl wieder auf.

»Es ist vollendet«, verkündete er und wies scherzhaft darauf hin, dass die Hühner nun fleißig Eier legen müssten. Fotoplatten würden mit einem Gemisch aus Hühnereiweiß und Jodkalium, dem Albumin, überzogen. Außerdem würden zur Herstellung von Fotopapier riesige Mengen von Eiern verbraucht, erklärte er seinen interessierten Zuhörern. Die größte Albuminpapierfabrik benötigte an nur einem einzigen Tag über 68 000 Eier. Das Eiweiß wurde von Hand vom Eigelb getrennt und dann in diesen Fabriken weiterverarbeitet, während das Eigelb in der Lebensmittelherstellung Verwendung fand. »Die Qualität des Papiers«, ergänzte er abschließend, »ist besonders gut, wenn das Eiweiß bereits zu gären beginnt.«

»Manchmal stinkt Kunst eben«, bemerkte Ludwig schlagfertig, und alle lachten.

Dann erhob der König sich von der Récamiere und ging zum Ausgang. »Jetzt möchten wir uns verabschieden, Herr Hanfstaengl, und wir erwarten mit Spannung Ihr Kunstwerk.«

Auch Ludovika und des Königs Begleitung folgten, während Sophie verzweifelt nach einer Möglichkeit suchte, ein letztes Wort mit dem jungen Fotografen wechseln zu können.

»Ich freue mich, Sie kennen gelernt zu haben«, sagte sie schließlich lächelnd zu Edgar. Ihr schlug Herz so heftig, dass sie zu ersticken glaubte, und nervös fingerte sie an ihrem Fächer herum. Sie fühlte sich einer Ohnmacht nahe.

»Die Freude liegt ganz auf meiner Seite«, antwortete Edgar galant und verbeugte sich tief.

»Kommst du?« Ludovika wandte sich zu ihrer Tochter um und hatte den Türknauf schon in der Hand. »Wir werden die Bilder bald betrachten können.«

»Das ist schön«, stotterte Sophie nervös und mühsam um Fassung ringend fügte sie hinzu: »Ich freue mich schon darauf.«

Nach einem letzten Blick fiel die Tür hinter ihr ins Schloss und Edgar sank kreidebleich auf den nächsten Stuhl.

»Ich hab dir doch von dieser Frau vom Bahnhof erzählt, Vater.« Seine Stimme war nur noch ein Murmeln.

Der alte Hanfstaengl nickte.

Edgar vergrub das Gesicht in den Händen. »Sie war gerade hier, Vater. Die Frau vom Bahnhof ist unsere zukünftige Königin.«

Des Alte wurde blass. Plötzlich sah er alles gefährdet, was er sich mühsam in seinem langen Leben aufgebaut hatte. »Gütiger Himmel, Edgar!«, rief er entsetzt. »Schlag dir nur diese Frau sofort aus dem Kopf, hörst du? Jede kannst du haben – nur nicht die! Und wenn wir unser Geschäft behalten wollen, Sohn, darfst du nicht einmal an sie denken.«

* * *

Mit Mühe drängte Sophie in den folgenden Tagen den Sohn des Fotografen aus ihren Gedanken. Sie musste ihre Aufmerksamkeit dem nächsten großen Ereignis widmen, einem Fest, wie es München schon lange nicht mehr erlebt hatte. Zu ihrem offiziellen Verlobungsball waren über neunhundert Gäste ins Gebäude des Außenministeriums geladen.

Schon am frühen Morgen ließ die Herzogin ihre Tochter wecken.

Sophies Haar wurde mit Ei und Kognak gewaschen, mit Apfelessig gespült und anschließend mit Seide abgerieben, damit es besonders schön glänzte. Den Flaum an Sophies Armen und Beinen ließ Ludovika mit Bimsstein entfernen. Mindestens ein dutzend Mal musste Nadia auf Gesicht und Hals der Prinzessin Wilson-Creme auftragen, die nach dem gleichnamigen britischen Hautarzt benannt war. Die Salbe aus Zinkoxyd, Glycerin und Talg hatte den Ruf, die Durchblutung zu fördern und damit einen rosigen Teint zu garantieren.

Ludovika ließ ein Bad aus Milch und Honig für die Prinzessin ein und kaum war Sophie der Wanne wieder entstiegen, goss Nadia sich Veilchenöl in die Handflächen und massierte ihrer Herrin damit den Rücken und die Schultern ein, damit sie ein herrlicher Duft umgab.

Die Prozedur dauerte fast bis zum Nachmittag und schließlich wartete Sophie in Mieder und Unterrock darauf, dass das Kleid gebracht wurde. Sie streckte die Arme über den Kopf, um es sich anziehen zu lassen. Die Taille war aus schwerer, weißer Spitze gearbeitet und mit Glasperlen besetzt. Der blaue Rock mit seiner prachtvollen Schleppe war lang und weit und ebenfalls mit zahllosen Glasperlen bestickt. Aus weißer Seidengaze waren die Puffärmel und ein Oberrock, der an den Seiten gerafft war und wie eine weiße Wolke über die Schleppe flutete.

Zum Schluss machte sich der Friseur an die Arbeit. Er scheitelte Sophies Haar in der Mitte, schimmernde Löckchen ließ er auf ihre Schultern fallen, durch unsichtbare Kämmchen stützte er die Pracht ein wenig, um das Haar noch dichter wirken zu lassen. Am Hinterkopf drehte er es zu einer Rolle und steckte sie mit goldenen Haarpfeilen fest.

In Possenhofen waren sich an diesem Abend alle einig: Sophie war eindeutig die schönste von Ludovikas Töchtern.

8. Kapitel

Das Münchner Außenministerium war ein schön proportioniertes Gebäude in der Form eines E. Das Portal in der Mitte wirkte mit seinen weißen Säulen elegant und majestätisch. Das Gebäude erstreckte sich nach beiden Seiten bis hin zu zwei parallel vorspringenden Flügeln, die den großen gepflasterten Hof umschlossen. Hinter den Fenstern waren die Räume von zahllosen Kerzen erleuchtet und erstrahlten im Lichterglanz. Auf den Tischen standen meisterhaft hergerichtete Leckereien: Köstliches Backwerk war mit kandierten Rosen und Veilchen verziert, kleine Marzipanpüppchen in den Uniformen der bayerischen Leibgarde drehten sich als Spieluhren auf den verschiedensten Kuchen, große Silberschüsseln enthielten dampfende Ragouts mit Pilzen, Kalbsbries und Austern.

Blumengestecke waren aus Teschen angeliefert worden, denn die böhmische Familie Thun-Hohenstein hatte den Ruf, die schönsten Blumen Europas zu züchten.

In jedem Raum spielten Streicher. Das ganze Haus wimmelte von Herzögen, Herzöginnen, Fürsten, Fürstinnen, Prinzen und Prinzessinnen und allem, was Rang und Namen hatte. Aber auch andere Gäste waren geladen, die nicht so prächtig gekleidet waren und immer wieder mit irritierten, sogar geringschätzigen Blicken der Adligen bedacht wurden. Deren gedämpfte Stimmen hatten sich zu einer Symphonie verschwörerischen, schockierten Geflüsters vereint, denn in ihrer Mitte tummelte sich auch einfaches Volk: schlicht gekleidete Bauern, Bäuerinnen in Dirndl-Kleidern, eine Opernsängerin, zwei Schauspieler, die gesamte Zirkusfamilie Renz, ein Metzgermeister vom Viktualienmarkt und Philipp Holzmann, der gerade erfolgreich ein Baugeschäft in Frankfurt eröffnet hatte und zufällig in München weilte. Überall sah man die empörten Gesichter der ersten Gesellschaft, die ratlos darüber spekulierte, was den König zu einem solch dreisten Schritt veranlasst haben mochte.

Alle warteten gespannt auf die Ankunft der Braut und das Eintreffen des Königs. Wie würden der Herzog und die Herzogin reagieren, wenn ihre Tochter mit einfachen Bürgerlichen feiern musste?

Man diskutierte und tuschelte immer noch, als eine Stimme wie eine Trompete plötzlich jede Unterhaltung verstummen ließ: »Ihre Hoheit, Prinzessin Sophie in Bayern, Herzogin Ludovika und Herzog Max in Bayern!«

Aller Augen blickten erwartungsvoll zur Tür – doch zunächst stand der Lakai etwas verloren neben dem Eingang. Erst nach einigen Sekunden betrat Sophie, begleitet von ihren Eltern, die Eingangshalle. Langsam schritt sie über die Schwelle, und wie immer war sie so schön anzusehen, dass die Frauen vor Neid erblassten und die Prinzessin im Stillen verfluchten, während die Männer einfach nur gafften.

Ludovika lächelte, aber ihr Gesicht erstarrte bald zu einer Maske, als sie plötzlich den Schneidermeister in der Menge erkannte und neben ihm eine Wäschefrau aus der Residenz, geschmacklos aufgeputzt mit einem viel zu knappen Abendkleid.

Fast gleichzeitig entdeckte Max einen Equipagen, der auf

den Fuchsjagden ritt, und er konnte einen erstaunten Ausruf gerade noch unterdrücken.

Die Blicke von Max und Ludovika trafen sich, aber sie lächelten, als sei ihnen nichts aufgefallen.

Warum hat Ludwig das getan?, fragte sich Sophie im Stillen und hatte die Antwort schon parat: In einer derartig bunt gewürfelten Menge war der König vor allzu persönlichen Gesprächen sicherer als im beschaulichen Kreis von Verwandten, Ministern und Diplomaten.

Und dann, so plötzlich, dass Sophie zusammenfuhr, meldete der Lakai mit lauter Stimme: »Seine Majestät, Ludwig II., König von Bayern!«

Alle wandten sich erneut der Tür zu. Ludwig trat ein. Er trug seine geliebte Chevaulegers-Uniform und hatte sich einen voluminösen Reitermantel über die Schultern gelegt.

Seine hohe Gestalt und sein Auftreten machten großen Eindruck auf die Anwesenden und jeder musste sich eingestehen, dass der König und die Prinzessin in der Tat ein wunderschönes Paar waren.

Sophies Blick traf den Ludwigs. Es fiel ihr schwer zu lächeln, aber sie tat es trotzdem. Dann hielt sie plötzlich inne. Er hatte nicht sie, sondern nur ihre Eltern gegrüßt und war dann eilig davongegangen. Ohne seine Verlobte zu beachten, verschwand er in der Menge.

Sophie war empört. Sie blickte in die Runde und nicht jedes höhnische Grinsen verbarg sich hinter einem höflichen Fächer.

»Hat er dich etwa übersehen?«, flüsterte Ludovika mühsam beherrscht.

»Manchmal sollte man ihm wirklich die Ohren lang ziehen«, raunte auch Max.

Sophie schritt von Gast zu Gast, begrüßte alle Anwesenden

und man gratulierte ihr zur Verlobung. Dann wurde zum Tanz aufgespielt.

Erneut kreuzten sich die Wege von Sophie und Ludwig. Er nickte ihr kühl zu, forderte aber nicht sie, sondern die Frau des Außenministers zum Tanz auf.

Sophie war zutiefst verletzt. Sie blickte in ein Dutzend Augenpaare, die sich auf sie geheftet hatten und jetzt rasch beiseite schauten, funkelnde Augen über Lippen, die sich spöttisch kräuselten. Die Königinmutter begegnete Sophies Blick mit einem kühlen, wissenden Lächeln. Es war offensichtlich, dass das Verhalten ihres Sohnes sie keineswegs unangenehm berührte.

Warum will er mich mit aller Gewalt verletzen?, fragte Sophie sich verzweifelt. Er hat mir schließlich den Antrag gemacht und nicht ich ihm!

Andere Paare folgten dem König und seiner Tanzpartnerin und bald hatte sich der Saal mit Damen und Herren gefüllt, die sich zum Klang der Musik bewegten.

Sophie hörte kaum, wie ihr Vater sie zur Quadrille aufforderte.

Er wiederholte seine Bitte etwas lauter. »Sopherl!«

»Ich mag nicht tanzen«, murmelte sie unglücklich. »Ich mag auch nicht länger hier bleiben und zulassen, dass der Ludwig mich lächerlich macht.«

Sophie raffte entschlossen ihren blauen Rock, aber Herzog Max packte sie am Handgelenk und hielt sie energisch zurück.

»Er ist der König, Sopherl!«, zischte er. »Und du musst ihn respektieren!«

»Respektieren!«, flüsterte Sophie empört zurück. »Wie kann ich jemanden respektieren, der sich so benimmt?«

Sophie sah ihre Mutter, die mit dem österreichischen Gesandten tanzte. Auch Ludovikas Blicke sprachen Bände.

Sie schienen zu sagen, dass sie wild entschlossen war das durchzustehen.

Einen Fluch unterdrückend, legte Sophie eine Hand auf den ausgestreckten Arm ihres Vaters und gemeinsam schritten sie auf die anderen Paare zu.

Ludwig tanzte an ihr vorüber und ignorierte sie.

Sophie biss die Zähne zusammen. So kannte sie ihren Ludwig nicht. Ach, wie sie diesen Augenblick hasste!

Während sich ihre Füße zum Takt der Musik bewegten, fragte sie sich verzweifelt, was Ludwig bloß mit seinem Benehmen bezweckte. Versetzt hatte er sie schon und jetzt auch noch das!

Die nächste Quadrille tanzte Sophie mit dem österreichischen Gesandten.

Unterdessen hatte Ludwig das Parkett verlassen. Er stand jetzt mit dem Justizminister Eduard von Bomhard zusammen und unterhielt sich leise. Sophie beobachtete, wie Bomhard plötzlich erstaunt den Mund öffnete, ihn aber sofort wieder schloss. Dann zückte er seine Taschenuhr und Ludwig warf einen interessierten Blick darauf.

Was hat er denn jetzt vor?, fragte sich Sophie und ahnte Böses. Wenn er jetzt geht, bring ich ihn auf der Stelle um!

Ludwig verließ tatsächlich den Saal und Sophie blieb fassungslos zurück. Er hatte sich nicht einmal von ihr verabschiedet.

Das überlebe ich nicht!, dachte sie unglücklich. Mein Dasein ist keinen Groschen mehr wert – o Gott, lass mich auf der Stelle sterben! Ich kann keinen einzigen Schritt mehr tun.

Nur der Arm des österreichischen Gesandten bewahrte sie davor, zu Boden zu sinken. Dann verklang die Musik und die Paare lösten sich auf.

Sophie ging unsicheren Schrittes auf ihre Eltern zu. Ludovika hatte längst von Bomhard erfahren, dass der König auf dem Weg ins Theater war. Es wurde ein Stück von Schiller gegeben, das er auf keinen Fall versäumen wollte. Die Herzogin hatte alle Mühe, nicht die Beherrschung zu verlieren.

Sophie hatte immer geglaubt, ihren Cousin zu kennen, sie hatte ihn lediglich für einsam und unverstanden gehalten. Aber an jenem Abend hasste sie ihn. Als sie eine knappe Stunde später ihren Verlobungsball verließ, schrie sie innerlich nach Rache. Sie nahm all ihre Kraft zusammen und verabschiedete sich strahlend und mit einem herzlichen Winken von den Gästen.

Während der Heimfahrt fluchte und schimpfte sie und Ludovika konnte kaum glauben, dass ihre Tochter derartige Ausdrücke kannte.

Der Herzog ließ sich schließlich dazu überreden, den König am nächsten Tag zur Rede zu stellen.

»Du kannst ihm ausrichten, dass ich nicht mehr daran denke, ihn zu heiraten!«, schrie Sophie, während sie die Possenhofener Treppe hinaufstürmte und gleichzeitig an den Haken und Ösen ihres Verlobungskleides zerrte. Sie konnte es keine Sekunde länger ertragen.

»Natürlich wirst du Königin von Bayern«, rief Ludovika hinter ihr her. »Jetzt erst recht! Du wirst es den Klatschmäulern schon zeigen!«

Mit einer entsprechenden Erklärung kam der Herzog am nächsten Tag nach Hause. Ludwig hatte sich entschuldigen lassen. Natürlich wollte er Sophie immer noch heiraten, nur habe er am Vorabend ihr einfach nicht zu sagen gewagt, dass ihm der Termin ein wenig verfrüht scheine. Er wolle lieber noch einige Monate warten und dann den Bund der Ehe schließen.

Ihre Eltern waren zufrieden gestellt, aber Sophie ließ sich nicht besänftigen. Sie war froh, als sie erfuhr, dass Ludwig nach Paris gereist war, um die Weltausstellung zu besuchen.

Das bewahrte sie erst einmal vor weiteren unangenehmen Überraschungen und bösen Streitereien.

* * *

Dann nahm Sophies Schicksal eine unerwartete Wendung.

Die Verlobungsfotos waren inzwischen fertig und Edgar hatte beschlossen, sie selbst nach Possenhofen zu bringen. Zufällig waren Ludovika und Irma an jenem Tag ihrerseits in die Stadt gefahren und der Herzog war nach Regensburg gereist, um bei den Thurn und Taxis an einer Wildjagd teilzunehmen. Sophie war also allein im Haus.

»Ich hoffe, ich komme nicht ungelegen.« Edgar überreichte Sophie einen Umschlag, nachdem er aus der Kutsche gesprungen war. »Ich wollte die Verlobungsbilder gern persönlich abliefern.« In seinen verwegenen Kleidern, mit seinem wettergebräunten Gesicht und seinen blitzenden Augen schien er die Verkörperung der weiten Welt zu sein, von der sie selbst nur so wenig wusste.

Sophie nickte und brachte vor Verlegenheit kein Wort heraus. Sie gab Nadia ein Zeichen und die Zofe entfernte sich.

Sophie verwünschte sich wegen ihrer verkrampften Schüchternheit. Sie konnte sich nicht erklären, dass ausgerechnet sie, die gewöhnlich für jeden Mann, welchen Alters und Standes auch immer, ein keckes Wort hatte, plötzlich auf den Mund gefallen war.

Als sie den Umschlag nicht öffnete, warf Edgar ihr einen überraschten Blick zu. »Wollen Hoheit die Fotos nicht betrachten?«

»Oh, doch, natürlich!« Sophie zog die Bilder hervor, bemühte sich, das Zittern ihrer Hände zu beherrschen, und starrte auf die Fotos, ohne sie wirklich zu sehen.

»Schön«, murmelte sie.

Edgar zögerte einen Augenblick, verneigte sich dann und sagte plötzlich ganz sachlich und beinahe kühl: »Es hat mich gefreut, Hoheit wieder zu treffen!«

»Ganz meinerseits«, hörte Sophie sich antworten.

Wie in Trance nahm sie wahr, dass er zu der Kutsche ging, auf den Bock stieg, die Zügel in die Hand nahm, vorgab, einen Hut zu lüften, obwohl er wieder keinen trug, und dann davonfuhr.

Sophie stand regungslos da und plötzlich raffte sie ihre Röcke und rannte der Kutsche nach. Es war ihr völlig gleichgültig, ob sie jemand beobachtete und was die Dienerschaft wohl denken mochte.

»Halt! Warten Sie, Herr Hanfstaengl, so warten Sie doch!«

Sophie verspürte plötzlich ein unbändiges Verlangen nach Freiheit. Sie wollte endlich das tun, was ihr Herz ihr befahl.

Die Kutsche war bereits an der Weggabelung angelangt und blieb stehen. Sophie war völlig außer Atem, als sie sie erreichte. Edgar sprang vom Bock und sah sie besorgt an.

»Ist etwas passiert?«

»Ja!«, stieß sie keuchend hervor und ihre Wangen glühten. »Ich hatte vergessen, Sie zu fragen, ob wir ein wenig spazieren gehen können?«

Ihr Blick begegnete dem seinen und er lächelte, sichtlich beeindruckt von ihrer Courage. »Es wäre mir ein Vergnügen, Hoheit!«

Er ließ die Kutsche am Wegesrand stehen und sie gingen schweigend über die Wiese.

Ich muss etwas sagen, schalt sich Sophie. Er wird mich für eine Närrin halten!

Aber da ergriff Edgar zu ihrer größten Erleichterung das Wort. »Ich habe gehört, dass Ihr den Winter in München verbringt und nicht in Possenhofen!«

Sophie hoffte inständig, dass ihre Stimme nicht zitterte. Und sie dankte Gott, als sie sich ganz klar und fest antworten hörte: »Das stimmt. Deshalb ist der Herbst für mich schon seit meiner Kindheit eine traurige und bedrückende Jahreszeit.«

Ein Lächeln umspielte Edgars Lippen. »Merkwürdig, ich habe auf meinen Reisen den Herbst immer vermisst. In vielen Ländern herrscht immerzu dasselbe Klima. Manchmal sehnte ich mich geradezu nach dem würzigen Geruch der Erde und dem Anblick der sich verfärbenden Blätter an den Bäumen.«

Sie kletterten über einen Zauntritt. Zahllose Butterblumen und Margariten wuchsen im Gras. Der Boden war weich und Edgars und Sophies Füße sanken bei jedem Schritt ein. Sie kamen an einem Bachlauf vorbei, der sich munter plätschernd seinen Weg durch das saftige Grün bahnte, Espengehölz wucherte am Ufer und Blätter glitzerten wie Goldstücke in der Sonne.

»Erzählen Sie mir von China«, bat Sophie.

Das tat Edgar nur allzu gern. »Die Chinesen sind ein wunderliches Volk. Sie entzünden in ihren Häusern Räucherstäbchen, weil sie glauben, dass ihre Wünsche dem Rauch Gottes folgen und dann in Erfüllung gehen.«

»Welch wundervolle Vorstellung! Wo haben Sie gelebt? Wie hieß die Stadt?«

»Ich glaube, die Namen der Städte werden Euch nichts sagen. Ich kannte sie vorher auch nicht. Die Stadt hieß Tschungking. Dort herrscht eine ganz unvorstellbare Hitze und die ist so feucht, dass es beinahe unmöglich ist zu arbeiten. All meine Chemikalien verdarben dort. Die schönste Stadt, die ich in China gesehen habe, hieß Hangtschou. In einem alten chinesischen Sprichwort heißt es: Das Paradies auf Erden ist Hangtschou. Es gibt auch eine Stadt, die man das ›Klein-Venedig‹ von China nennt. Das ist Sutschou. Ich war dort und ich konnte keine einzige Straße und keinen Weg entdecken. Statt dessen gibt es unzählige Kanäle und Flüsse, die voller Dschunken sind.«

»Wovon leben die Menschen dort? Sind sie Bauern?«

»Die meisten sind Fischer. Und sie haben eine ganz eigene Methode zu angeln. Sie kauern gemütlich auf einem Bambusfloß, rauchen ihre Wasserpfeife und warten darauf, dass ein großer dressierter Vogel, der Kormoran, für sie Karpfen aus dem Wasser fischt. Von zehn Fischen darf der Vogel dann einen behalten.«

»Kein besonders guter Handel!«, lachte Sophie.

»Andere Fischer locken die Fische an, indem sie in der Dämmerung Lampen auf ihren Booten anzünden. Das ist ein wundervoller Anblick und mit Worten kaum zu beschreiben, denn der ganze Fluss wird zum Sternenhimmel. Ich habe es fotografiert. Wenn Hoheit wünschen, werde ich Euch einmal die Fotos zeigen. Überhaupt ist die chinesische Landschaft ganz unglaublich. Es gibt üppige Wälder, kahle Wüsten, grüne Weiden und schneebedeckte Gebirgsgipfel. Der höchste Berg ist der Qomolangma Feng. Er ist weit über achttausend Meter hoch. Hierzulande nennen wir ihn Mount Everest.«

»Ich hab davon gehört.« Sophie erinnerte sich daran, dass ihr Vater einmal gesagt hatte, diesen gewaltigen Koloss gern besteigen zu wollen, und Ludovika hatte ihn daraufhin für komplett übergeschnappt erklärt, ihm dann aber scherzhaft empfohlen, es vielleicht doch zu versuchen, denn dann sei sie endlich Witwe.

»Es muss herrlich sein, die Welt zu sehen!«, rief Sophie.

Dabei warf sie einen Blick durch die Bäume zum Himmel und sah, dass die Sonne schon recht tief stand. Ihre Mutter und Irma würden bald zurück sein.

Edgar schien ihre Gedanken zu erraten. »Müssen wir umkehren, Hoheit?«

»Ja.« Dann ließ sie sich im Gras nieder und murmelte: »Nein.« Sie bemerkte seine Überraschung und spürte, wie er sie von der Seite ansah.

Wie sollte sie es nur anstellen? Wahrscheinlich würde er nicht noch einmal nach Possenhofen kommen und eine Möglichkeit zu einem weiteren Spaziergang würde sich ohnehin nie wieder ergeben. Sie konnte ihn doch jetzt nicht einfach wieder so gehen lassen. Sie musste etwas tun.

»Wollen Sie sich nicht zu mir setzen?«, fragte sie und bemühte sich, ihre Stimme ruhig klingen zu lassen.

Edgar setzte sich. »Liebt Ihr den König, Hoheit?«

Sophie starrte ihn entgeistert an. Über alles wollte sie mit ihm reden, aber nicht über ihre Verlobung.

»Wir sind uns gewissermaßen ähnlich«, begann sie vorsichtig, aber Edgar schüttelte den Kopf.

»Mit Verlaub, Hoheit, meine Frage war eine andere!«

»Nein.« Sie spürte seinen Blick auf sich, wandte leicht den Kopf und lächelte. Sie wollte sagen, dass er es war, den sie liebte, aber sie schwieg.

»Aber Ihr werdet ihn trotzdem heiraten?«

»Ja«, sagte Sophie, obgleich alles in ihr Nein schrie.

Edgar nickte. »Aha!«

War das alles, was er dazu zu sagen hatte? Sophie wurde unsicher.

Schließlich stand er auf und streckte galant die Hand aus, um ihr auf die Beine zu helfen. Sie übersah seine Hand.

»Gehen wir schon zurück?«

Enttäuschung schwang in ihrer Stimme mit.

»Glaubt mir, Hoheit, es ist besser so.«

Er betrachtete sie aufmerksam und sie spürte, wie ihr das Blut in den Kopf schoss.

»Ich verstehe nicht, was Sie meinen«, log sie und gleichzeitig durchfuhr es sie: Himmel, was tue ich denn? Hab ich denn vollständig den Verstand verloren? Ich bin eine Prinzessin und zudem die Verlobte des Königs. Und jetzt mache ich mich vor einem Untertanen zur Närrin.

»Ich war vielleicht häufig im Ausland, aber ich habe nicht vergessen, dass eine Frau Eures Standes mit einem Mann meines Standes nicht allein spazieren geht. Ich glaube, Ihr werdet Euch einen Haufen Scherereien ersparen, wenn wir jetzt umkehren!«

Sophie hätte am liebsten laut geschrien. Nach der Blamage auf dem Verlobungsball lagen ihre Nerven blank und ausgerechnet der Mann, den sie von ganzem Herzen liebte, belehrte sie in einem derartigen Ton. Die Worte sprudelten nur so aus ihr heraus, während sie krampfhaft versuchte, die Tränen zurückzudrängen. »Sie sind also nur mit mir spazieren gegangen, um mir zu sagen, dass wir etwas Unmögliches tun? Auf derartige Belehrungen verzichte ich gern, Herr Hanfstaengl. Es tut mir Leid, wenn ich einen falschen Eindruck bei Ihnen hinterließ! Gott schütze Sie!«

Sophie ließ Edgar stehen und wollte davonlaufen, aber er packte sie am Arm und hielt sie zurück.

»Großer Gott, Ihr habt mich völlig falsch verstanden, Hoheit. Noch nie in meinem Leben hat eine Frau derartige Gefühle bei mir ausgelöst. Als ich Euch das erste Mal am Bahnhof gesehen habe, wusste ich nicht, dass Ihr eine Prinzessin seid. Ich dachte bei mir, gütiger Gott, so hast du dir immer die Mutter deiner Kinder vorgestellt, das schwöre ich. Mein Wunsch ist nur, dass Ihr Euch meinetwegen nicht eine Menge Ärger einhandelt!«

Sophie starrte ihn mit großen Augen an. »Das alles haben Sie gedacht?«, wiederholte sie ungläubig.

»Ja. Ist das so verwunderlich?«

Sophies Herz klopfte und sie wünschte sich immer sehnlicher, dass er sie berührte.

»Wenn Sie wollen, können Sie mich jetzt küssen.« Sie schloss die Augen und spitzte die Lippen.

Doch Edgar sah sie nur an und schüttelte den Kopf.

Als Sophie die Augen wieder öffnete, begegnete sie enttäuscht und ernüchtert seinem Blick.

»Ich liebe dich, Sophie«, sagte er schlicht, »aber ich hab noch genug Verstand beisammen, dass ich weiß, wessen Braut du bist. Was möchtest du? Dass ich dich zu meiner Geliebten mache? Ich würde es sofort tun, denn nichts wünschte ich mehr, wenn ich wüsste, dass es dich glücklich macht. Aber was denkst du, würde geschehen, wüsste man, dass die Braut des Königs eine Liaison hat? Es würde deinen Untergang bedeuten.« Er schüttelte traurig den Kopf.

»Das ist mir ganz gleichgültig, wenn ich nur mit dir zusammen sein kann!«, rief sie trotzig und war den Tränen nahe. »Ich wünschte, ich wäre niemals als Prinzessin geboren worden!«

Edgar streichelte ihr Haar, das im Sonnenlicht wie ein Flammenmeer glänzte. Sophie war beinahe übel vor Schmerz und Enttäuschung und sie holte tief Luft, um sich zu beruhigen.

»Was ... was soll ich denn tun, ich muss ihn doch heiraten!«

»Komm.« Edgar nahm zärtlich ihre Hand. »Begleite mich noch zu meiner Kutsche.«

Auf dem Weg dorthin sprachen sie kein Wort miteinander. Sophie wäre am liebsten auf der Stelle davongelaufen, aber sie wollte auch jede wertvolle Sekunde mit ihm genießen. Als sie schließlich an der Kutsche angekommen waren, glänzten die Tränen in ihren Augen, und er hob ihr Kinn. Sein Blick nahm den ihren gefangen.

»Wenn du erst Königin bist«, sagte er traurig, während er auf den Bock stieg und die Zügel ergriff, »dann wirst du einen Untertanen haben, der sein Leben lang dein glühender Verehrer sein wird!«

In Sophies Augen standen Tränen.

»Sag mir, was ich machen soll. Was auch immer du mir rätst, ich werde es tun.«

Einen kurzen Augenblick lang spiegelte auch Edgars Gesicht seinen Schmerz und seine Verzweiflung wider, aber dann hatte er sich gefasst. »Lass uns vernünftig bleiben, Sophie«, sagte er leise. »Ich könnte es nicht ertragen, wenn man dir meinetwegen Schaden zufügte.«

Dann pfiff er leise und die Pferde setzten sich in Bewegung.

Sophie sah der Kutsche nach, bis sie hinter der nächsten Kurve verschwunden war.

Ludovika und Irma kehrten erst eine halbe Stunde später zurück. Sophie war längst zu Hause.

»Der Herr Hanfstaengl war hier und hat die Verlobungsbilder gebracht«, sagte sie schlecht gelaunt zu ihrer Mutter.

»Und? Wie sind sie geworden? Sind sie gelungen?«

Offenbar kam es Ludovika gar nicht in den Sinn, dass der Fotograf eine Gefahr für ihre Tochter sein könnte, und so erkundigte sie sich auch nicht weiter nach seinem Besuch, sondern nur nach den Bildern.

»Sie liegen in der Bibliothek und mir ist es egal, wie sie geworden sind. Ich würde sonstwas dafür geben, wenn ich nicht diejenige wäre, die darauf abgebildet ist!«

Als Sophie unglücklich in ihr Zimmer stürmte, sah Ludovika ihr seufzend nach.

»Ach, Irma, alle meine Töchter waren schwierig – aber die Sophie ist die schlimmste!«

Als Nadia in jener Nacht Sophies Zimmer betrat, um die Lichter zu löschen, bat Sophie: »Lass die Kerzen bitte brennen, Nadia. Ich kann nicht schlafen.«

Die Zofe tat, wie ihr geheißen, und wollte den Raum wieder verlassen.

»Bleib, Nadia. Ich will mit dir sprechen.«

Überrascht wandte sich Nadia um und sah Sophies ernsten Blick auf sich gerichtet.

»Hast du dir heute nichts dabei gedacht, als ich dich wegschickte, um mit dem Herrn Hanfstaengl ungestört zu sein?«

»Doch«, gab Nadia leise zu und senkte den Blick.

»Was dachtest du?«

»Dasselbe, was ich mir schon im Fotoatelier dachte.«

Sophie war fassungslos. »Du hast es bereits im Atelier bemerkt? Himmel, ich wusste nicht, dass man es so deutlich sieht!«

Nadia räusperte sich verlegen. »Aber ich war mir auch sicher, dass der junge Herr Hanfstaengl die gleichen Gefühle für Euch hegt.«

Sophie saß im Bett, starrte ihre Zofe groß an, einen Arm um die Knie geschlungen, die andere Hand im Haar. »Mein Gott, Nadia! Himmel, ist das alles verfahren! Ich bin doch dem Ludwig versprochen! Was soll ich denn jetzt nur tun?«

Nadia seufzte. »Um die Wahrheit zu sagen, Hoheit, ich weiß es nicht. Es ist eine teuflische Patsche, in die Ihr hineingeraten seid. Die Verlobung mit dem König ist wohl kaum zu lösen.«

»Aber er liebt mich nicht!«, rief Sophie verzweifelt.

Die beiden Frauen sahen besorgt und unglücklich drein und schwiegen eine Weile.

»Versprichst du, dass du mir helfen wirst, Nadia?«

»Was immer Ihr von mir verlangt.«

In jener Nacht wurden Sophie und Nadia zu Freundinnen.

* * *

Sophie versuchte vergeblich, Edgar aus ihrem Gedächtnis zu streichen, und als er bereits zwei Tage später wieder in Possenhofen erschien, konnte sie ihre Freude darüber kaum verbergen. Er hatte es wieder so eingerichtet, dass Ludovika außer Haus war.

Sophie saß gerade mit einer Musikübung am Klavier, als Nadia hineinstürmte. »Er ist wieder da, Hoheit!«

Zuerst wusste Sophie gar nicht, von wem ihre Zofe sprach, aber dann wäre sie vor Schreck fast vom Klavierschemel gefallen.

»Er ist es? Großer Gott! Wie sehe ich aus, Nadia?«

Die Zofe betrachtete ihre Herrin. Die durch das Fenster hereindringenden Sonnenstrahlen tanzten auf dem Haar der Prinzessin. Ihr Kleid war aus hellblauer Seide und mit weißen Rosen bestickt. Der weite Rock wallte bis hinunter zum Boden und betonte Sophies schmale Taille.

»Phantastisch, Hoheit sehen phantastisch aus!«, rief Nadia. »Soll ich ihn jetzt hereinbitten?«

Sophie nickte aufgeregt. Sie setzte sich eilig wieder an das Klavier und versuchte, sich zu beruhigen.

Einen Augenblick später trat Edgar ins Zimmer. Er begrüßte sie höflich und zog einen neuen Umschlag hervor.

»Gibt es noch mehr Fotos?«, fragte Sophie erstaunt und wagte kaum, ihn anzusehen. Sein Anblick schmerzte einfach zu sehr. Ihre Finger glitten über die Tasten.

»Bitte, hör auf zu spielen, Sophie.«

»Merkwürdig, mein Verlobter sagt immer genau das Gegenteil. Er bewundert mein Spiel und kann gar nicht genug davon bekommen.«

Sophie hielt inne, sah auf und betrachtete Edgar. Er trug die Lederjacke, die er auch damals am Bahnhof getragen hatte. Er erwiderte ihren Blick und sie bemerkte, dass tiefe Schatten unter seinen Augen lagen, als hätte er kaum geschlafen.

»Ich habe genau zehn Minuten,« sagte er. »Dann wird deine Mutter wieder zurück sein.«

Sophie sperrte erstaunt den Mund auf. »Woher weißt du das?«

»Ich habe es soeben herausgefunden.« Edgar kam näher und blieb dicht vor ihr stehen. »Sie hat neue Wäsche bestellt. Dafür hat sie sich durch halb München kutschieren lassen und auf der Fahrt lautstark ihren Unmut darüber geäußert, dass das Angerertor abgerissen wurde und sie nun einen Umweg fahren muss!«

»Hat einer der Kutscher geplaudert?«

»Und dein Vater ist immer noch auf der Jagd in Regensburg.« Edgar überging ihre Frage. »Sie reiten dort auf ungesattelten Pferden und vor Sonntag wird er voraussichtlich nicht zurück sein. Wenn deine Mutter zurückkehrt, Sophie, dann werde ich über Retuschierungen sprechen müssen und darüber, wie vorbildlich die Bilder doch gelungen sind.«

»Was willst du denn? Nun sag es mir doch endlich!«

»Ich wollte dich sehen, Sophie. Mein Verstand sagt mir zwar, dass es nicht richtig ist. Aber hört man nicht sowieso viel lieber auf sein Herz?«

Sophie antwortete, ohne zu zögern: »Es geht nur zu einem ganz bestimmten Zeitpunkt.«

»Wann?«

»Nach Mitternacht schläft in Possenhofen jeder.«

»Wo?«

»An der Weggabelung, wo wir uns neulich trennten.«

Sie hatte den Satz kaum ausgesprochen, als Nadia atemlos ins Zimmer stürmte. »Hoheit! Die Herzogin und Irma sind gerade eingetroffen!«

Sophie nickte Nadia dankend zu und einen Augenblick später verließ Edgar das Schloss. Er begrüßte Ludovika und Irma auf der Treppe und teilte ihnen unschuldig lächelnd mit, dass er noch einige Nachlieferungen gebracht habe.

»Das ist aber nett von Ihnen, Herr Hanfstaengl«, sagte Ludovika erfreut. »Ich verschicke die Bilder an die ganze Verwandtschaft. Wenn es möglich ist, würde ich noch mehr davon bestellen.«

Und so verschaffte die ahnungslose Ludovika dem jungen Fotografen eine weitere Möglichkeit, mit ihrer Tochter zusammenzutreffen.

9. Kapitel

Als Sophie Edgars Kutsche davonfahren sah, glühten ihre Wangen vor Erregung. »Wie fange ich es nur an, Nadia?«, flüsterte sie.

Der Gedanke an das Rendezvous in der kommenden Nacht versetzte sie in fieberhafte Erregung. Nachdenklich ging sie im Zimmer auf und ab, ihre lange Schleppe rauschte und das war der einzige Laut, der in der Stille zu vernehmen war.

»Leihst du mir deine Kleider, Nadia? Ich könnte deinen Gang nachahmen und mich verschleiern, so dass niemand mich erkennt, falls ich in der Dunkelheit jemandem begegnen sollte.«

»Aber es ist gefährlich, wenn Hoheit nachts allein unterwegs ist.«

»O nein! Ich kann ganz gut auf mich aufpassen.«

Es war kurz vor Mitternacht, als Sophie sich in Nadias Kleidern aus dem Schloss stahl. Ihr Gesicht unter dem Häubchen, aus dem zwei lange Zöpfe auf ihre Schultern fielen, war gerötet. Sie trug ein schlichtes, bis zum Hals zugeknöpftes Kleid, dessen gerader Schnitt ihre jugendlichen Rundungen und ihre schlanke Gestalt besonders hervorhob.

Sophie lief den ganzen Weg zu Fuß. Ein Pferd aus dem Stall zu nehmen, wäre zu gefährlich gewesen.

Sie hörte nichts außer den Geräuschen der Landschaft: das Zirpen der Grillen, das Quaken der Frösche, das Summen der Mücken.

Als sie Edgars Gestalt an der Weggabelung erkannte, verlangsamte Sophie ihre Schritte. Plötzlich beschlich sie ein Gefühl der Furcht. Erst jetzt wurde ihr bewusst, was sie tat. Sie war die Braut des Königs. Sie dachte an die arme Mathilde, die keinen Verlobten gehabt hatte und allein wegen ihrer Liebe zu einem Bürgerlichen gesellschaftlich geächtet gewesen war. Was würde man wohl mit ihr anstellen, wenn die Wahrheit ans Licht käme?

Sophie hatte keine Zeit mehr, darüber nachzudenken, denn Edgar kam auf sie zu. Er trug wieder seine Jacke, die ihr schon vertraut war. Seine Kutsche war nirgends zu entdecken, er hatte sie sicherlich irgendwo versteckt.

»Ich dachte schon, du würdest nicht mehr kommen«, hörte sie ihn leise sagen und seine Augen liebkosten ihre Gestalt.

Sophie wäre ihm am liebsten in die Arme gefallen, so sehr freute sie sich, ihn wieder zu sehen. Für einen winzigen Augenblick fürchtete sie, nur zu träumen. Ihr Herz klopfte heftig, aber dennoch war sie zu einem klaren Gedanken fähig. Sie mussten weg vom freien Feld.

»Könnten wir dort zu den Bäumen hinübergehen? Um die Uhrzeit kommen zwar keine Besucher mehr nach Possenhofen, aber mir wäre dennoch wohler.«

Edgar nickte und sie nahmen einen schmalen Pfad, der zwischen Bäumen und Farnkraut und blühenden wilden Hyazinthen kaum zu sehen war. Der Mond stand hoch und war eine schmale Sichel. Zahllose Sterne glänzten am Himmel.

»Wundere dich nicht über meinen Aufzug«, bat Sophie lächelnd. »Meine Zofe hat mir ihre Kleider geliehen, damit ich mich besser nach draußen schleichen kann.«

Ein Schatten fiel auf Edgars Gesicht. »Mir ist sehr wohl bewusst, in welche Gefahr du dich meinetwegen begibst.«

Am liebsten hätte Sophie laut gerufen, dass ihr das vollkommen gleichgültig war. Sie wollte nur noch mit Edgar zusammen sein. Noch nie in ihrem ganzen Leben hatte es etwas gegeben, das sie sich mehr gewünscht hätte. Sie erinnerte sich daran, dass Ludwig, kurz nachdem er Richard Wagner kennen gelernt hatte, ihr von seinem Gefühl vollkommener Vertrautheit erzählt hatte, als kenne er den Künstler schon sein ganzes Leben. Damals hatte sie damit nichts anfangen können. Aber seit ihrer Begegnung mit Edgar wusste sie, was Ludwig gemeint hatte. Es war, als hätte sie schon immer auf ihn gewartet.

»Es ist das erste Mal.« Sie hatte plötzlich das Gefühl, als müsse sie etwas klarstellen. »Ich hab mich noch nie nachts wegen eines Mannes aus dem Schloss geschlichen.«

Doch das hätte sie gar nicht zu sagen brauchen. Wenn er sie nur ansah, war es ihm, als könnte er in ihre Seele blicken. Sie strahlte Lebensfreude, aber auch Ehrlichkeit und Reinheit aus, wie sie ihm zuvor noch nie begegnet waren. Er vertraute ihr vollkommen.

Unter einem Baum, der seine Äste wie Arme dem Mond entgegenhielt, blieben Sophie und Edgar schließlich stehen und setzten sich ins Gras.

»Meine Liebste«, sagte er mit leiser, weicher Stimme. »Ich kann dich leider nicht so beschützen, wie ich es mir wünschte, weil ich keinen Zugang zu deiner Welt habe und du immer wieder allein dorthin zurückkehren musst. Und du bist mir teurer als mein Augapfel.«

Sophie sah im Mondlicht seine glitzernden blauen Augen und sie stellte sich vor, wie er wohl als kleiner Junge ausgesehen haben mochte. Sicher waren alle Mädchen in seiner Straße in ihn verliebt gewesen.

»Ich liebe dich«, hörte sie sich plötzlich sagen. »Schon als ich dich zum ersten Mal am Bahnhof sah, hatte ich dieses Gefühl. Ich wusste nur nicht, was es war.«

Edgar blickte sie ergriffen an. Er saß ganz still und sah nur noch sie.

»Wahrscheinlich bin ich ein wenig verrückt und im Begriff, eine große Torheit zu begehen. Aber ich hatte bisher keine Gelegenheit, einmal verrückt zu sein. Vielleicht ist es an der Zeit, dass ich damit beginne. Wenn du mich auch haben willst, liebster Edgar, dann werde ich die Kraft aufbringen, um für dich und mich zu kämpfen.«

Sophie brach ab und zitterte vor Erregung. Erwartungsvoll blickte sie zu ihm auf und fürchtete fast, er würde sie zurechtweisen.

»Ob ich dich auch haben will?« Ein tiefes, glückliches Lachen erklang. »Noch nie in meinem ganzen Leben habe ich mir etwas so sehr gewünscht! Nicht einmal vor meiner ersten großen Reise habe ich eine derartige Aufregung verspürt!«

Verlegen senkte Sophie den Kopf und Nadias Diensthäubchen wippte ein bisschen.

»Ich … ich weiß nicht, ob ich es überhaupt kann. Ich habe es zuvor noch nie getan.« Sophie hielt inne, war sich der Ungeheuerlichkeit ihrer Worte bewusst. Dann fuhr sie leise fort: »… aber ich würde dich jetzt so gern küssen.«

Ein rascher Blick aus dem Augenwinkel verriet ihr, dass ein zärtliches Lächeln über sein Gesicht huschte.

»Bist du ganz sicher?«

Sie nickte, wagte aber immer noch nicht, ihn offen anzusehen.

Endlich streckte er den Arm aus, legte ihn um ihre Schultern und zog sie sanft an sich. Sehr behutsam umarmte er sie, als sei sie ein zerbrechliches Kunstwerk, küsste zärtlich ihre

Wangen, erst die eine, dann die andere, ihren Hals, suchte ihre Lippen und berührte sie. Die Zurückhaltung, die er bisher gezeigt hatte, verschwand schnell und machte einer Leidenschaft Platz, von der Sophie nie erwartet hatte, dass es sie geben könnte. Von den Liebkosungen seines Mundes und seiner Hände verführt, steigerte sich ihr Verlangen in gleichem Maße wie das seine, und Ludovika und alle Regeln und Maßstäbe, nach denen sie bisher gelebt hatte, waren mit einem Male wie ausgelöscht. Es gab nur noch Edgar und sie. Sophies Kopf sank ins Gras, das Häubchen rutschte zur Seite, die Luft summte in ihren Ohren. Sie sah sein Gesicht über sich, seine Augen waren glitzerndes Blau, halb toll vor Leidenschaft und Liebe. Er löste ihre langen Zöpfe, streichelte und küsste ihr wallendes Haar.

Immer leidenschaftlicher pressten sich die beiden Körper nun aneinander. Sophie zerrte am Knopf seiner Hose und streifte sie hinunter. Gleichzeitig öffnete Edgar ungeduldig die Haken und Ösen des Dienstbotenkleides. Sophie hörte sich stöhnen und niemals hätte sie geglaubt, dass sie zu solcher Leidenschaft fähig war. In jener Nacht wurde Sophie zur Frau.

* * *

Fortan sahen Sophie und Edgar sich in jeder Nacht, in der es ihr möglich war, sich heimlich aus dem Schloss zu schleichen. Das waren die Augenblicke, auf die Sophie schon beim Morgengrauen wartete. Am Nachmittag ertappte sie sich immer wieder dabei, dass sie auf die Uhr blickte. Dabei versuchte sie, während der Unterrichtsstunden, in denen sie französische Grammatik lernte, neue Tanzschritte probte oder einfach nur über die Etikette belehrt wurde, Edgar aus ihren Gedanken zu verbannen. Aber mit dem Fortschreiten des

Tages wurde dies immer schwieriger. Mitten in der Übersetzung eines französischen Satzes kamen ihr ein paar lustige Bemerkungen in den Sinn, die Edgar in der vergangenen Nacht gemacht hatte. Sie konnte sich nicht mehr konzentrieren und brachte ihren Lehrer schier zur Verzweiflung. Dann schrak sie plötzlich zusammen und rief sich zur Ordnung. Mit aller Macht versuchte sie, ihre Gedanken wieder auf die französischen Sätze zu konzentrieren, und dennoch konnte sie nicht verhindern, dass sich Wörter und Buchstaben zu einem heillosen Chaos verwirrten. Schon morgens beim Frühstück konnte es geschehen, dass Sophie hintereinander sechs Zuckerstücke in die Teetasse warf und mit verträumten Blick den Löffel kreisen ließ und anschließend Mühe hatte, das ungenießbar süße Getränk nicht voller Abscheu auf die Tischdecke zu spucken.

Natürlich bemerkten Max und Ludovika, welche Veränderung mit ihrer Tochter vor sich ging. Aber sie glaubten, Sophie hätte sich mit Ludwig als ihrem zukünftigen Ehemann abgefunden und hinge ihren Träumereien nach. Niemals wären sie auf den Gedanken gekommen, dass etwas ganz anderes oder gar jemand ganz anderes die Ursache für Sophies Verhalten war.

Sophie konnte selbst kaum glauben, was mit ihr geschehen war. Edgar hatte ihr ganzes Leben verändert, und wenn sie sich nachts trafen, dann zählte für sie nur noch sein Charme, sein Lachen und seine Leidenschaft. Obgleich diese Situation alles andere als heiter war, ließ er keine Gelegenheit aus, sie zum Lachen zu bringen, und Sophie stellte fest, dass sie in der kurzen Zeit, in der sie sich kannten, mehr gelacht hatte als in ihrem bisherigen Leben. Wenn sie sich nicht irgendwo in freier Natur liebten, gingen sie stundenlang durch die Dunkelheit oder saßen auf einer Wiese, hielten sich bei den Händen und lauschten den Geräuschen der Nacht. Es war Edgar, der ihr die Landschaft in einer ganz neuen Schönheit offenbarte. Sophie entdeckte, dass sie vieles in der Natur bisher gar nicht wahrgenommen hatte, und das geschulte Auge des Fotografen vermittelte ihr ganz neue Eindrücke. Sie gingen durch zart belaubte Birkenwälder, lagen im Gras, blickten auf den Mond und träumten. Sie hörten einen Kuckuck und zählten seine Rufe, um zu erfahren, wie alt sie werden würden.

»Neunundvierzig!«, rief Sophie. »Himmel, ich hab nur neunundvierzig gezählt!«

»Es waren achtundsechzig«, protestierte Edgar lachend. »Du hast dich verzählt.«

Einmal musste Sophie die Augen geschlossen halten, bis er sie aufforderte, sie wieder zu öffnen. In einer Flasche steckte ein chinesischer Zündkörper, den er aus Shanghai mitgebracht hatte. Nur für sie schoss er seine Rakete in den Himmel.

Als sie etwa zwei Wochen zusammen waren, führte er sie zu einem verlassenen Stall.

»Was machen wir hier?«, fragte Sophie, öffnete neugierig die Tür und blieb verdutzt auf der Schwelle stehen.

Drei oder vier Binsenlichter brannten und um jede Flamme summte ein Mückenschwarm. Der Boden war gekehrt worden und ein Flickerlteppich schmückte die derben Holzplanken. Auf einem einfachen Holztisch waren eine Flasche Wein und zwei Gläser angerichtet. Wie ein Bettenlager türmten sich Kissen in einer Ecke, daneben stand eine Vase mit frisch gepflückten Wiesenblumen. Edgar entzündete eine weitere Kerze, die sofort die Insekten anzog. Von draußen drang das glockenhelle Lied der Grillen herein.

»Unser Haus«, sagte Edgar.

»Es ist zu schön, um wahr zu sein«, flüsterte Sophie und sie wünschte, sie könnte die Zeit anhalten.

* * *

Ludwig war von der Pariser Weltausstellung mit ihren zweiundfünfzigtausend Ausstellern fasziniert. Er bestaunte indische und japanische Modenschauen, er sah einen siamesischen Elefanten und eine Maschine, die man mit Kaninchenfellen fütterte und die dann fertige Filzhüte ausspuckte. Zu Tausenden waren Touristen aus Amerika angereist und die Kanalschiffe zwischen Dover und Calais waren immer ausgebucht. Hier fühlte Ludwig sich wohl, weil er nicht auffiel und sich wie ein ganz normaler Bürger bewegen konnte. Könige und Königinnen waren schon etwas Alltägliches geworden. Höchstens beim türkischen Sultan sahen die Menschen noch manchmal auf und wahrscheinlich nur, weil er sich in einer Sänfte herumtragen ließ.

Ludwig war auf der Flucht vor vor seiner Residenz, vor seinen Ministern und seiner Braut. Und er genoss es, auf der Flucht zu sein.

Abend für Abend besuchte der junge Bayernkönig Konzerte und das Leben in Paris gefiel ihm so sehr, dass er seinen Aufenthalt verlängerte. Dass der Termin für seine Hochzeit deswegen erneut verschoben werden musste, kümmerte ihn wenig.

Während Ludovika über diese erneute Verzögerung sehr empört war, jubelte Sophie heimlich. Sie wäre auch damit einverstanden gewesen, wenn Ludwig für immer in Paris geblieben wäre. Sie dachte daran, wie sehr sie sich früher gefreut hatte, wenn er von seinen Reisen zurückgekehrt war, aber diese Zeiten waren lange vorbei. Während sie das Spiel der tapferen, geduldigen Braut spielte, traf sie sich Nacht für Nacht mit ihrem Geliebten.

Nur zu Nadia war sie aufrichtig. »Mein Glück hängt allein von dir ab und ich kann nur beten, dass du mir weiterhin hilfreich zur Seite stehst.«

Sophie achtete darauf, keinen Zwang auf ihre Zofe auszu-
üben. Nadia würde sofort ihre Anstellung verlieren, wenn
die Wahrheit ans Licht käme. Auch Nadia wusste das, aber
sie ließ sich nicht beirren und die Freundschaft zwischen den
beiden Frauen wurde von Tag zu Tag inniger. So vertraute
Sophie ihrer Zofe schließlich sogar kleine und große
Geheimnisse an und Nadia erfuhr, dass ihre Herrin keine
Jungfrau mehr war.

Eines Tages suchte Sophie ein Buch über China. Sie stand
allein in der gewaltigen Bibliothek ihres Vaters, die an den
kleinen Salon grenzte, und ließ ihren Blick über die zahllosen
Bände schweifen, die sich in imposanten Regalen aneinander
reihten. Der Raum war mit dunkler Eiche getäfelt und das
Feuer im Kamin ließ Schatten über die Bücher tanzen. Hier
musste es ein Buch über China geben. Sie entdeckte einige
Reiseberichte über Ägypten und ein Buch über die Vereinigten Staaten. Bevor sie aber weiter stöbern konnte, ging hinter
ihr die Tür auf und sie hob den Kopf. Es war Irma.

»Wenn meine Mutter mich sucht«, sagte Sophie und blickte wieder auf die Bücherwand, »dann sagen Sie ihr, dass der
Tanzlehrer erst in einer halben Stunde kommen wird. Er ließ
es durch Nadia ausrichten.«

Irma blieb unschlüssig im Türrahmen stehen. Sie hüstelte,
um erneut auf sich aufmerksam zu machen.

Sophie sah wieder in ihre Richtung. »Gibt es noch
etwas?«

»Darf ich offen sein?«, fragte Irma und Sophies Herzschlag setzte aus. Sie weiß es! Sie weiß von Edgar und mir!

»Aber natürlich.« Sophie zwang sich zu einem unbefangenen Lächeln. »Was gibt es denn?«

Irma räusperte sich. »Mir fiel auf, dass Hoheit sehr viel
glücklicher wirken, wenn der König nicht an Eurer Seite

weilt. Ja, ich bin sogar so frei zu behaupten, Ihr seht sehr unglücklich aus, wenn Ihr mit ihm zusammen seid.«

Wahrscheinlich hat sie uns gesehen, dachte Sophie, und gleichzeitig legte sie sich bereits eine Strategie zurecht. Abstreiten! Einfach alles abstreiten! Niemand konnte etwas beweisen!

»Da ich Euch schon von Kindesbeinen an kenne, habe ich mir den Kopf darüber zerbrochen, wie ich Euch am besten helfen kann.«

Ich glaube dir kein einziges Wort. Oh, du falsche Natter, du Klatschmaul!

Laut sagte Sophie: »Wirklich? Das ist sehr freundlich von Ihnen, Irma. Aber ich fürchte, selbst wenn Sie mit meiner Mutter reden, wird das an meiner Situation leider nichts ändern.«

Irma lächelte. »Ich will doch gar nicht mit der Herzogin reden, Hoheit, ich könnte Euch vielleicht anderweitig helfen.«

Jetzt war Sophies Überraschung echt.

Rasch sprach Irma weiter: »Wenn Hoheit es wünschen, dann spiele ich Euch Informationen zu, mit denen Ihr ein Leben lang eine Trumpfkarte in der Hand halten werdet!«

Forschend betrachtete Sophie das Gesicht der Zofe. Die buschigen, zusammengewachsenen Augenbrauen verliehen Irma den Ausdruck von Strenge. Über der Oberlippe wuchs ein feiner, hellgrauer Flaum. Die dunklen Augen standen viel zu eng beieinander und erinnerten an den lauernden Blick einer Schlange, aber tief drinnen spiegelte sich auch Leere und Verzweiflung.

Irma warf einen raschen Blick über die Schulter, als wolle sie sich vergewissern, dass niemand Zeuge ihrer Unterhaltung wurde, dann schloss sie sorgfältig die Tür. Die Worte sprudelten nur so aus ihr hervor. Dass niemand von ihrem

Geheimnis wisse, nicht einmal Herzogin Ludovika. Dass man vor vielen Jahren am Münchner Hof sicher gewesen war, dass es nicht an Königin Marie lag, dass sie so lange kein Kind unter ihrem Herzen getragen hatte und dass man sich damals sehr darüber gewundert hatte, dass Ludwigs verstorbener Vater, König Max, seinen ehemaligen Vertrauten, den im Volk verhassten Franz Dönniges, nicht entließ, obwohl auch er sich schon lange nicht mehr mit ihm verstanden hatte.

»Mein Vertrauter und ich haben von Korruption erfahren, Hoheit, und das ist auch für Euch wichtig, denn von 1848 an, als König Max den Thron bestieg, bekam Dönniges regelmäßig jeden Monat 1000 Gulden. Der Titel der Ausgabe lautete: ›*An Dönniges für geheime Zwecke!*‹«

Sophie starrte Irma verwirrt an. Sie wusste nicht, warum die Zofe ihr mit dem alten Klatsch die Zeit stahl, mit dem sie noch dazu nichts anfangen konnte.

Irma berichtete weiter, dass Ludwigs Vater sich auf einer Kavalierstour vor seiner Ehe ein verhängnisvolles Unterleibsleiden zugezogen hätte. Darüber gebe es sogar einen ärztlichen Befund. Aus der Diagnose des Arztes gehe auch hervor, dass der König zeugungsunfähig gewesen sei.

Sophie stand jetzt mit offenem Mund da. »Was soll das, Irma?«

»Mein Verbündeter und ich verfügen über Briefe, in denen König Maximilian zugibt, dass Ludwig und Otto nicht seine Söhne sind. Um den bayerischen Thron zu retten, beauftragte er seinen Kammerdiener Tambosi, für Erben zu sorgen, nachdem man Königin Marie zu viel Wein verabreicht hatte. Dönniges war eingeweiht – deshalb die Bestechung!«

In ihrer Erregung bemerkte Irma gar nicht, wie der Ausdruck von Entsetzen und Fassungslosigkeit auf Sophies Gesicht trat.

»Ludwig selbst kennt die Wahrheit nicht«, fuhr Irma

unbeirrt fort. »Mein Verbündeter und ich hatten bislang nicht den Zugang zum König. Den habt Ihr, Hoheit, und mit diesen Beweisen könntet Ihr entsprechenden Druck auf ihn ausüben!«

Irma machte ein triumphierendes Gesicht. Das Gefühl von Macht und Wissen schien sie zu berauschen.

»Als Zeichen Eurer Dankbarkeit erwarten mein Verbündeter und ich nicht mehr, als dass Ihr manchmal unseren Belangen behilflich seid und sie beim König durchsetzt. Mit Eurer zukünftigen Stellung und unserem Wissen werden wir alle Fäden am Königshof in der Hand halten.«

»Schluss jetzt!«, schrie Sophie. Was immer auch an der Geschichte dran war, sie dachte nicht daran, ihre Probleme mit Hilfe von Intrigen und Erpressung zu lösen. Hatte sie die Zofe ihrer Mutter ohnehin noch nie leiden können, war es jetzt auch um das letzte Fünkchen Achtung geschehen.

»Wenn Sie nur noch ein einziges Wort sagen, Irma Butkin, dann werde ich dieses Gespräch sicher nicht so schnell vergessen! Dann werde ich meiner Mutter berichten, welch falsche Intrigantin ihre Zofe ist. Das sind die abscheulichsten Lügen, die ich in meinem ganzen Leben je gehört habe.«

Irmas Wangen brannten. Mit größter Willensanstrengung senkte sie demütig den Kopf. »Verzeiht, Hoheit, es ging mir einzig und allein darum, Euer Leid ein wenig zu lindern.«

Sie verließ die Bibliothek ohne ein weiteres Wort und Sophie ahnte, dass es keine freundlichen Gedanken waren, die Irma mit sich nahm.

Sophie hielt Wort und erwähnte gegenüber ihrer Mutter das Gespräch mit Irma nicht, aber Nadia erzählte sie davon. »Der ganze Hof ist wie ein faules Ei. Erst wenn du es aufschlägst, merkst du, dass es bis zum Himmel stinkt!«

Die beiden Frauen waren allein in Sophies Zimmer. Da

Edgar seinen Besuch für den Nachmittag angekündigt hatte, um Ludovikas Nachbestellungen der Fotografien zu liefern, wollte sich die Prinzessin noch schnell umziehen. Sophie stand in Hemd und Mieder und spitzenbesetzten Unterröcken da, als sie plötzlich Schreie aus dem Schlosshof vernahm. Mit einem Satz war sie am Fenster, konnte aber nur noch erkennen, dass sich vor dem Pferdestall die gesamte Dienerschaft versammelt hatte. Auch ihre Mutter stand im Hof.

»Schnell, Nadia!«, rief Sophie. »Bring mir mein Kleid, dass ich hinunter kann, um nachzusehen, was geschehen ist.«

Kurze Zeit später mischte Sophie sich unter die erregte Menge.

Als Ludovika ihre Tochter bemerkte, klagte sie verzweifelt: »Allmächtiger! Dein Vater ist nicht da und den Veterinär erreichen wir nicht!«

»Aber was ist denn geschehen?«

»Die Aisha bekommt ihr Fohlen, aber irgendetwas stimmt nicht mit ihr.«

Sophie sah ihre Mutter groß an, dann stürmte sie mit Riesenschritten an ihr vorbei auf den Stall zu.

Ihre Stute lag apathisch in ihrer Box. Sie presste mit letzter Kraft, aber es ging nicht weiter und ihre Bewegungen wurden immer matter.

»O mein Gott, Aisha!«

Sophie sank neben dem Tier zu Boden, streichelte es, sprach ihm Mut zu, aber sie wusste, dass alles vergebens war.

Dann sprang sie wieder auf ihre Beine und stürmte aus dem Stall. Draußen stieß sie fast mit Edgar zusammen, der soeben angekommen war. Sie beachtete ihn kaum, so erregt war sie. Stattdessen brüllte sie zu ihrer Mutter hinüber: »Sie braucht Hilfe, Mama, sonst stirbt sie!«

Während Ludovika und ein Teil der Dienerschaft davonstoben, wandte Edgar sich fragend an Sophie. »Was ist geschehen?«

In knappen Worten schilderte sie ihm die Situation.

»Darf ich sie mir mal ansehen?«

Sophie brachte ihn in den Stall. Edgar beugte sich zu dem Tier hinunter und untersuchte es mit ein paar geschickten Handgriffen.

»Du kennst dich damit aus?«, fragte Sophie überrascht.

»Mein Großvater war Bauer. Meine halbe Kindheit hab ich bei ihm in Baiernrain verbracht. Ich brauche einen Strick, frisches Wasser und Tücher.«

Sophie stürmte hinaus und kehrte mit dem Gewünschten und einem Diener zurück. Edgar konnte jede Hilfe gebrauchen.

Während er über Aisha kauerte, blickte Sophie ihm über die Schulter. Das Fell der Stute war verschwitzt und verklebt. Die Augen blickten starr. Wäre nicht das schwache, unregelmäßige Schnaufen gewesen, hätte man sie für tot halten können.

»Zuerst einmal müsst ihr mir helfen, sie hochzuheben«, sagte Edgar. »Sie liegt nicht gut. So kann ich nichts machen.«

Zu dritt versuchten sie, das Tier aufzurichten. Todesangst und Schmerz verliehen der Stute ungeahnte Kräfte. Sophie und der Diener hatten Mühe, sie zu bändigen, während Edgar sie vorsichtig in eine günstigere Position legte. Er begann mit den Fingern, die Lage des Fohlens zu ertasten.

Die Stute stöhnte, eine neue Schmerzwoge durchflutete sie. Edgar fühlte, dass ihre Gebärmutter von langen Stunden nutzloser Wehen verkrampft und geschwollen war.

»Was ist?«, rief Sophie. »Können wir ihr helfen? Können wir etwas tun?«

»Gib mir den Strick«, bat er. »Das Fohlen hat sich verkeilt, liegt mit den Beinen voran. Wir müssen versuchen, es so herauszuholen!«

Geschickt verknüpfte er den Strick mit dem Vorderlauf, den er ertastet hatte.

Die Stute stöhnte erneut auf, aber sie spürte die Hilfe und so nahm sie noch einmal all ihre Kraft zusammen und presste. Dann wurde ihr Körper plötzlich schlaff. Warmes Blut lief auf den Boden.

Während Edgar am Strick zog, ließen Sophie und der Diener der vor Schmerz laut brüllenden Stute keine Möglichkeit auszuschlagen.

Endlich war ein blutverschmiertes Fohlenbein zu sehen. Edgar ließ den Strick los, zerrte jetzt mit aller Kraft mit der Hand, um das Fohlen besser greifen zu können.

Ein letzter kräftiger Ruck und auch der zierliche Fohlenkörper glitt langsam in Edgars wartende Hände. Aisha rappelte sich mit einem Wiehern auf und beschnüffelte ihr Neugeborenes, das im weichen Stroh lag.

Sophie jubelte. »Wir haben es geschafft! Wir haben es geschafft!« Mit leuchtenden Augen drehte sie sich zu Edgar um und der Diener, der weder blind noch taub war, betrachtete die Prinzessin überrascht. Sie war nicht mehr fähig, ihre Gefühle zu verbergen. Auch Edgars mahnende Blicke änderten nichts daran. Erst als ihre Mutter und der Veterinär in den Stall stürzten, gelang es ihr, sich etwas zu beruhigen.

»Sie sind ja ein wahrer Künstler«, lobte Ludovika, die keine Ahnung davon hatte, dass ihre Tochter längst auch Edgars Liebeskünste erprobt hatte.

Der Diener hielt sich abseits. Er war ein Neffe Irmas und am Abend dieses Tages wusste er seiner Tante Interessantes zu berichten.

Sophie gewöhnte sich schnell an ihr Doppelleben. Am Tag war sie die Braut des Königs und in der Nacht die Geliebte des Mannes, mit dem sie ihr Leben verbringen wollte.

Wenn Sophie mit Edgar zusammen war, war sie manchmal so glücklich, dass sie beinahe vergaß, dass es nicht so weitergehen würde, und sie wurde an dem Tag in die Wirklichkeit zurückgeholt, als Ludwig aus Paris heimkehrte.

Als Sophie die Nachricht von seiner Rückkehr erhielt, gab sie dem erstbesten Schemel in Reichweite einen wütenden Fußtritt. Ludovika, die geglaubt hatte, ihre Tochter freue sich darüber, blickte ihr kopfschüttelnd nach, als sie die Treppe hinaufstürmte und ihre Zimmertür krachend hinter sich zuschlug.

Zu Sophies Entsetzen erschien Ludwig gleich am ersten Abend mit einem gigantischen Blumenbouquet in Possenhofen. Wie immer kam er unangemeldet. Begleitet wurde er von einem unscheinbaren Herrn mit Brille, der für die Wittelsbacher Schatzkammer verantwortlich war und eine verschlossene Kiste mit einem roten Samtüberzug mit sich führte. Nachdem Sophie in ihrem Zimmer von Nadia noch hastig frisiert worden war, kritisierte Ludovika den missmutigen Gesichtsausdruck ihrer Tochter und forderte sie eindringlich auf, sich zu beherrschen. Verbittert dachte Sophie daran, wie sich die Zeiten doch geändert hatten. Früher hatte sie Wutausbrüche bekommen, wenn sie Ludwig nicht sehen durfte, jetzt wollte ihr kaum noch ein freundliches Lächeln gelingen.

Als der König seine Braut erblickte, eilte er auf sie zu und küsste ihr ungewohnt euphorisch die Hand. Ludwigs ständige Launen verwirrten Sophie. Mal ignorierte er sie und dann wieder schien er sich über die Maßen zu freuen, sie zu sehen.

Früher, dachte Sophie, wusste ich immer, woran ich bei ihm bin. Aber das war vorbei, jetzt war sie seine Braut und alles hatte sich geändert. Im nächsten Moment beobachtete sie, wie Ludwig mit seinem Begleiter ein paar leise Worte wechselte, dann nickte dieser und öffnete die Kiste, die er immer noch in seinen Händen hielt. Sophie stockte der Atem, denn erst jetzt sah sie, was darin lag. Auf einem Kissen aus weißer Seide erblickte sie die Wittelsbacher Königinnenkrone. Pures Gold schimmerte und die zahllosen Rubine, die die Zacken der Krone verzierten, funkelten und blitzten, als wären sie plötzlich zum Leben erwacht.

Ludovika, die hinter ihrer Tochter stand, unterdrückte einen Aufschrei, denn es war die Krone, die auch ihre Mutter schon getragen hatte. Obgleich die Herzogin nicht wusste, weshalb Ludwig das wertvolle Stück an diesem Tag nach Possenhofen gebracht hatte, war sie plötzlich erfüllt von großem Stolz. Sophie hatte das geschafft, was ihr nicht vergönnt gewesen war. Sie würde diese Krone wieder tragen dürfen.

Mutter und Tochter hörten, wie Ludwig sagte: »Liebste Sophie, während der wundervollen Tage in Paris fragte ich mich immerzu, wie du wohl als Königin aussehen würdest. Verzeih mir meine Offenheit, denn ich glaube nicht, dass du mein kritisches Auge enttäuschen wirst, aber ich möchte mich dennoch vergewissern.«

Einen Moment lang dachte Sophie, ihr würde der Boden unter den Füßen weggezogen. Seit ihrer Verlobung gelang es Ludwig immer wieder, sie zutiefst zu demütigen. Sie sah den erschrockenen Blick ihrer Mutter, die sich aber sofort beherrschte und ihr aufmunternd zunickte. Sophie schloss die Augen, als die Krone über sie gehoben wurde. Dann spürte sie das Gewicht auf ihrem Kopf. Sophie öffnete die Augen. Sie sah, wie Ludwig sie ausgiebig musterte. Schließlich nickte er zufrieden.

»Die Preußin hatte Unrecht. Meine Braut kann mit der französischen Kaiserin Eugenie an Schönheit sehr wohl mithalten.«

Wie immer, wenn er von seiner Mutter sprach, nannte er sie ›die Preußin‹.

Sophie spürte, wie sie erstarrte. Sie verabscheute die Königinmutter, denn sie konnte sich genau vorstellen, wie diese geringschätzig von ihr sprach. Ihrem Sohn aber nahm sie es ganz besonders übel, dass er sie nicht einmal mehr vor seiner Mutter in Schutz zu nehmen schien.

Anschließend musste sie Ludwig auf dem Klavier Wagners *Tristan und Isolde* vorspielen und dazu singen. Den dritten Aufzug des zweiten Auftritts trug Sophie besonders betont vor und sie sang: »Zu spät! Trotziger Mann! Strafst du mich so mit härterem Bann? Ganz ohne Huld meiner Leidensschuld? Nicht mal meine Klagen darf ich dir mehr sagen ...«

Inzwischen nannte Ludwig Sophie längst nicht mehr bei ihrem Namen. Er sagte Elsa zu ihr, nach einer Figur Wagners.

Während Sophie verbittert auf die Klaviertasten schlug, hatte sie das Gefühl, als sei sie in eine Welt von Verrückten geraten. Was ist nur aus uns allen geworden?, fragte sie sich und unterdrückte mit Mühe die aufsteigenden Tränen.

Sie erinnerte sich daran, wie Ludwig einst zu ihr gesagt hatte, ihre Freundschaft dürfe nie zerstört werden. Damals hatte sie darüber gelacht, solche Befürchtungen entbehrten schließlich jeder Grundlage. Nun war nichts als ein Scherbenhaufen von ihrer Beziehung übrig geblieben.

Als Ludwig weit nach Mitternacht mit dem Herrn aus der Schatzkammer abgefahren war und Sophie in ihr Zimmer zurückkehrte, fiel sie wütend auf ihr Bett und trommelte mit den Fäusten auf die Kissen ein. Zu Nadia sagte sie zornig: »Wenn er nur recht bald wieder aus München abreist!«

Ihr Wunsch wurde erhört.

Für Anfang April hatte die Königinmutter eine Reise nach Italien geplant. Ludwig fasste den Entschluss, sie zu begleiten, um mit ihr das Osterfest in Rom zu verbringen.

Da er die Gesellschaft seiner Mutter sonst eher mied, zeigte sich der Münchener Hof überrascht. Für Ludwig jedoch war die Reise nach Italien nur eine Etappe. Von Rom aus wollte er allein nach Jerusalem weiterreisen. Er hatte in Paris »Nathan der Weise« gesehen und war nun interessiert daran, ob Szenen und Aussagen des Stückes mit den lokalen Gegebenheiten in Jerusalem übereinstimmten.

Während Sophie erfreut über seinen Entschluss war, teilten seine Minister und Ludovika diese Begeisterung keineswegs.

Unterstützung fand der König dieses Mal nur bei Herzog Max, der seiner Tochter damit unbeabsichtigt zu Hilfe kam. »Eine größere Reise vor der Hochzeit mit dem Sopherl wird dem Ludwig gut tun. Sie wird ihn entspannen«, sagte der Herzog, »und es wäre falsch, ihn davon abzuhalten, denn Gemütsstimmungen wie die seinen werden durch Zwang nur noch verschärft. Lasst ihn ziehen, dann wird er wieder zu sich selbst finden.«

Ludwig reiste ab und Sophie konnte erst einmal aufatmen.

In derselben Nacht traf sie sich mit Edgar, nachdem Nadia ihm eine Nachricht ins Münchner Geschäft hatte zukommen lassen. Wie immer wartete er an der Weggabelung und wie immer klopfte Sophie das Herz bis zum Hals, als sie seine Gestalt in der Dunkelheit entdeckte. Es tat ihr so gut, ihn wieder zu sehen, seine starken Arme zu spüren und seine tröstenden Worte zu hören. Fast zwei Wochen hatten sie sich nicht treffen können und Sophie war es wie eine halbe Ewigkeit erschienen. Als sie Edgar davon berichtete, wie Ludwig sich benommen hatte, kochte dieser vor Wut. Am liebsten wäre er persönlich in die Residenz marschiert und hätte seinem König gehörig die Meinung gesagt.

»Gibt es denn keine Möglichkeit, diese Hochzeit zu verhindern?« Edgar bemühte sich, seiner Stimme einen ruhigen Klang zu geben, aber es gelang ihm nicht.

Sophie stieß einen tiefen Seufzer aus, zuckte unbeholfen die Achseln und antwortete: »Papst Pio Nono hat immer noch nicht den Heiratdispens erteilt. Den brauchen wir, weil Ludwig und ich verwandt sind.«

Edgar horchte auf. »Und wenn der Papst Nein sagt?«

»Wird auch nicht geheiratet.«

Das war ihre letzte Hoffnung. Sie war zwar klein – aber wenigstens gab es sie.

10. Kapitel

Sophie musste noch eine ganze Woche warten, bis endlich die Nachricht in Possenhofen eintraf, dass der römische Gesandte Pater Enrico mit der Nachricht vom Papst unterwegs sei. Einen Tag vor seinem Eintreffen konnte die Prinzessin nachts vor Aufregung kein Auge mehr zutun, und als sie die römische Kutsche schließlich in den Schlosshof rollen hörte, war ihr beinahe übel vor Angst. Trotz allem war Sophie erst einmal guter Dinge, denn der Geistliche traf früher ein als erwartet und sie würde allein mit ihm sein. Ludovika war mit ihrer Schwester Marie, die auf der Durchreise von Sachsen nach Italien in München Station machte, verabredet und wurde erst am späten Nachmittag in Possenhofen zurückerwartet. Wo ihr Vater steckte, wusste Sophie nicht. Vielleicht war dies ein Wink des Schicksals und sie konnte ungestört ein paar Worte mit dem Geistlichen wechseln, ja, vielleicht konnte sie sich ihm sogar anvertrauen.

Aufgeregt lief sie auf die Kutsche zu und schon beim Anblick des Paters hegte sie wieder Hoffnung, denn gütige Augen blickten ihr entgegen. Der Pater trug einen weißen bestickten Umhang und auf seinem Kopf hatte er eine Tonsur. Sophie fasste sofort Vertrauen zu ihm.

Leider stellte sich einen Moment später heraus, dass sie sich geirrt hatte, denn Pater Enrico stieg als Letzter aus der

Kutsche. Er hielt sich kerzengerade, wirkte sehr stolz und schien sich der hohen Würde seines Amtes mehr als bewusst. Aus dem hageren Gesicht blickten dunkle Augen, die Sophie bis in ihr tiefstes Inneres zu durchdringen schienen, und ein harter, unnachgiebiger Zug lag um seinen Mund.

Während man sich voreinander verneigte und begrüßte, erfuhr Sophie, dass der sympathische Geistliche ein Franzose war, der den Italiener lediglich begleitet hatte. Monsignore Pierre wollte allein weiter nach Coburg fahren, wo er einen deutschen Glaubensbruder zu treffen gedachte, anschließend würde er in seine französische Heimat zurückkehren. Der Grund seiner Reise nach Rom war eine Audienz beim Papst gewesen.

Sophie wusste, dass ihre Mutter zwei Gästezimmer hatte herrichten lassen, und bot dem Franzosen Logis für die Nacht an, der sich erfreut bei ihr bedankte.

Während Sophie die beiden Geistlichen ins Schloss führte und die Diener sich um das Gepäck kümmerten, konnte sie ihre Neugier kaum noch zügeln. Hin und hergerissen zwischen Hoffnung und Angst schwieg sie jedoch und fragte nicht nach dem Dispens.

So plauderte man über belanglose Dinge, über die beschwerliche Reise von Rom nach Bayern und das Wetter, das wieder besser geworden war. Nachdem sie ihren Gästen die Zimmer gezeigt hatte, bat Sophie um Verzeihung, dass der Herzog und die Herzogin nicht zugegen seien, aber spätestens am Abend würde man sich zum gemeinsamen Abendessen zusammenfinden.

Sophie spielte die Rolle der Gastgeberin perfekt und nichts deutete darauf hin, wie es in ihrem tiefsten Inneren wirklich aussah.

Kaum war sie in ihrem Zimmer angelangt, ließ sie sich am ganzen Körper zitternd auf einen Stuhl sinken. »Ich bete, dass ein Wunder geschieht und der Papst seine Zustimmung nicht gegeben hat«, flüsterte sie mit bebender Stimme.

Doch bereits am selben Abend zerschlugen sich alle Hoffnungen. Schon vor dem Abendessen eilte die strahlende Ludovika zu ihrer Tochter, um ihr die frohe Botschaft zu überbringen.

»Der Papst hat seinen Segen erteilt!«, rief sie mit glänzenden Augen. »Nun steht auch von Seiten der Kirche eurer Hochzeit nichts mehr im Wege. Jetzt kann der Ludwig den Termin auch nicht mehr länger verschieben.«

Sophie stand ganz still. Sie hörte die Worte ihrer Mutter, aber sie wollte sie nicht glauben. Langsam hob sie die Hand, um sich eine Locke aus der Stirn zu streichen. »Würdest du so freundlich sein und Nadia noch einmal zu mir schicken? Sie soll mich vor dem Abendessen frisieren«, bat sie ihre Mutter mit leiser Stimme.

Dafür hatte Ludovika vollstes Verständnis. An einem so wichtigen Abend wollte ihre Tochter eben besonders schön sein.

Als Nadia kurze Zeit später das Zimmer der Prinzessin betrat und einen Blick auf ihre Herrin warf, brauchte sie nicht nach der Entscheidung des Papstes zu fragen.

Das anschließende Essen erlebte Sophie wie in Trance. Dabei hatte ihre Mutter allerlei Köstlichkeiten aus der Speisekammer auftragen lassen und Herzog Max hatte zur Feier des Tages eine Flasche hundertjährigen Champagner öffnen lassen. Mechanisch trank und aß Sophie, lächelte immer im richtigen Augenblick, obgleich sie zum großen Teil nicht einmal wusste, worum sich die Gespräche eigentlich drehten. Erst als Pater Enrico erwähnte, dass er nach dem Essen gemeinsam mit Monsignore Pierre noch einen Abendspaziergang unternehmen wollte, wurde Sophie hellhörig. Mit der Miene eines Unschuldsengels fragte sie, ob sie die beiden Geistlichen begleiten dürfe.

Niemand ahnte, dass Sophie entschlossen war, mit Pater Enrico zu reden. Sie musste ihn einfach umstimmen. Er musste noch einmal mit dem Papst sprechen. Es war ein verzweifelter Plan, aber Sophie war eben verzweifelt.

Die Abendsonne warf ihre goldenen Strahlen auf die Landschaft, während die kleine Gruppe plaudernd des Weges schritt. Nadia folgte ihrer Herrin in gemessenem Abstand. Allein hätte die Prinzessin nicht mit zwei Herren spazieren gehen können, obwohl es sich um Geistliche handelte.

Je länger Sophie mit Pater Enrico beisammen war, um so weniger gefiel er ihr. Nicht einen Blick hatte er für die schöne Natur und Sophie musste an Edgar denken. Nur Monsignore Pierre lächelte hin und wieder. Er sprach zwar nicht besonders viel, doch Sophie hatte den Eindruck, er spüre ihr Unglück, denn immer wieder sah er sie mitfühlend an.

Als sie sich schon wieder auf dem Rückweg befanden, fasste Sophie sich endlich ein Herz. Sie wusste, welchen Skandal es geben würde, wenn der Botschafter des Papstes ihren Eltern von ihrer Dreistigkeit erzählte, die Kirche umstimmen zu wollen, und deshalb musste sie die Sache besonders geschickt beginnen.

»Es gibt einen Grund, warum ich Euch begleiten wollte«, begann sie vorsichtig. Gleichzeitig warf sie Pater Enrico einen forschenden Seitenblick zu, aber seine Miene blieb undurchdringlich.

»Hoheit wollen uns den Grund verraten?«, fragte er mit seinem harten italienischen Akzent.

»Ich möchte etwas beichten.« Sophies Herz klopfte wie

wild, denn sie wusste, dass Dinge, die während einer Beichte gesagt wurden, nicht verraten werden durften. Wohl oder übel musste der Pater schweigen und wegen seines Gelübdes konnte er ihrer Mutter und ihrem Vater nichts erzählen.

»Hoheit haben gesündigt?«

»Die Worte kommen nur sehr schwer über meine Lippen, aber ich möchte Euch etwas gestehen. Auch wenn Dispens erteilt wurde, Hochwürden, sollte das Ehegelöbnis zwischen dem König und mir nicht geschlossen werden. Mein Herz schlägt nicht für meinen Vetter und die Kirche ist meine letzte Hoffnung.«

Aus den Augenwinkeln sah Sophie, wie Pater Enrico die Stirn runzelte. Er verlangsamte seine Schritte. »Ihr alle, Brüder und Schwestern, sollt an dem Platz bleiben, auf den Gott Euch berief. Niemals werdet Ihr Euren Wurzeln entfliehen können. Strebt nicht nach Veränderungen, der Herr hat jedem von uns seine Aufgabe zugeteilt.« Er schüttelte missbilligend den Kopf und fuhr fort: »Gott sieht in Euch eine Königin, Hoheit, darum hat er Euch mit Eurem Cousin zusammengeführt und darum hat der Papst diesen Dispens erteilt.«

Sophie vermutete etwas ganz anderes. Es war ein offenes Geheimnis, dass eine Allianz zwischen Thron und Kirche bestand, dass eine Hand die andere wusch. Niemals hätte Papst Pio Nono es in derartig unruhigen Zeiten gewagt, sich mit irgendeiner Krone zu verfeinden. Auch er wusste schließlich nicht, wozu er weltliche Macht und Soldaten noch brauchte.

»Aber ich liebe einen anderen Mann!«, rief Sophie verzweifelt.

»Das ist der Fluch der Menschheit.« Pater Enrico ließ sich nicht beirren. »Wir sind Fleisch und wir wissen nicht, was wir damit anrichten. Ihr müsst stark bleiben, Prinzessin, und den Weg Gottes gehen, nicht den Weg der Sünde! Solltet Ihr sündigen, so werdet Ihr bis ans Ende Eurer Tage Gottes Zorn auf Euch ziehen. Selbst Eure Kinder müssten dafür büßen, denn nur das Kind, das eine tugendhafte, demütige Mutter hatte, kann niemals ganz schlecht sein. Wir brauchen gehorsame, gläubige Mütter, denn die Kinder müssen nur dann nicht büßen, wenn die Frau auch in den Stürmen der Jugend in ihrem Inneren wie auch nach außen ihre Tugend vor dem Auge Gottes bewahrt hat.« Der Anflug eines Lächelns huschte über sein hartes Gesicht, als er hinzufügte: »Aber Hoheit haben ja selbst gemerkt, dass Ihr gesündigt habt. Hättet Ihr sonst um die Beichte gebeten?«

Aber ich will nicht!, schrie alles in Sophie auf. Ich will leben und nicht mein Leben schon jetzt verlieren!

Sie setzte bereits zu einer heftigen Erwiderung an, als sie den warnenden, mitfühlenden Blick von Monsignore Pierre auffing. Tu's nicht, gab der französische Geistliche ihr ohne Worte zu verstehen.

Verzweifelt vergrub Sophie sich später in ihrem Zimmer. Niemanden mehr sehen, dachte sie, niemand mehr hören müssen!

Nach einer Weile klopfte es an der Tür und Sophie lugte zwischen Kissen und Decken hervor.

»Ja!«, rief sie schließlich.

Die Tür öffnete sich und ein Diener trat über die Schwelle. »Monsignore Pierre fragt, ob Ihr ihn zur Nachmittagsandacht nach Kloster Andechs begleiten wollt.«

»Nein«, gab sie schlecht gelaunt zurück, hatte es sich im nächsten Augenblick aber schon anders überlegt. »Doch!«

Vielleicht half ein Gebet.

Das rhythmische Quietschen der Wagenräder mischte sich mit dem Getrappel der Pferdehufe, als die Possenhofener

Kutsche rumpelnd über die Straße in Richtung des Klosters Andechs rollte. Im weichen Sitzpolster versunken saß Sophie neben Nadia, beide hielten Fächer in den Händen. Im Coupé war es stickig und heiß. Ihnen gegenüber hatte es sich Monsignore Pierre bequem gemacht. Pater Enrico war schon frühmorgens zu einem Besuch der Münchner Frauenkirche aufgebrochen und deshalb nicht zugegen.

»Ich teile in vielem nicht die Einstellung von Pater Enrico«, begann Monsignore Pierre und Sophie hob überrascht den Blick, denn seine Offenheit verblüffte sie.

Ihre Verwunderung wuchs noch, als sie erfuhr, dass den italienischen Geistlichen und Monsignore Pierre Welten trennten, denn sie gehörten zwei völlig verschiedenen Lagern der katholischen Kirche an.

Monsignore Pierre erzählte Sophie, dass Pater Enrico streng nach den Grundsätzen des Papstes lehrte. Er, Pater Pierre, war ein Schüler Abbé Lamenais', der eine intellektuelle Elite um sich geschart hatte und die Meinung vertrat, dass man im Namen der Wahrheit auch Irrtümer in der Kirche eingestehen müsse, statt sie durch Verfolgung und Inquisition zu unterdrücken, und allen Menschen Freiheitsrechte zugestehen sollte. Zunächst hatte der Papst Neutralität zwischen beiden Gruppen gewahrt, doch dann fühlte er sich durch die Versuche der liberalen Katholiken verletzt, die seine Unfehlbarkeit anzweifelten und mehr Annäherung zwischen Kirche und Demokratie forderten.

Monsignore Pierre hatte Papst Pio Nono als einen warmherzigen, bescheidenen Mann kennen gelernt, aber die kirchliche Strömung, die er vertrat, war das genaue Gegenteil.

»Es sind stets die falschen Geistlichen«, seufzte Monsignore Pierre, »denen der Papst sein Ohr leiht. Welt und Kirche: Das ist ein fortwährender Kampf zwischen Guten und Bösen.«

»Aber worum geht es denn eigentlich?«, fragte Sophie. »Es ist doch ein und derselbe Glaube.«

»Es geht immer nur um das eine. Jeder versucht, seine Interessen durchzusetzen, koste es, was es wolle. Es geht um Macht.« Der Geistliche faltete die Hände, blickte Sophie geradewegs ins Gesicht und sagte: »Ich bin nach Rom gereist, um mit Pio Nono zu sprechen, denn er hatte kurz zuvor in einem Rundschreiben verkünden lassen, dass den Nichtkatholiken die freie Religionsausübung verwehrt werden sollte, und viele andere Dinge, die uns in unseren Reformen um Jahrzehnte zurückgeworfen hätten. Dabei ging es auch um die Rechte und Freiheiten der Frauen.« Monsignores Blick wurde trübe, als er fortfuhr: »Während der Audienz kam es zu Unstimmigkeiten zwischen mir und Pio Nono. Er warf mich schließlich hinaus und verbot mir, ihm jemals wieder unter die Augen zu treten.«

»Wirklich?«

Monsignore Pierre seufzte. »Ich konnte meine Zunge noch nie im Zaum halten. Das wird mir eines Tages zum Verhängnis werden.«

Ein Lächeln stahl sich in Sophies Mundwinkel. »Ich glaube, da sind wir einander sehr ähnlich, Monsignore Pierre.«

In diesem Augenblick hielten die Pferde schnaubend an. Sie hatten Kloster Andechs erreicht.

Schon als kleines Mädchen war Sophie häufig mit ihrem Vater zur Andacht in Andechs gewesen. Jedes Mal wieder war sie von der Schönheit des heiligen Ortes fasziniert. Der Altar hatte eine prachtvolle Verkleidung aus Gold- und Silberplatten und war durch ein Kreuz aus massivem Gold verziert, das mit kostbaren Edelsteinen besetzt war. Der Altar wurde von Lampen beleuchtet, die mit Kugeln aus Gold geschmückt waren; ihr flackerndes Licht ließ die Kirche in warmem Glanz erstrahlen.

Während der heiligen Messe beobachtete Sophie, wie Pater Pierre mit gefalteten Händen zum Priester ging, der gerade die Hostie verteilt hatte und ihn flüsternd um etwas bat. Der Priester nickte und schlug die Bibel auf, um zum Abschluss von Rebecca zu erzählen. Rebecca, die den Israeliten Joshua nicht heiraten wollte und sich immerzu über ihr Schicksal beklagte, bis eine weise Kanaaniterin ihr den Rat gab, mit Joshua doch einmal selbst zu sprechen, vielleicht geschehe ja ein Wunder. Und siehe da, Joshua liebte Rebecca ebenfalls nicht, und nachdem die beiden sich verbündet hatten, erreichten sie, dass ihrer beiden Eltern das Versprechen zurücknahmen und sie einander nicht heiraten mussten.

Sophie warf Monsignore Pierre einen verblüfften Seitenblick zu. Natürlich! Sie musste mit Ludwig unter vier Augen sprechen. So, wie er sie in letzter Zeit behandelt hatte, war sie sicher, dass er die Ehe auch schon längst nicht mehr wollte. Warum war sie nicht schon vorher auf diese Idee gekommen? Gemeinsam wären sie stark, wie Rebecca und Joshua.

Nur für einen kurzen Augenblick glitt der Anflug eines Lächelns über das Gesicht des Franzosen, dann war er wieder ganz der ehrenwerte Geistliche, der seinem Glaubensbruder Enrico niemals in den Rücken fallen würde. Sophie wusste, warum er sie gebeten hatte, ihn zu dieser Andacht zu begleiten. Er hatte ihr auf diese Art mitgeteilt, was er über die ganze Angelegenheit dachte. Das würde sie ihm nie vergessen.

Zwei Tage, nachdem die beiden Geistlichen aus Possenhofen abgereist waren, traf Sophie sich mit Edgar. Sie erzählte ihm, wie freundschaftlich sie sich von dem französischen Geistlichen getrennt hatte und dass sie mit Ludwig unter vier Augen reden wollte, um ihn um die Auflösung der Verlobung zu bitten.

Edgars Hand schloss sich fest um Sophies Arm. Es machte

ihn beinahe krank, dass er ihr nicht helfen konnte. Er machte sich große Sorgen um sie und nicht nur einmal hatte er sich schon gefragt, ob er mit seiner Liebe Sophie nicht nur Leid bringen würde.

»Du Narr!« Sie lachte und schüttelte den Kopf, als er von seinen Bedenken berichtete, und streichelte liebevoll sein dunkles Haar. »Selbst wenn das Morgen furchtbar wird, so habe ich doch ein wundervolles Gestern verbracht. Kennst du den römischen Dichter Horaz?«

Edgar hatte während seiner Schulzeit von ihm gehört, aber er konnte sich an keines seiner Werke mehr erinnern.

Sophie lächelte, während sie das Gedicht des Horaz mit leidenschaftlicher Stimme vortrug:

»Glücklich der Mensch, glücklich er allein,
Der das Heute ganz besitzen kann,
Der in sich ruhend sagen kann:
›Das Morgen, sei es noch so schlimm,
Ich hab heut' gelebt!‹«

Sophie sah Edgar mit glänzenden Augen an und seine Arme schlossen sich um sie. Wie sehr er diese Frau liebte! Ihren Kampfgeist und ihre Entschlossenheit, auf keinen Fall nachzugeben.

»Wenn der Ludwig von seiner Reise zurück ist, werde ich ihn gleich aufsuchen. Kein Wort werd ich über uns verlieren. Dass ich ihm untreu wurde, würd er mir nie verzeihen, aber dass ich ihn nicht heiraten kann, das muss er verstehen!«

Im nächsten Moment spürte Sophie Edgars Lippen auf den ihren; sie erwiderte seine Umarmung, schloss die Augen und genoss den süßen Rausch ihrer Sinne, um sich bereitwillig von ihrem Verlangen fortreißen zu lassen.

Die beiden bemerkten nicht, dass sie von zwei Gestalten aus dem kleinen Wäldchen dicht unterhalb der Hügelkuppe beobachtet wurden. Irma und Ratzki standen schon eine ganze Weile dort und trauten kaum ihren Augen.

* * *

Sophie hatte schon lange nicht mehr so ungeduldig der Rückkehr Ludwigs entgegengefiebert. Als es endlich so weit war und die Nacht über Possenhofen hereingebrochen war, lag sie mit offenen Augen in der dunklen Stille und wartete, bis auch das letzte Geräusch im Possenhofener Schloss verstummt war.

Schließlich sprang sie aus dem Bett, schlüpfte aus ihrem Nachthemd und zog Nadias Unterrock, Kleid und Strümpfe an. Mit den Schuhen in der Hand eilte Sophie auf Zehenspitzen zur Tür hinaus, wie sie es schon dutzende Male getan hatte, wenn sie sich heimlich mit Edgar traf.

Es war eine sternenklare Nacht. Kein Mensch war zu sehen, als Sophie sich in den Stall schlich. Sie hatte den Stallburschen bestochen, denn dieses Mal brauchte sie ein Pferd.

Sie ritt in halsbrecherischer Geschwindigkeit um den See herum. Sie wusste, dass Ludwig sich in Schloss Berg aufhielt. Als sie schließlich dort ankam, war sie völlig verschwitzt. Auch ihr Pferd glänzte vor Schweiß, so schnell war sie geritten.

Nachdem die beiden verblüfften Lakaien Düfflipp gemeldet hatten, wer zu so später Stunde den König zu sehen wünschte, war auch der Hofsekretär erst einmal in Verlegenheit.

Er wusste, dass Ludwig noch nicht schlief, aber er kannte auch die Launen seiner Majestät und war über das kühle Verhältnis Ludwigs zu seiner Braut im Bilde. Doch schließlich ging er zu ihm.

»Die Prinzessin allein?«, fragte der König verblüfft. »Ohne Tante oder Zofe?«

Düfflipp nickte.

Ludwig verschränkte nachdenklich die Arme vor der Brust. »Haben wir die neueste Komposition Wagners hier?«

»Verzeiht, Majestät, aber ich hatte nicht den Eindruck, dass die Hoheit zum musikalischen Vortrage kam.«

Eine Zeit lang musterte der König seinen Sekretär schweigend, dann fragte er: »Welchen Eindruck hatten Sie denn, Düfflipp?«

»Ehrlich gesagt, ich weiß es nicht, Majestät.«

Schließlich nickte Ludwig. »Es sei der Prinzessin erlaubt, zur Audienz einzutreten.«

Düfflipp verneigte sich und verschwand, um Sophie vorzulassen.

Als sie kurze Zeit später zum König geleitet wurde, klopfte ihr das Herz bis zum Hals. Sie trat in den kleinen Thronsaal und sah Ludwig, der auf einem großen, mit schwarzem Samt bezogenen Stuhl saß, einen kleinen Hermelinmantel über dem spitzenbesetzten Hemd und der blauen Samthose. Das dunkle Haar war wie immer in schwungvolle Locken gelegt worden. Die blauen Augen hob er ernsthaft, nachdem er einen Schluck genommen hatte, von der Teetasse zu seiner Cousine.

»Sophie?«

Es war das erste Mal seit langer Zeit, dass er sie mit ihrem Namen ansprach und sie nicht nach Wagners Figuren Elsa, Isolde oder Brunhilde nannte.

Sophie verneigte sich mit raschelndem Kleid tief vor dem König und wandte dann blitzschnell ihren Blick zu Düfflipp – zu kurz, um unverschämt zu wirken, aber zu betont, als dass es dem König entgehen konnte. Es war offensichtlich, dass sie allein mit ihrem Vetter sein wollte.

Ludwig gab Düfflipp ein entsprechendes Zeichen, und als sich die Tür hinter dem Sekretär schloss, waren Sophie und Ludwig zum ersten Mal seit langem wieder unter sich.

In diesem Moment erfasste die Prinzessin ein beinahe schmerzhaftes Gefühl, denn die Erinnerung an die Verbundenheit, die einst zwischen ihnen geherrscht hatte, war plötzlich wieder da. Aber Sophie wusste auch, dass es nie wieder so wie früher werden konnte.

Ludwig deutete ihren Gesichtsausdruck völlig falsch. »Ich möchte dich beruhigen. Die Hochzeit wird diesmal wie geplant stattfinden. Es sei dir nun gestattet, dich zu setzen.«

Sophie hielt seinem forschenden Blick stand, während sie sich auf einem der Fauteuils niederließ.

»Verzeih, Ludwig, aber genau das würde uns in unserer Situation nicht weiterbringen.«

Verdutzt blickte er sie an, während sie hastig weitersprach: »Wenn der Hochzeitstermin, aus welchen Gründen auch immer, nochmals aufgeschoben wird, will mein Vater eine Frist setzen – und wenn diese nicht eingehalten werden sollte, geht dein Versprechen an meine Familie zurück.«

Ludwigs Verblüffung wandelte sich in Fassungslosigkeit. So lange Zeit hatte er sich den Kopf darüber zermartert, wie er sein Wort zurückziehen könnte, ohne Sophies Ehre zu verletzen oder sie öffentlich zu kränken, indem er sie sitzen ließ, und jetzt stand sie vor ihm und bat ihn genau darum. Beinahe fühlte er sich gekränkt, weil sie ihn als Gemahl abzulehnen schien, aber sein Verstand war in diesem Moment klar und wach und er wusste, dass es keine bessere Möglichkeit geben würde, wenn er sich von seinem Versprechen befreien wollte.

Was die Öffentlichkeit über ihn dachte, war Ludwig schon lange gleichgültig, aber er hatte Sophie einen Antrag gemacht. Obwohl er diesen Schritt zutiefst bereute, hätte er sie trotzdem nicht fallen gelassen. Doch nun lagen die Dinge ja vollkommen anders.

Aus Ludwigs verdutzter Miene wurde schließlich ein begreifendes Lächeln.

»Wenn ich dich richtig verstehe, verehrte Cousine, willst du andeuten, dass es unter der Würde seiner Majestät liegt, sich von Untergebenen Termine befehlen zu lassen.« Er spielte ihr Spiel, denn es gefiel ihm.

»So ähnlich kam es mir in den Sinn.«

König und Prinzessin sprachen es nicht aus, aber sie wussten beide, was der andere dachte.

Wieder lächelte Ludwig. »Vielleicht sollte ich ein dementsprechendes Schreiben an deinen Vater verfassen, in dem ich ihm mitteile, dass der König sich nicht unter Druck setzen lässt und ich den Hochzeitstermin verschieben lasse, so oft es mir beliebt.«

Sophies Herz setzte einen Schlag lang aus. Träumte sie oder war das hier die Wirklichkeit? So lange Zeit hatte sie gegen diese Ehe angekämpft, geweint und geflucht, und nun sah es tatsächlich so aus, als könnte sie ihr doch entrinnen.

Er wird mich nicht heiraten, dachte sie, und ihr Herz klopfte vor Freude.

»Ist es richtig, dass deine werte Frau Mama und der geschätzte Onkel von unserer Unterredung nicht informiert wurden?«

Sophie nickte und er fuhr fort: »Es ist besser, dass dies so bleibt, denn würde dies in der Öffentlichkeit bekannt, hätten müßige Köpfe wieder eine Gelegenheit, die albernsten Gerüchte unter die leichtgläubige Menge zu streuen. Sei also nicht überrascht, wenn alles den üblichen Weg geht, bis hin zu meinem offiziellen Abschiedsbrief an dich.«

Er gab ihr ein Zeichen und Sophie erhob sich.

Ludwig betrachtete sie eingehend. Anmutig und schön sah

sie aus. Ihr feines, etwas blasses Gesicht wurde von einer Kaskade aus üppigem rotbraunem Haar umrahmt.

»Eine Komposition würde er dir widmen,« sagte er leise, »könnte er dich jetzt sehen – so schön, so traurig.«

Sophie lächelte. Ach, das war alles so lange her! Und unwiederbringlich vorbei.

Schließlich verbeugte sie sich und wollte gehen, als ihr beinahe das Herz vor Entsetzen gefror, denn er sagte: »Ein Gerücht kam übrigens der Königinmutter zu Ohren. Es hieß, dem König würden von seiner Braut Hörner aufgesetzt. In Hofkreisen pfeifen es bereits die Spatzen von den Dächern.«

Sophie drehte sich noch einmal um. Beinahe hätte sie ihm ihre Liebe zu Edgar gestanden, aber dann sah sie ein gefährliches Glitzern in seinen Augen und sie antwortete mit fester Stimme: »Ich hoffe nicht, dass du meine Ehre anzuzweifeln gedenkst, Ludwig.«

Der König lächelte nur und mit einer Handbewegung entließ er sie. Sophie durfte gehen.

Zu Düfflipp sagte Ludwig später voller Anerkennung: »Sie ist zwar ein Weib, aber sie besitzt eine wahrhaft beeindruckende Seele.«

Am nächsten Tag traf eine königliche Depesche in Possenhofen ein, in der Ludwig bekannt gab, den in Aussicht gestellten Heiratstermin erneut verstreichen zu lassen.

Ludovika war entsetzt und endlich entschlossen, zu handeln. Während Sophie äußerlich die Gekränkte spielte, innerlich aber triumphierte, stellte Herzog Max seinem königlichen Neffen ein letztes Ultimatum. Die Hochzeit durfte nicht noch einmal *ad calendas graecas* hinausgeschoben werden. Entweder würde noch am heutigen Tage ein endgültiger Termin festgesetzt werden oder die herzogliche

Familie würde sich gezwungen sehen, die Verlobung zu lösen.

Sophie prustete in ihrem Zimmer vor Lachen und Glück, als bereits kurz nach vier Uhr nachmittags die Nachricht eintraf, dass Ludwig sich nicht von einem Untergebenen unter Druck setzen lasse und daher sein Versprechen an die Cousine und ihre Familie zurückgebe.

Ludovika nannte es den schwärzesten Tag ihres Lebens, als sie den Boten verabschiedete. Wie versprochen hatte der König auch einen offiziellen Abschiedsbrief an Sophie beigelegt, in dem er mit keinem Wort ihre gegenseitige Absprache erwähnte. In dem Brief nannte er sie wieder nach Wagners Lohengrin *Elsa*, sich selbst bezeichnete er als *Heinrich*.

Liebste Elsa,
... ich bitte Dich um Fortdauer Deiner Freundschaft, wenn Du mir Dein Wort zurückgibst, und wenn wir voneinander scheiden, so bitte ich Dich, thun wir es ohne Groll und Bitterkeit; behalte, ich ersuche Dich herzlich darum, die Andenken, die Du von mir in Händen hast, und gestatte mir, daß auch ich die von Dir erhaltenen behalte. Sie werden mich stets an eine Zeit erinnern, die nie aufhören wird, mir theuer zu sein, und an eine liebe Freundin und Verwandte, für deren Glück, das mir sehr am Herzen liegt, ich täglich Gott bitten werde. Solltest Du etwa in Jahresfrist niemanden gefunden haben, durch welchen Du glaubst, glücklicher zu werden als durch mich, sollte auch dies bei mir der Fall sein, was ich nicht für ganz unmöglich halte, so können wir uns ja dann immer noch vereinen, vorausgesetzt, dass Du dann noch Lust hast; doch ist es besser, wenn wir jetzt voneinander scheiden, und uns nicht durch ein bestimmtes Versprechen an die Zukunft binden, mißlich bleibt immer das plötzliche Sich-Einmischen Deiner Mutter in unsere Angelegenheiten.

Möge, dies ist mein innigster Wunsch, der Vater, der über uns allen wacht, Dich, meine treu geliebte Elsa, das Glück finden lassen, das Du in so reichem Maße verdienst. Und nun, lebe wohl, behalte auch ferner lieb Deinem Herzen anhänglichen und treuen Heinrich.

(Willst Du so gut sein, Deinen Eltern den Hauptinhalt dieses Briefes mitzutheilen?!)

Sophie spielte die Rolle der Gekränkten perfekt, presste vor ihren Eltern sogar einige Tränen heraus. Als die Schwestern ihr schrieben, wie empört sie über das Verhalten des Königs seien, schrieb sie zurück, sie sei dankbar für die Anteilnahme.

Der alte Hanfstaengl kam vom Sonntagsgottesdienst, als er von dem Ende der Verlobung des Königs hörte. Überall auf der Straße diskutierten die Menschen, erregten sich über Ludwig und sein unerhörtes Verhalten.

»Die Prinzessin soll aber auch nicht gerade die Unschuld vom Lande sein«, hörte er eine Frau schimpfen. »Manche nennen sie sogar das ›Luder von Possenhofen‹.«

Eine andere Stimme warf dem König vor, dass er sich zu wenig um seine Staatsgeschäfte, seine Pflichten als Regent und das Wohl des Volkes kümmere.

Als der alte Fotograf jemanden darüber spekulieren hörte, ob es wohl wahr sei, dass die Braut des Königs einen Geliebten habe, und wer es wohl sei, ging er rasch weiter.

Daheim stellte er seinen Sohn sofort zur Rede. »Edgar, die Leute auf der Straße reden schon darüber. Du darfst dich nicht mehr mit ihr treffen.«

Doch Edgar wollte sich nicht belehren lassen. »Gerade jetzt, wo sie wieder frei ist? Nein, Vater, das kannst du nicht von mir verlangen!«

Ludovika wäre nicht im Traum auf die Idee gekommen, dass ihre Tochter hinter dieser leidigen Geschichte steckte und ein anderer Mann im Spiel war.

Sophie war froh darüber und wollte noch etwas Zeit verstreichen lassen, bis sie ihren Eltern von ihrer Liebe zu Edgar Hanfstaengl erzählte. Sie durften nicht erfahren, dass Edgar bereits während ihrer Verlobungszeit eine entscheidende Rolle gespielt hatte. Trotzdem traf sie sich weiterhin mit ihm und die beiden träumten von einer gemeinsamen Zukunft.

»Ich möchte mindestens vier Kinder haben.« Edgar freute sich schon darauf, während sie gemeinsam in den Mond blickten. »Hab ich dir schon mal erzählt, dass einem alten Brauch folgend in unserer Familie die Kinder immer einen Vornamen mit einem *E* bekommen?«

»Großer Gott!« Sophie ging auf seinen scherzhaften Ton ein. »Das ist ja wie bei uns mit den Hunden. Beim letzten Wurf mussten wir lauter Namen mit *Q* finden. Quentin, Quelle, Qualle und...«

»Qual aus Liebe«, stöhnte er lachend.

Nachdem sie sich unter freiem Himmel geliebt hatten, trennten sie sich wie immer an der Weggabelung.

Sophie ahnte nicht, dass sie dieses Mal zu Hause erwartet wurde.

11. Kapitel

»Herr Ratzki kam zu so später Stunde, weil er eine unglaublische Intrige aufklären möchte, bevor sie noch weitere Kreise zieht«, erklärte Ludovika, nachdem sie ihre verblüffte Tochter im Schlosshof in Empfang genommen und in den Saal geführt hatte.

Dort wartete bereits Herzog Max, der von der Unschuld seiner Tochter überzeugt war. »Geh, Ludovika, das Sopherl ist schon öfters nachts allein ausg'ritten. Das besagt doch alles noch gar nichts!«

Eilig räusperte sich Ratzki und nickte der Prinzessin scheinbar respektvoll zu. »Mir ist zu Ohren gekommen, Hoheit, dass Ihr Euch nachts mit einem Mann treffen sollt, wodurch sich schon sehr eindeutige Situationen ergeben hätten. Um diese infamen Unterstellungen sofort zu widerlegen, scheute ich weder Weg noch Mühe, denn natürlich ahnte ich gleich, dass es sich nur um eine Verwechslung handeln kann.«

Sophie klammerte sich an einen Stuhl, einer Ohnmacht nahe. Dann richtete sie sich mit großer Anstrengung auf. Alle Farbe war aus ihrem Gesicht gewichen und ihr Herz pochte heftig. Sekundenlang starrte sie vor sich hin und dachte angestrengt nach. Wenn sie ihr Verhältnis mit Edgar jetzt bestritt, wäre sie spätestens dann der Lüge überführt, wenn sie ihre

Liebe zu ihm gestand. Sie musste die Wahrheit sagen oder einer Zukunft mit dem Geliebten entsagen. Es gab keine andere Möglichkeit. Sie spürte Ratzkis forschenden Blick auf sich und ahnte, dass sie es Irma zu verdanken hatte, dass er sie jetzt kompromittierte.

Sophie suchte den Blick ihres Vaters. Er schien ihr völlig zu vertrauen und sie fühlte sich wie eine Verräterin. Mit der ganzen Kraft ihrer eigenen leidvollen Erfahrungen spürte sie jetzt schon die Schande der Demütigung, die ihre Eltern gleich hinnehmen mussten.

Der Blitz soll dich treffen, Ratzki!, dachte sie, während sie laut sagte: »Es ist keine Verwechslung, aber ich wünschte, ihr hättet es auf eine andere Art und Weise erfahren.«

Herzogin Ludovika erbleichte und starrte ihre Tochter fassungslos an. Der Herzog schien die Bedeutung ihrer Worte zuerst nicht zu begreifen, aber dann sah Sophie in seinem Gesicht, wie Hoffnung und Vertrauen langsam zerbröckelten. Seine Augen wurden starr und die Muskeln um seinen Mund zuckten. Die zahllosen Körbe, die Sophie an zahllose Verehrer verteilt hatte, ihre ständige Weigerung zu heiraten, die geplatzte Verlobung mit dem König – und jetzt dieses Eingeständnis vor den Ohren eines Fremden, der außerdem für die innere Sicherheit des Landes verantwortlich war … Das war auch für Herzog Max eine Ungeheuerlichkeit.

Das Entsetzen auf seinen Zügen wich loderndem Zorn, aber trotzdem riss er sich vor Ratzki zusammen. »Wenn Sie jetzt vielleicht die Güte hätten und uns allein lassen würden, Herr Ratzki«, sagte er betont ruhig, aber seine Stimme klang gebrochen, wie Sophie sie nie zuvor gehört hatte.

Ratzki räusperte sich. »Die Gendarmerie untersteht dem königlichen Regiment. Ihr werdet verstehen, Herzog, dass ich den König natürlich von dem Vorfall in Kenntnis zu setzen habe.«

Sophie zuckte zusammen. Jetzt würde Ludwig erfahren, dass sie doch ein Verhältnis hatte. Er würde wissen, dass sie nicht die Wahrheit gesagt hatte. Am liebsten wäre sie auf der Stelle gestorben, so elend fühlte sie sich.

Herzog Max sah Ratzki schweigend an und Ludovika meldete sich nun zu Wort. So würdevoll wie möglich erklärte sie: »Das ist wohl Ihre Pflicht, Herr Ratzki.«

Ratzki verneigte sich und wandte sich dem Ausgang zu. Die Tür fiel hinter ihm ins Schloss.

Herzog Max blickte seine Tochter an, immer noch mühsam beherrscht, aber das Weiße in seinem Auge hatte sich gerötet. »Kennen wir ihn?«

»Die Mama.«

»Wer ist es?« Ludovikas Stimme war nicht mehr als ein Flüstern.

»Der Fotograf, der Edgar Hanfstaengl.«

Die violetten Adern auf Ludovikas Stirn begannen zu pochen. In ihrer Fassungslosigkeit holte sie plötzlich aus und versetzte Sophie eine schallende Ohrfeige.

»Um Gottes willen, Ludovika!«, rief Max entsetzt.

Ludovika strömten die Tränen aus den Augen, als sie flüsterte: »Ausgerechnet ein bürgerlicher Hundling . . .«

Auch Sophie weinte inzwischen im Gefühl völliger Hilflosigkeit. »Es tut mir so Leid«, sagte sie leise. Sie wusste, dass ihre Eltern einer Zukunft mit Edgar jetzt gar nicht mehr zustimmen konnten.

»In dein Zimmer mit dir!« Ludovika presste die Worte mühsam zwischen den Zähnen hervor. »Los! Hinauf mit dir!«

Das Blut dröhnte in Sophies Ohren und Augen. Ein merkwürdiges Ziehen in der Magengegend nahm ihr beinahe die Luft zum Atmen. Langsam ging sie auf die Treppe zu, ihre lange Schleppe rauschte, der einzige Laut, der in der Stille zu hören war. Sie hatte gerade die Stufen erreicht, als sie plötzlich etwas Warmes, Feuchtes zwischen ihren Beinen spürte. Sie blickte an sich hinunter und erstarrte. Ihr Kleid hatte sich rot gefärbt und überall war Blut. Im selben Moment sackte sie in sich zusammen und sie hörte ihre Eltern erschrocken aufschreien. Dann wurde es Nacht um sie.

Langsam stieg Sophie aus dem Meer der Dunkelheit empor. In ihrem Unterleib spürte sie einen ziehenden Schmerz wie von glühend heißen Nadeln. Gleichzeitig erschreckten sie die kalten Hände, die sie abtasteten. Sie sah die besorgten Augen ihrer Mutter über sich, Nadias angsterfüllten Blick und einen Moment später das Gesicht von Hofrat Dr. Fischer. Er hatte sie gerade eingehend untersucht. Durch das Fenster fiel Tageslicht, im Kamin brannte ein Feuer und erfüllte die Luft mit dem anheimelnden Duft nach Holz. Sophie wusste nicht, wie viel Zeit seit dem Streit mit ihren Eltern vergangen war, an den sie sich langsam zu erinnern begann.

»Wie geht es dir?«, hörte sie ihre Mutter fragen und sie schüttelte nur den Kopf. Der Baldachin über ihr drehte sich im Kreis und die Blumen darauf verzerrten sich zu seltsamen Mustern.

Hofrat Dr. Fischer machte Ludovika ein Zeichen. Gemeinsam verließen die beiden das Zimmer und schlossen leise die Tür hinter sich.

Sophie bemerkte zwar, wie Nadia ihr flüsternd Fragen stellte, aber sie begriff deren Sinn nicht. Sie konnte sich nur auf das entsetzliche Ziehen in ihrem Unterleib konzentrieren, das noch schmerzhafter war als die Erkenntnis, dass es für sie und Edgar keine Zukunft gab.

Auf dem Flur vor Sophies Zimmer warf der Hofrat der Herzogin einen besorgten Blick zu. »Wir sollten Euren Gemahl hinzuzuziehen. Er wollte bei der Diagnose zugegen sein.«

Doch Ludovika hielt Fischer zurück, wollte sich erst einmal selbst Klarheit verschaffen. »Meine Tochter befand sich zum Zeitpunkt ihres Zusammenbruchs in einem sehr erregten Zustand«, sagte sie. »Sehen Sie da einen Zusammenhang, mein guter Hofrat?«

»Das Zusammenspiel von Körper und Geist ist leider noch zu wenig erforscht, Hoheit, als dass ich Euch eine eindeutige Antwort geben könnte. Eure Tochter leidet eindeutig unter Endometriose.«

»Endometriose?«, wiederholte Ludovika bleich. »Was ist das?«

»Eine Erkrankung des weiblichen Fortpflanzungsapparats. Im Extremfall – und der ist bei der Prinzessin eingetreten – schwillt das Gewebe an und entzündet sich, was wiederum sehr schmerzhafte Krämpfe auslöst. Mit dem Ende der Regelblutung hört auch diese Blutung auf, doch wenn das Endometrium heilt, bleiben Narben zurück. Anscheinend hat die Prinzessin gar nicht bemerkt, dass irgendetwas nicht stimmt. Geschieht dies nämlich Monat für Monat, entstehen Verwachsungen.« Der Hofrat wich Ludovikas furchtsamem Blick aus, als er weitersprach. »Eure Tochter wird in ein paar Tagen wieder schmerzfrei sein, aber ich habe allen Grund zu der Annahme, dass sie unfruchtbar ist.«

Ludovika wurde aschfahl im Gesicht. Sie stand da, als würde sie an einem Haken hängen; ihr Kopf war auf die Brust gesunken.

Dann holte sie tief Luft, richtete sich schließlich zu voller Größe auf und murmelte: »Allmächtiger! Bleibt uns denn gar nichts erspart?«

Sie schloss für einen Moment die Augen, sammelte sich und sah Fischer mit festem Blick an. »Wie Ihnen sicher bekannt ist, kam die Verbindung meiner Tochter mit dem König von Bayern nicht zustande. Zudem kursieren eine Reihe bösartiger Gerüchte über die Prinzessin. Was es nun bedeutet, wenn bekannt würde, dass sie keine Nachkommen in die Welt setzen kann, brauche ich Ihnen wohl nicht näher zu erläutern, mein guter Hofrat.« Ein kleiner Muskel unter Ludovikas linkem Auge zuckte, als sie hinzufügte: »Ich möchte Sie bitten, Herr Hofrat, dem Herzog nichts davon zu sagen.«

Teilnahmsvoll sah Fischer sie an und nickte schließlich.

Ludovika pflegte ihre Tochter aufopfernd und mit keinem Wort erwähnte sie mehr den Eklat wegen Edgar. Fischer hatte ihr geraten, Sophie ein elastisches Band um eine Fessel tragen zu lassen. Dieses Band sollte wie eine Massage bis in den Genitalbereich wirken. Nadia wurde gebeten, ihre Mutter nach einem Mittel gegen Krämpfe im Unterleib zu fragen. Die Wunderheilerin riet zu Zweigen der Silberweide, deren Blätter Salicylsäure – ein bewährtes Schmerzmittel – enthielten.

Dem Herzog hatte Ludovika erzählt, dass Sophie unter den üblichen »Frauenbeschwerden« litt, die durch die Aufregung wahrscheinlich ausgelöst und verstärkt worden waren. Auch Sophie schenkte dieser Erklärung Glauben.

In der Stadt brodelte es unterdessen. Irgendjemand hatte das Gerücht aufgebracht, die Prinzessin habe sich wegen ihrer Entlobung vergiftet und liege jetzt im Sterben. Andere behaupteten, Sophie sei in anderen Umständen von einem Liebhaber gewesen und erhole sich gerade von einer Abtreibung.

Eines Morgens brachte ein Bote ein Päckchen von Ludwig nach Possenhofen. Voller Überraschung brachte Ludovika ihrer Tochter einen wunderschönen Blumenhalter ans Bett.

Die Herzogin wunderte sich sehr darüber, dass der König seiner einstigen Verlobten ihre Untreue offenbar verziehen hatte.

Natürlich, so wusste die Herzogin, hatte er alles erfahren und seine Reaktion war so heftig gewesen, dass er eine Büste von Sophie voller Wut durchs Fenster der Residenz auf die Straße geworfen hatte.

»Wieso schickt er dir denn jetzt ein Geschenk?«, wunderte sich Ludovika.

Sophie war bleich geworden. »Sieh dir doch mal die Form an! Der Blumenhalter sieht aus wie das Trinkhorn aus *Tristan und Isolde*, jenes verhängnisvolle Gefäß, das so viel Unheil über sie brachte, denn ihm entströmte der furchtbare Liebestrank und brachte den Tod!«

Ungehalten brachte Ludovika das Geschenk hinaus.

»Der Ludwig hasst mich«, sagte Sophie, »und ich wünschte, ich könnte ihm den Gefallen tun und sterben.«

»Du wirst heiraten«, entgegnete Ludovika energisch, »und es der Welt zeigen. Deine Schwestern haben zugesichert, dass sie nach einem geeigneten Mann für dich Ausschau halten werden.«

Sophie war klar, dass ihre Mutter keine andere Wahl hatte, als sie so schnell wie möglich unter die Haube zu bringen.

Als Entlobte aber war die Prinzessin in der ersten Gesellschaft längst nicht so begehrt wie früher. Absagen über Absagen trafen in Possenhofen ein.

Durch das offene Fenster zwitscherten fröhlich die Vögel. Sophie ruhte in ihrem Bett, die ganze Nacht hatte sie nicht geschlafen. Dunkle Ringe lagen unter ihren Augen, sie spielte zerstreut mit einem Stück Brot und trank eine Tasse Kaffee nach der anderen. Ein kleines Feuer brannte im Kamin. Es flackerte und sprühte Funken und Sophie merkte, wie sie zu fröstelln begann. Nadia war gerade in der Küche, um frischen Kaffee zu holen. Sophie zog an dem samtenen Klingelzug und rief einen Diener, der zwei große Holzscheite nahm und sie auflegte. Sophie beobachtete, wie sie prasselnd Feuer fingen und die Flammen gierig in die Höhe leckten. Nachdem der Diener wieder verschwunden war, ging die Zimmertür auf und Sophie erblickte zu ihrer Überraschung ihren Vater.

Herzog Max betrat mit sorgenvoller Miene das Zimmer seiner Tochter. »Der König von Portugal sieht unter den gegebenen Umständen erst einmal von einer erneuten Einladung ab. Ach, Sophie, was hast du uns nur angetan?«

»Ich liebe Edgar Hanfstaengl nun mal und du wirst nichts dagegen tun können. Papa, es tut mir Leid, aber das ist die Wahrheit und niemand kann mich davon abbringen.«

Herzog Max stand regungslos da und hatte die Hände in den Taschen seiner Hose vergraben. Jäh wurde ihm wieder bewusst, wie ähnlich seine jüngste Tochter ihm war. Auch er hatte die Fischer-Vroni vom Tegernsee geliebt und seinem Vater ins Gesicht gesagt, er werde sie heiraten, auch wenn sie eine Bürgerliche sei. Und dann war er doch in die Ehe mit Ludovika gezwungen worden. Er verstand seine Tochter und gerade das schmerzte ihn, denn er wusste, dass er nicht nachgeben durfte. Lieber Gott, er wollte Sophie doch nie wehtun. Aber sie musste sich ihrer Verantwortung wieder bewusst werden. Sie war eine Aristokratin und sie konnte ihren Wurzeln nicht so einfach entfliehen.

»Was ist dieser Hanfstaengl doch für ein Narr, wenn er glaubt, er könnte dich bekommen«, sagte Herzog Max und sah Sophies Blick und die Verzweiflung, die sich darin spiegelte.

»Ich glaubte, du würdest uns helfen, Papa!«

Er stieß einen tiefen Seufzer aus. »Das hast du wirklich

geglaubt?« Er bemerkte, wie Sophie unter der Bettdecke die Hände zu Fäusten ballte. Er tat dasselbe, wenn er etwas nicht akzeptieren wollte.

»Ach, Sopherl!« Ein gequältes Lächeln überschattete sein Gesicht. »Wenn man jung ist, denkt man immer, die Welt ginge unter, wenn man nicht das bekommt, was man gerade haben will.«

»Ich glaube, du hast mich nicht richtig verstanden«, entgegnete Sophie leise, aber mit fester Stimme. »Ich liebe Edgar Hanfstaengl. Ich liebe ihn mehr als alles andere.« Gleichzeitig schluchzte sie, denn bittere Tränen rannen aus ihren Augen.

Gütiger Gott!, dachte Herzog Max, sie weint. Nie zuvor hatte sie vor ihm geweint. Ich war doch immer ihr bester Freund. Hat sie das völlig vergessen? Ich will doch nur ihr Bestes!

Der Herzog dachte an die zahllosen Reitausflüge, die er mit ihr unternommen hatte. Wie stolz war er immer auf sie gewesen, weil sie mit ihrem Pferd stets die Spitze jeder Reitergruppe angeführt hatte. Er dachte daran, wie sie als Kind auf ihrem Pony durch brennende Räder gesprungen war. Er kannte kein weibliches Wesen, das mutiger gewesen wäre als seine Sophie – nicht einmal die Sisi, die früher seine Lieblingstochter gewesen war –, und jetzt lag das Sopherl krank im Bett und weinte vor seinen Augen.

Er trat näher, setzte sich auf die Bettkante und legte seiner Tochter mit einem Anflug väterlicher Liebe die Hand auf die Schulter. Er dachte an die zahllosen Schneeballschlachten im Possenhofener Park, daran, wie Sophie immer laut gelacht hatte, wenn ein Schneeball eine der Gouvernanten mitten ins Gesicht getroffen hatte. Sie hatte ihm immer alles erzählt, an jedem Streich und an ihren Ängsten und Sorgen hatte sie ihn teilhaben lassen. Sie hatte zu allen wichtigen Fragen seinen

Rat erbeten. Und jetzt hatte er sie enttäuscht! Aber was sollte er tun? Sein Sopherl hatte unsagbares Leid über die Familie gebracht. Ludovika war mit ihren Nerven am Ende und eigentlich sollte er sie ausschimpfen und dem nächstbesten standesgemäßen Mann zur Frau geben. Ja, er fürchtete, dass ihm keine andere Wahl blieb.

»Es tut mir Leid«, hörte Sophie ihren Vater sagen, »aber dieses Mal kann ich dir deinen Willen nicht durchgehen lassen. Doch ich bin sicher, dass du mich eines Tages verstehen wirst.«

Einen Moment lang blieb er noch sitzen und sah seine Tochter abwartend an. Als sie jedoch schweigend vor sich hin starrte, erhob er sich und verließ das Zimmer.

Mit einem lauten Schluchzer vergrub Sophie das Gesicht in den Kissen, nachdem sich die Tür hinter ihrem Vater geschlossen hatte. Es war ihr nicht gelungen, ihm die Weite und Tiefe ihres Glücks zu erklären. Er würde nie verstehen, was sie empfand, wenn sie Edgar Hanfstaengl in die Augen blickte und er sie anlächelte. Aber selbst wenn er es verstehen würde, erkannte sie schließlich resigniert, er könnte mir trotzdem nicht helfen.

Am selben Nachmittag erschien Edgar in Possenhofen. Er wollte um die Hand seiner Geliebten anhalten. Sophie erhielt jedoch nicht die Gelegenheit, ihn zu sehen. Sie hatte in ihrem Zimmer zu bleiben, während ihr Vater den Geliebten in den Possenhofener Salon bat. Nach dem Gespräch am Morgen war Sophie überrascht, dass ihr Liebster überhaupt empfangen wurde.

Herzog Max aber wollte die Fronten klären. Ludovika war nicht zugegen. Sie hatte sich mit Migräne in ihr Zimmer zurückgezogen und dachte gar nicht daran, diesen Bürgerlichen mit ihrer Gegenwart zu ehren.

»Ich bedauere sehr«, sagte Edgar, nachdem der Herzog ihm einen Stuhl angeboten hatte, »dass ich leider nicht den hohen Ansprüchen Eures Hauses entspreche, aber ich bin davon überzeugt, dass es keinen Mann auf Gottes Erden gibt, der Eure Tochter so glücklich machen kann wie ich. Ich werde alles in meiner Macht Stehende daran setzen, denn ich liebe Sophie von ganzem Herzen.«

Der Herzog hatte schweigend zugehört, bevor er seine Hände über der Schreibtischplatte kreuzte und in Edgars offenes, männliches Gesicht blickte.

»Sie sind nicht wenig selbstbewusst, junger Mann«, sagte er schließlich. »Schon, dass Sie es trotz allem wagen, hier zu erscheinen.«

Edgar hielt seinem durchdringenden Blick stand. »Herzog, gebt mir die Möglichkeit, Euch zu beweisen, dass ich der Richtige für Eure Tochter bin.«

Herzog Max lächelte seufzend. »Es tut mir Leid, aber Ihre Mühe ist vergeblich, Herr Hanfstaengl. Ich wünsche Ihnen aufrichtig, dass Sie recht bald einer Frau begegnen werden, die aus Ihren Kreisen stammt, denn ich glaube Ihnen, dass Sie ein aufrechter Bursche sind! Dennoch muss ich Sie bitten, es niemals mehr zu wagen, auch nur in die Nähe meiner Tochter zu kommen. Nur deshalb habe ich Sie heute empfangen.«

Edgar starrte den Herzog fassungslos an. Noch nie in seinem Leben hatte jemand in einem derart geringschätzigen Ton mit ihm gesprochen. Sein Vater hatte ihn auf die besten Privatschulen Münchens geschickt, auf seinen Reisen war man ihm immer zuvorkommend und freundlich begegnet. Edgar hatte wohl vermutet, dass es kein Leichtes werden würde, um Sophies Hand anzuhalten, aber er hatte nicht damit gerechnet, auf dieses Weise abgefertigt zu werden.

Er sah den Herzog an, der aufrecht und in stolzer Haltung an seinem Sekretär saß. Es konnte kein Zweifel daran bestehen, dass er jedes Wort so meinte, wie er es gerade gesagt hatte.

Kurz flammte der Zorn in Edgar auf: dieses lächerliche Gehabe einer verstaubten Gesellschaft. Dann beherrschte er sich, denn er wusste, dass böse Worte weder ihm noch Sophie helfen würden.

Ohne mit der Wimper zu zucken, verneigte er sich schließlich vor dem Herzog. »Möge Gott stets an der Seite Eurer Tochter weilen!«

Edgar machte auf der Stelle kehrt, ein Lakai öffnete ihm die Tür.

Als er den Salon schon lange verlassen hatte, blickte der Herzog immer noch in die Richtung, in die er verschwunden war. Er verstand beinahe, warum Sophie ausgerechnet diesen Edgar Hanfstaengl liebte.

Knapp zwei Wochen später zog ein schweres Unwetter über Possenhofen. Der Regen trommelte auf das Dach des Schlosses, die Zweige der Eiche, die ganz in der Nähe von Sophies Zimmerfenster stand, klopften gegen das Mauerwerk. Die Schatten der dunklen Äste fielen durch das Fenster ins Zimmer.

Sophie lag im Bett und beobachtete das Schattenspiel und es schien, als wollten mächtige schwarze Klauen nach ihr greifen. Die letzten Tage hatte sie kaum geschlafen, denn sie vermisste Edgar so sehr, dass es sie körperlich schmerzte.

Aber sie redete sich auch ein, dass eine Zeit der Trennung die Leidenschaft abkühlen ließe und sie vielleicht wieder einen kühlen Kopf bekommen würde. Trotz ihrer Liebe zu Edgar hoffte Sophie beinahe darauf, denn wenn ihr Leben nur noch aus Leiden bestehen sollte, sah sie keinen Sinn mehr darin.

Nachdem das Trommeln des Regens etwas schwächer geworden war, schlief Sophie in den frühen Morgenstunden endlich ein. Aber lange kam sie nicht zur Ruhe, weil Herzogin Ludovika sie am frühen Vormittag weckte und mit einem Ruck die Vorhänge aufzog.

»Dieses Unwetter heute Nacht hat unsere Blumenbeete verwüstet.« Dann wandte sie sich an ihre Tochter. »Seit drei Wochen liegst du jetzt schon im Bett! Willst du denn gar nicht mehr aufstehen?«

»Was macht das für einen Sinn?«

»Du musst lernen, wieder mit Zuversicht in die Zukunft zu blicken.«

Ludovika sprach weiter, aber Sophie hörte kaum zu, bis ihre Mutter plötzlich das Thema wechselte. »Eigentlich kam er als Schwiegersohn ja bisher nicht in Frage.«

Überrascht richtete Sophie sich auf.

Edgar! Konnte es sein, dass ihre Eltern ihre Meinung tatsächlich geändert hatten?

»Weißt du, Sopherl, so bitter es klingt, aber er ist einfach der Einzige, der dich noch haben will. Er war so hartnäckig, und bevor du ins Kloster musst, haben wir ihn noch einmal eingeladen, obwohl ich mich, ehrlich gesagt, erst an den Gedanken gewöhnen muss, dass dich jemand bekommt, der so weit unter deinem Stand ist. Heute Morgen kam er schon früh ins Schloss, weil er es gar nicht erwarten konnte, dich wieder zu sehen. Und jetzt wartet er unten im Saal.«

Mit einem leisen Aufschrei sprang Sophie aus dem Bett. Sie trug nur ihr weißes langes Nachthemd und ihr Haar wirbelte in wirren Locken über die Schultern, als sie aus dem Zimmer stürmte. Kraft und Energie schienen mit einem Male wieder Besitz von ihr ergriffen zu haben.

»Halt, so zieh dir doch erst etwas Passendes an!«, rief Ludovika.

Aber da sprang Sophie, immer zwei Stufen mit einem Satz nehmend, auch schon die Treppe hinunter. Sie kannte die

Belehrungen ihrer Mutter auswendig: Ein Mädchen aus gutem Hause durfte nicht laufen, denn nur wilde Tiere wie Wölfe und Füchse rannten, aber das war Sophie jetzt gleichgültig. Wer schlich, dem lief schließlich das Leben davon!

Atemlos betrat sie den Saal, hob erwartungsvoll den Kopf und erstarrte. Es war Ferdinand von Alençon, der mit übereinandergeschlagenen Beinen in einem tiefen Lehnsessel saß und an einem Glas nippte. Seine Augen sahen sie ernsthaft an, zogen sich dann zusammen und seine Blicke glitten mit lässiger Keckheit an ihrem Körper entlang. Langsam kehrten sie zu ihrem Gesicht zurück und eine Braue hob sich fast unmerklich. Er hatte sie voller Genuss abgeschätzt und machte keinerlei Hehl daraus.

»Ich werde wohl doch nicht nur von Euch träumen, Hoheit«, sagte er lächelnd. Sein Ton war höflich, aber von Spott gefärbt, und um seine Lippen herum war der Anflug eines höhnischen Grinsens zu erkennen.

Sophie hatte das Gefühl, laut aufschreien zu müssen, das Bedürfnis, ihm ins Gesicht zu springen und ihm die höhnisch dreinblickenden Augen auszukratzen, aber sie blieb äußerlich gelassen. Keinesfalls durfte sie sich vor ihm lächerlich machen.

O Mama, o Papa!, fragte sie sich verzweifelt. Warum gerade er?

Als Ministerpräsident Fürst Hohenlohe-Schillingsfürst die Kirche von St. Bonifaz betrat, bereitete der Abt, Daniel Bonifaz Haneberg, gerade die bevorstehende Messe vor und schenkte roten, perlenden Wein in einen Kelch.

Als er Schritte vernahm, hob er den Kopf und erblickte den Ministerpräsidenten, der sich sogleich für sein unangemeldetes Erscheinen entschuldigte: »Verzeiht, Abt Haneberg, wenn ich Euch so kurz vor Eurer Nachmittagsandacht störe.

Aber Herzog Max bat mich, alles Notwendige für die Trauung seiner Tochter, Prinzessin Sophie Charlotte, in die Wege zu leiten. Die Zeremonie soll so schnell wie möglich stattfinden.«

Der Abt war sichtlich irritiert. »Aber die Hochzeit mit dem König wurde doch abgesagt!«

Fürst Hohenlohe-Schillingsfürst nickte. »Das ist richtig. Die Prinzessin soll jetzt mit einem französischen Herzog vermählt werden.«

Ludovika und Max wollten auf keinen Fall noch mehr Zeit ungenutzt verstreichen lassen. Nach der Blamage mit dem König hatte man den nächstbesten Termin für die Hochzeit mit dem Duc gewählt. Ferdinand und sein Vater, der Herzog von Nemours, wurden in einem nahe gelegenen Gasthof untergebracht. Dass der Bräutigam vor der Eheschließung mit seiner Braut unter einem Dach lebte, war für Ludovika unvorstellbar.

Ferdinand besuchte die Prinzessin allerdings jeden Tag und unter den aufmerksamen Augen der Lakaien hatte sie dann die entsprechende Zeit mit ihm zu verbringen. Sophie ließ ihn deutlich spüren, wie sehr sie ihn verabscheute, aber das schien ihn kaum zu stören – ganz im Gegenteil: Oft hatte sie das Gefühl, er amüsiere sich eher darüber.

»Freut Ihr Euch schon auf Euer neues Zuhause in Vincennes, *mon cheri*?«, fragte er sie lächelnd und sie antwortete bissig: »Hoffentlich schlägt der Blitz dort ein und verbrennt alles! Da seht Ihr, wie sehr ich mich freue.«

In Gegenwart ihres Bräutigams versuchte Sophie, die Eiskalte zu spielen, die nichts erschüttern konnte. Nur wenn sie mit Nadia allein war, zeigte sie ihre wahren Gefühle.

Als sie sich wieder einmal besonders über Ferdinand geärgert hatte, stürmte sie verzweifelt in ihr Zimmer.

»Zum Teufel mit ihm!« Sie riss ihr Mieder auf, streifte das Kleid ab, schleuderte es mit einem Fußtritt zur Seite, eilte an den Toilettentisch und warf ihre Armbänder auf die polierte Holzplatte.

War Sophie vor wenigen Tagen noch lethargisch und gleichmütig gewesen, setzte die bevorstehende Hochzeit ungeahnte Kräfte in ihr frei.

»Du musst Edgar eine Nachricht überbringen!«, befahl sie. »Ich muss ihn umgehend treffen. Bis ans Ende der Welt will ich mit ihm fliehen, bevor ich diesen großsprecherischen, französelnden Gecken von Alençon heirate!«

Mit viel List und Tücke gelang es Sophie, sich zwei Tage später heimlich des Nachts aus dem Schloss zu schleichen, obgleich nach Bekanntwerden ihrer nächsten Ausflüge die Wachen verstärkt worden waren.

Wie einst trafen Sophie und Edgar sich an der Weggabelung. Sie flogen einander in die Arme und klammerten sich aneinander fest wie Ertrinkende. Edgar war in den vergangenen Tagen verzweifelt gewesen, weil er keinerlei zuverlässige Nachrichten über Sophie erhalten konnte. Einmal hatte es in der Stadt sogar geheißen, sie sei verstorben. Dann wurde die neue Verlobung mit dem Franzosen bekannt gegeben und Edgar konnte die Welt nicht mehr verstehen.

Als Sophie ihm tränenüberströmt den Vorschlag zur gemeinsamen Flucht machte, zögerte er keinen Augenblick. »Lass uns zusammen nach China gehen.«

Dann berichtete er mit leidenschaftlicher Begeisterung vom Leben in diesem fernen Land. Er erzählte von der Wüste Gobi, wo keine Bäume wuchsen und die von kahlen Bergen umgeben war, von Kamelkarawanen, die man Wüstenschiffe nannte, aber auch von fruchtbaren Tälern und endlosen Reisfeldern. Er erklärte, dass der Fischreichtum in China so groß war, dass ein Mann sich nur über das Wasser beugen musste und aus dem fließenden Strom einen Topf voll Fische schöpfen konnte. Da gab es zahllose Büffel und auch Affenhorden, die in den Baumkronen wohnten, sogar Wildpferde lebten in hügeligen, einsamen Gegenden. Es gab unendlich viele Schweine und manchmal schien sich sogar der Himmel zu verdunkeln, wenn gewaltige Vogelschwärme über das Land zogen. Aber er erzählte auch von riesigen Städten. »Ich war in Yangzhou in Suzhou und in Peking – das sind die drei größten Städte der Welt, Sophie. So viele Menschen auf einem Fleck hast du noch nie gesehen!«

All das wollte er ihr zeigen und Sophie konnte es gar nicht mehr erwarten, obwohl sie wusste, was für einen Skandal sie mit einer Flucht auslösen würde. Die kleine Schwester der Kaiserin von Österreich brannte mit einem Fotografen durch, um irgendwo in fernen Welten mit ihm zu leben! Das hatte es noch nie gegeben.

Edgars Pläne gingen noch weiter. »Die Chinesen heiraten meist im Frühling«, berichtete er. »Das bedeutet für sie einen Neuanfang.«

»Ja«, sagte Sophie inbrünstig. »Ich will auch noch einmal ganz von vorn beginnen. Als kleines Mädchen habe ich mir immer einen Phantasienamen gegeben. Für die verschiedenen Personen, die ich so gern sein wollte. Ich möchte, dass nicht Sophie dich dorthin begleitet, sondern Madelaine. Von nun an will ich nur noch deine bürgerliche Madelaine sein.«

»Wie du willst.« Edgar ließ ihr ihren Willen. »Wichtig ist nur, dass wir für immer zusammen sein können.«

»Wir werden nie mehr zurückkehren.« Sophie blickte ihn forschend an. War da der Anflug von Bedauern in seinen Gesichtszügen zu erkennen?

Aber Edgar lachte nur. »Glaub mir, wir werden eine so große Familie gründen, dass wir uns sicher nie einsam fühlen werden!«

Da lachte auch Sophie erleichtert.

In fünf Tagen sollte sie den Duc heiraten. Sie wählten für ihre Flucht die folgende Nacht, denn Edgar wusste, dass am frühen Morgen des nächsten Tages ein Zug nach Berlin ging. Von dort aus wollten sie dann weiter nach Warschau, nach Moskau, Urumchi und Sian reisen.

»Es wird wundervoll werden«, sagte Edgar und seine Augen sprühten vor Glück und Ungeduld. Am liebsten wäre er sofort aufgebrochen. »Und nimm nur das Nötigste mit«, mahnte er. »Wir werden drüben alles kaufen können. Ich kenne einen Chinesen, der ein Fotogeschäft hat. Bei ihm finde ich sicher Arbeit.«

»Oh, China, China!« rief Sophie leidenschaftlich. »Ich liebe dich schon jetzt!«

Den ganzen nächsten Tag fieberte Sophie nur der Nacht entgegen. Nadia war eingeweiht und gemeinsam mit ihrer Herrin packte sie heimlich ein paar Sachen zusammen. Die Zofe lief wie ein aufgescheuchtes Huhn im Zimmer hin und her, kramte in den Schubladen nach Hemdchen und Unterröcken und warf Strumpfbänder und Schleifen in den Koffer.

»Nur das Nötigste«, mahnte Sophie und sah, dass Nadia den Tränen nahe war.

»Ich werde Euch vermissen, Hoheit!«

Gerührt sah Sophie sie an. »Ich dich auch. Ich würde dich gern mitnehmen, aber ich glaube, dort drüben brauche ich keine Zofe mehr!«

»Wo werdet Ihr denn wohnen?«

»Keine Ahnung und wenn ich ehrlich sein soll, ist es mir auch egal. Aber wir werden eines Tages mit Hilfe des *feng shui* eine Hütte bauen.«

Nadia machte große Augen. »Mit Hilfe des was?«

»*Feng shui*«, wiederholte Sophie. Edgar hatte es ihr am Vorabend genau erklärt. »Der örtliche Wahrsager wird bestellt, bevor das Fundament gelegt wird, um bei der Frage zu beraten, ob der vorgeschlagene Bauplatz günstig gelegen ist und in welche Richtung die Hütte zeigen soll, denn in China glaubt man, dass Standort und Position des Hauses Einfluss auf das Glück der darin lebenden Menschen haben.«

»Oh, Hoheit, ich beneide Euch so sehr!«

Sophie lächelte, machte im nächsten Moment aber ein besorgtes Gesicht. »Wenn meine Eltern dich fragen sollten: Du weißt nicht, wo ich bin, und auch nicht, mit wem.«

Als Sophie am Nachmittag den kleinen Saal betrat, saßen nur Ludovika und Ferdinand am Tisch. Ihr Vater und der Herzog von Nemours feilschten um die juristischen und finanziellen Formalitäten, die für die Verbindung zwischen der Wittelsbacher Prinzessin und dem Duc noch zu klären waren. Ein Vertrag sollte in vierzehn Artikeln die vermögensrechtlichen Dinge regeln. Obgleich Sophie sich wie ein Stück Schlachtvieh fühlte, das verkauft wurde, war ihr das jetzt gleichgültig. Von mir aus sollen sie meine Seele verscherbeln, dachte sie. Was kümmert es mich noch? Der Vertrag wird ohnehin niemals in Kraft treten.

Wohlwollend nahm Ludovika das Leuchten in den Augen ihrer Tochter wahr und war froh, dass das Sopherl die Verbindung mit dem Franzosen zu akzeptieren schien.

Und auch der Duc war angenehm überrascht über die ungewohnt gute Laune seiner Braut. Doch als er ihr einen gemeinsamen Ausritt vorschlug, verzog sich ihr Gesicht in gewohnter Abneigung. »Es tut mir unendlich Leid, Duc, aber Ihr werdet leider ohne mich ausreiten müssen. Ich verspüre ein wenig Müdigkeit und werde mich lieber für den Rest des Nachmittags zurückziehen.«

Zur selben Zeit hatten die Verhandlungen zwischen den beiden Männern ihren Höhepunkt erreicht. Die Rechtsberater lauschten angestrengt jedem einzelnen Wort, Sekretäre protokollierten alles und ein bayerischer und ein französischer Notar beglaubigten das Dokument, das anschließend aufgesetzt wurde. In dem Gewirr aus verschiedenen Sprachen musste Herzog Max bald feststellen, dass der Herzog von Nemours mit ungeahnt harten Bandagen kämpfte. Einige Mal musste Max schlucken. So hart waren bei keiner seiner Töchter die Bedingungen des Bräutigams gewesen. Er hatte Ferdinands Vater immerhin fünfzigtausend Gulden überreicht, aber der Herzog von Nemours hatte sofort abgelehnt und gesagt, das sei bedeutend zu wenig. Er ließ auch den Einwand nicht gelten, dass nicht einmal dem Kaiser von Österreich ein höherer Preis gezahlt worden war.

Der Franzose ließ nicht mit sich handeln. Er wusste genau, was für die Bayern auf dem Spiel stand. Nun gut, dann würde sein Sohn eben auf die Heirat mit der Prinzessin verzichten.

Da wurde Max kreidebleich. Noch eine Entlobung konnte sich die herzogliche Familie nicht leisten und fügsam unterschrieb er schließlich die Papiere.

12. Kapitel

Der Possenhofener Salon war für das Abendessen hergerichtet und wurde von Dutzenden von Kerzen, die in den Wandhaltern und in den kupfernen Lüstern brannten, erhellt. Silberplatten und Teller klirrten und klapperten, während die Diener geschäftig hin und her eilten. Am Tisch saßen sie zu fünft: Ferdinand, spöttisch wie immer, der Herzog von Nemours, äußerst zufrieden, Herzog Max, ein wenig bedrückt, Ludovika, optimistisch lächelnd, und Sophie mit leuchtenden Wangen.

Obgleich die Prinzessin es auch ein wenig schmerzte, ihr Zuhause nie mehr wieder zu sehen, überwog doch die Freude, mit Edgar für immer vereint zu sein. Einige Jahre mussten schon ins Land ziehen, dachte Sophie, dann aber würde die Familie ihr vielleicht auch verziehen haben. Dann konnte sie endlich schreiben. Und wenn sie erst Kinder hatte, würden ihre Eltern sich auch nicht mehr länger gegen Edgar wehren. Sie erinnerte sich daran, dass ihr ältester Bruder Ludwig dem Herzog und der Herzogin sehr lange sein uneheliches Kind vorenthalten hatte, und nachdem sie die Kleine das erste Mal gesehen hatten, wollten sie plötzlich auch seine bürgerliche Geliebte näher kennen lernen.

Sophie spürte Ferdinands verlangende Blicke auf sich und hätte am liebsten laut gelacht. Sie hörte, wie die anderen über die Hochzeit sprachen, darüber, welche Tänze getanzt werden würden, was die Köche sich ausgedacht hatten, und Ludovika bedauerte, dass keine von Sophies Schwestern zu dem großen Ereignis kommen konnte. Die Hochzeit war zu kurzfristig festgesetzt worden. Sisi weilte gerade mit ihrem einjährigen Töchterchen Marie Valerie in Ungarn und auch die anderen Schwestern waren außer Landes.

Nach dem Essen zog sich Sophie in ihr Zimmer zurück. Sie wünschte ihren Eltern eine gute Nacht. Seit dem Eklat mit Edgar hatte Herzog Max seine Tochter nicht mehr umarmt. Als er es an diesem Abend tat, spürte Sophie einen schmerzhaften Stich. Sie presste ihre Lippen auf seine Wange.

Verzeih mir, flehte sie im Stillen. Aber du weißt, wie sehr ich den Duc verabscheue.

In ihrem Zimmer schrieb Sophie einen Abschiedsbrief, in dem sie erklärte, dass und warum sie den Duc einfach nicht heiraten wollte. Sie bat ihre Eltern, sich keine Sorgen zu machen, sie könne schon ganz gut auf sich aufpassen – wahrscheinlich besser, als es vielen recht sei. Und sie bat um Verzeihung, aber in ihrem Herzen fühle sie nicht wie eine Prinzessin, eher wie eine Bürgerliche. Sie erwähnte Edgar nicht, obgleich sie ahnte, dass jeder die Zusammenhänge erkennen würde, sobald auch sein Verschwinden bekannt geworden war.

Während der Lederkoffer, den sie für ihre Reise nach Portugal bekommen hatte, bereits gepackt unter ihrem Bett stand, faltete sie das Papier, steckte es in einen Umschlag und versiegelte es mit dem flüssigen Wachs einer Kerze.

Sie hörte, wie der Duc und sein Vater mit der Kutsche abfuhren, und lugte aus ihrer Zimmertür hinaus. Sie sah ihre Eltern unten im Gespräch und wollte sich gerade zurückziehen, als ihr Vater zu Ludovika sagte: »Ich hätte das nicht unterschreiben dürfen. Wenn dem Duc irgendetwas nicht passt, dann darf sie nicht einmal ihre Kinder sehen. Keinerlei Rechte hat sie!«

Ludovika wartete sekundenlang, dann hob sie den Kopf. »Die Sophie wird niemals Kinder bekommen, Max!«

Der Herzog sah sie entsetzt an. »Was sagst du da?«, flüsterte er ungläubig.

»Hofrat Dr. Fischer hat es festgestellt, als sie so krank war. Darum hab ich auch so sehr darauf bestanden, dass sie so schnell wie möglich heiratet. Ich will ihr das Kloster ersparen. Welcher Mann nimmt denn freiwillig eine, die unfruchtbar ist?«

Max stieß einen trockenen Laut aus, der tief aus seiner Kehle kam. »Das arme Kind«, murmelte er fassungslos.

Der Herzog und die Herzogin bemerkten nicht, dass Sophie ihnen zuhörte und von blankem Entsetzen erfasst wurde. Sie spürte, wie ihre Knie weich wurden und einzuknicken drohten. Es gelang ihr, sich mühsam aufrechtzuhalten und sich in ihr Zimmer zurückzuziehen. Niemand hatte bemerkt, dass sie Zeugin des Gesprächs geworden war.

Sophie saß fassungslos auf einem Stuhl, als Nadia das Zimmer betrat, um ihre Herrin zu fragen, ob sie noch Wünsche habe, bevor sie ihr bei der Abendtoilette half. Sophie schickte sie fort. Nicht einmal auf Nadias erschrockene Frage, warum sie so bleich sei, gab sie Antwort. Sie wollte nur noch allein sein und versuchen, einen klaren Gedanken zu fassen. Und zu begreifen! Unfruchtbar! Sie würde niemals Kinder haben!

Sophie hörte ihren keuchenden Atem, während sie auf die Wanduhr starrte. Es war kurz nach acht. In wenigen Stunden würde Edgar an der Weggabelung auf sie warten, um mit ihr zu fliehen.

Sophie stand benommen auf, kramte aus dem Kleiderschrank einen Umhang hervor und legte ihn sich mit zitternden Händen über die Schultern. Weg hier! Weg aus diesem Zimmer! Plötzlich hatte Sophie das Gefühl, ersticken zu müssen. Noch nie war ihr der Raum so eng und stickig erschienen.

Als sie gleich darauf die Treppe hinunterlief, kam ihr die Mutter lächelnd entgegen. »Der Duc ist schon in den Gasthof zurückgekehrt. Ich soll dir noch Grüße ausrichten. Er dachte, du schliefst bereits, und wollte dich bei seinem Abschied nicht mehr wecken lassen!«

»Danke«, murmelte Sophie. Sie wollte jetzt keinesfalls mit ihrer Mutter sprechen, die Tränen stiegen ihr schon in die Augen.

»Ich will noch kurz zu den Pferden«, sagte sie leise.

Ludovika nahm es gelassen hin. Sie wusste, dass ihre Tochter als begeisterte Reiterin viel Zeit bei den Tieren verbrachte.

Kaum im Stall angekommen, sank die Prinzessin in einer der Boxen zu Boden. Ein hochbeiniges Fohlen mit dunklen samtenen Augen sah ihr dabei zu. Sophie hatte es gemeinsam mit Edgar auf diese Welt gebracht. Sie hatte ihm den Namen Lysander gegeben. Das kam aus dem Griechischen und hieß so viel wie *lösen* oder *befreien*. Diese Bedeutung hatte ihr so gut gefallen. Lysander war eine Art Symbol ihrer Liebe zu Edgar geworden. Auch sie wollte sich lösen und befreien.

Unfruchtbar! Wieder schoss ihr dieser schauderhafte Gedanke in den Kopf. Warum konnte sie nicht endlich aus diesem entsetzlichen Albtraum erwachen? Was war jetzt mit China? Ihr großer Traum war doch, dort mit Edgar ein neues Leben zu beginnen! Aber da hatte sie noch nicht gewusst, dass sie niemals Kinder bekommen konnte. Dem Ludwig wäre das wahrscheinlich egal gewesen. Sophie war sicher, dass er sie nie angerührt hätte. Aber Edgar war das pure Leben, die pure Lust.

171

Sophies Gedanken drehten sich im Kreis und liefen immer wieder an einem einzigen Punkt zusammen. Sie kam immer wieder zu demselben Ergebnis: Sie durfte Edgar das nicht antun! Oder doch? Konnte sie mit Edgar reden und ihm alles gestehen? Konnte sie ihm sagen, dass sie keine richtige Frau war?

Sophie wusste, dass er sie niemals im Stich lassen würde. Wenn sie nur die Augen schloss, konnte sie beinahe seine tröstenden Arme spüren, die sie an seine Brust drückten. Aber dann dachte sie an das Leuchten in seinen Augen, wenn er von Kindern gesprochen hatte.

Nein! Plötzlich wusste sie es. Sophies von Schock und Schmerz getrübter Verstand war klar genug, um zu erkennen, dass sie ihm das nicht antun durfte.

»Ich kann es nicht, Lysander«, seufzte sie leise, erhob sich abrupt und verließ den Stall, als könne sie jetzt nicht einmal mehr die Nähe des geliebten Fohlens ertragen.

Aber auch in ihrem Zimmer fand Sophie keine Ruhe. Nachdem Nadia sie ausgekleidet und frisiert hatte, schickte sie die Zofe fort. Nicht einmal ihr hatte sie sich anvertrauen können. Über das Unfassbare nachzudenken, war schmerzhaft genug. Es auch noch auszusprechen, hätte sie schier umgebracht.

Nadia war besorgt über den verzweifelten Zustand ihrer Herrin, wagte aber nicht zu fragen. Sie kannte die Prinzessin inzwischen gut genug, um zu wissen, wann sie zu schweigen hatte.

Kaum war Nadia gegangen, warf Sophie sich auf das Bett. Sie wollte schlafen, sie wollte vergessen. Da stand der gepackte Koffer, zwischen den Seiten eines Buches steckte der Abschiedsbrief. Es könnte so leicht sein! Sie könnte es immer noch tun. Sie brauchte sich nur anzukleiden und sich heimlich hinauszuschleichen. Welch aufregendes Leben stand ihr dann bevor! Sie dachte daran, was Edgar ihr über China erzählt hatte ...

Sophie drückte die Handflächen an die schmerzenden Schläfen. Nein, kein aufregendes Leben, sondern ein trauriges Leben würde sie führen – so oder so.

In ihrem Kopf pochte es und dazwischen klang das Ticken der Uhr. Niemals zuvor hatte die Wanduhr so laut getickt, und das Geräusch schien sie hartnäckig daran erinnern zu wollen, dass Edgar an der Weggabelung auf sie wartete. Es war inzwischen kurz vor Mitternacht. Sophie sah sein ratloses Gesicht vor sich und der Gedanke daran trieb sie in die Verzweiflung.

Edgar wartete in der Dunkelheit tatsächlich auf sie. Die Fahrkarten für den Zug steckten in seiner Tasche. Unter Tränen hatte er sich von seinem Vater verabschiedet, der ebenfalls sichtlich ergriffen gewesen war. Der alte Hanfstaengl war davon überzeugt, dass sein Sohn einen schweren Fehler beging, aber er wusste auch, dass er ihn nicht daran hindern konnte.

Bei jedem Knacken im Gehölz blickte Edgar auf, aber es waren nur die Geräusche der Nacht: ein Fuchs, der auf Beutejagd ging, der Ruf einer Eule, das Zirpen der Grillen, das Schwirren der Mücken und das Quaken eines Frosches.

Der Morgen dämmerte bereits, als ein Bauer auf seinem Heuwagen des Weges kam. Da wusste Edgar, dass Sophie nicht mehr kommen würde. Er fragte sich verzweifelt nach dem Grund und erinnerte sich daran, wie glücklich sie gewesen war, als sie gemeinsam den Fluchtplan geschmiedet hatten. Bestimmt hatte man sie entdeckt. Eine andere Erklärung gab es nicht und Edgar war außer sich vor Sorge, als er schließlich allein in die Stadt zurückfuhr.

* * *

Als Nadia am nächsten Morgen in das Zimmer ihrer Herrin trat, saß Sophie kreidebleich auf einem Stuhl und starrte vor sich hin.

»Ich werde nicht mit Edgar nach China gehen.« Sophies Stimme klang hart und spröde, aber fest.

»Was ist geschehen, Hoheit?«

»Es war die falsche Entscheidung.« Sophie zitierte Pater Enrico, als wären es schon immer ihre Worte gewesen: »›Ihr alle, Brüder und Schwestern, sollt an dem Platz bleiben, auf den Gott Euch berief. Niemals werdet ihr euren Wurzeln entfliehen können!‹«

Mehr sagte sie nicht. Aber sie spürte kalt die Miniatur aus Elfenbein an ihrem Hals und verbittert dachte sie daran, dass sie sie niemals einer Tochter schenken konnte. Ihre Zukunft lag so trostlos und grau vor ihr wie noch nie zuvor. Sophie wusste jetzt, dass sie den Duc heiraten würde, aber er würde nicht mehr von ihr bekommen als eine leere Hülle.

Bereits einen Tag vor der Hochzeit schmorten in Possenhofen in Töpfen und Bottichen Soßen, Suppen und Gemüse. Rehe und Wildschweine wurden auf Spieße gesteckt, die Vorbereitungen liefen auf Hochtouren. Herzogin Ludovika überwachte persönlich die Arbeiten.

Einer der Köche bereitete frisches Vanilleeis zu, indem er riesige Mengen von Eigelb mit Zucker und ausgeschabten Vanillestangen verquirlte, um die Masse anschließend vorsichtig unter die geschlagene Sahne zu heben. Dienerinnen und Diener trugen fertige Eiscreme und Gelees in den kühlen Keller, damit sie bis zum großen Ereignis frisch und fest blieben. Ein anderer Koch stellte Hochzeitskonfekt her, indem er Blütenblätter von Kirsch- und Pfirsichbäumen in Honigsirup und Schokolade tauchte und die zarten Gebilde dann auf Wachspapier trocknen ließ.

In der Possenhofener Vorratskammer waren bereits turmhohe Lagen von Kuchen und anderen Leckereien gestapelt worden.

Die Possenhofener Lakaien wurden wieder und wieder instruiert und rannten geschäftig hin und her. Einige Diener schliffen die Tranchiermesser auf einem Stein, der mit Ziegelstaub bedeckt war. Andere putzten das Tafelsilber, bis es glänzte.

Herzog Max übernahm die Bereitstellung der Weine und Liköre.

Edgar hatte unterdessen verzweifelt versucht, mit Sophie in Kontakt zu treten. Immer wieder hatte er ihr Nachrichten über vertrauenswürdige Diener zustecken lassen.

Es machte Sophie krank, dass er keine Ruhe gab. Sie wusste, dass sie nicht immer stark bleiben konnte, und fasste einen Entschluss. Sie wollte ihre Beziehung zu ihm beenden, sie musste ihm die Ungewissheit nehmen, das war sie ihm und sich schuldig. Sie musste noch einmal mit ihm sprechen, dann würde es auch leichter sein, ihn zu vergessen.

Schließlich bat sie Nadia, Edgar mitzuteilen, dass sie sich mit ihm treffen wollte.

Die Zofe hatte es längst aufgegeben, ihre Herrin zu verstehen. Was geschehen war und warum Sophie sich plötzlich von ihrem Geliebten abgewandt hatte, wusste sie nicht, und es war offenbar ein Geheimnis, das Sophie auch ihr nicht verraten wollte.

Am späten Nachmittag kehrte Nadia schließlich mit einer Botschaft aus München zurück. Früher hätte sie im Zimmer bleiben dürfen, während die Prinzessin die Nachricht las, heute wurde sie sofort hinausgeschickt.

Kaum war Nadia gegangen, brach Sophie das Siegel und schlug das Papier auseinander. Als sie Edgars Schrift erkannte, zitterten ihre Hände, so dass der Bogen leise raschelte. Tränen stiegen in ihre Augen, die Zeilen verschwammen. Erst nach einer Weile war ihr Blick so fest, dass sie lesen konnte.

Theuerste, geliebte Sophie,
ich warte an der Weggabelung beim Kirschbaum auf Dich.
In unendlicher Liebe!
Edgar.

Sophie hielt den Brief mit beiden Händen. Das Papier knisterte. Zwei heikle Aufgaben warteten heute auf sie: der Polterabend und das Treffen mit Edgar.

Sie riss den Brief in kleine Fetzen und es schien ihr, als reiße sie ihr Herz in Stücke. Dann ging sie zum Kamin und warf die Schnipsel ins Feuer.

Am selben Abend wurde Sophie für einige Stunden in mit saurer Buttermilch getränkte Tücher gewickelt, denn Ludovika wollte die sommerlich gebräunte Haut der Prinzessin für den Hochzeitstag zu einem vornehmeren, bleicheren Ton verändert wissen. Erst nach dieser Prozedur konnte Sophie zum Polterabend dazukommen, der im Possenhofener Saal stattfand.

Lustlos ging sie schließlich die Treppe hinunter. Es waren etwa zwanzig Gäste geladen und die Stimmung war nicht ausgelassen, aber doch recht fröhlich. Das Porzellan war gerade krachend und klirrend an den Wänden zerborsten und man hatte dem Brautpaar viel Glück gewünscht, als sich der Himmel draußen über dem See plötzlich blutrot und grün verfärbte.

Sophie stutzte, sie hörte ihre Mutter überrascht etwas ausrufen und im nächsten Augenblick konnte man durch die

Fenster erkennen, dass sich der See erst grün, dann rot, gelb und orange verfärbte. In sämtlichen Regenbogenfarben sprühte es zischend und knallend von Schloss Berg her, das auf der anderen Seite des Sees lag.

Ferdinand warf seiner Verlobten einen spöttischen Blick zu und sagte leise: »Mein Vorgänger scheint deine Hochzeit zu feiern.«

Sophie erstarrte, denn durch das offene Fenster sah sie die gelb aufblitzenden Spuren der Raketen, während sie in die Höhe stiegen und dann zischend in grell leuchtendem Goldregen auf die spiegelglatte Oberfläche des Sees sanken. Ein Schauer lief ihr über den Rücken. Auch Edgar hatte einmal für sie einen chinesischen Feuerwerkskörper in den Himmel geschossen – aus Liebe.

Einige der Gäste traten ans Fenster, andere versammelten sich im Park.

»Ist er jetzt total übergeschnappt?«, hieß es überall.

Er hat mir immer noch nicht verziehen, dass ich ihn betrogen habe, dachte Sophie, und wahrscheinlich wird er es mir sein Leben lang nachtragen.

Es war kurz nach zehn, als sie sich von der Gesellschaft verabschiedete. Sie gab vor, müde zu sein, aber in Wirklichkeit ertrug sie die höhnischen Blicke ihres zukünftigen Gemahls nicht mehr und das Treffen mit Edgar stand noch bevor.

»Bis Morgen, *mon cheri*«, flüsterte Ferdinand. »Ich kann es kaum erwarten, dass Ihr endlich die Meine werdet.«

Sophie spürte, wie der blanke Hass in ihr aufstieg, und sie würdigte ihn keines Blickes mehr, wünschte ihren Eltern und den anderen Gästen noch eine gute Nacht und ging.

Wie in glücklicheren Nächten wartete sie in ihrem Zimmer, bis jedes Geräusch im Schloss verstummt war, um sich dann davonzustehlen.

Als Sophie endlich die Weggabelung erreicht hatte, bemerkte sie Edgar erst, als zwei Hände aus der Dunkelheit sie an den Schultern packten. Seine Stimme klang rau und heiser. »Gott sei Dank, dass du endlich da bist! Ich hab noch nie eine solche Angst ausgestanden. Was ist passiert?«

Sophie löste sich aus seinen Armen. »Ich werde morgen heiraten, Edgar.« Ihre Stimme klang kühl und distanziert. Sie erschrak selbst darüber und bemerkte, wie Edgar ihr einen verblüfften Blick zuwarf.

Erneut wollte er sie umarmen, erneut wich sie ihm aus. Sophie war auf Abstand bedacht, denn sie wusste, dass ihr letzter Widerstand verloren war, wenn er sie noch einmal umarmte und küsste.

Er schien den Sinn ihrer Worte nicht zu begreifen. »Sophie – verstehst du denn nicht? Du brauchst niemanden zu heiraten. Wir können sofort aufbrechen. Du benötigst nichts als die Kleidung auf deiner Haut. Wir werden alles andere besorgen.«

Sophie holte tief Luft. »Ich werde nirgendwo mit dir hingehen, Edgar Hanfstaengl. Hast du mich nicht verstanden? Morgen werde ich den Duc d'Alençon heiraten.«

»Aber... wieso?«

»Weil wir beide verschiedenen Welten angehören, Edgar«, hörte sie sich wie aus weiter Ferne antworten. »Es war eine schöne Zeit mit dir, aber mehr auch nicht. Wir haben keine Zukunft.«

In Edgars Gesicht zuckte es, als habe er eine schallende Ohrfeige erhalten. »Eine schöne Zeit«, murmelte er fassungslos. »So siehst du es also.« Einen Augenblick lang schwieg er, als müsse er sich erst fassen, dann sagte er: »Und ich habe an dich geglaubt.«

Sophie wandte sich ab, damit er nicht sehen konnte, wie tief seine Worte sie getroffen hatten.

Ein letztes Mal versuchte Edgar, sie umzustimmen. Er trat

zu ihr, packte sie hart am Handgelenk und zwang sie, ihm ins Gesicht zu blicken.

»Ich liebe dich, Sophie! Komm mit mir, solange noch Zeit ist!«

Die Berührung seiner Hand prickelte auf ihrer Haut und am liebsten hätte sie sich jetzt in seine Arme geworfen und ihm alles gestanden.

Aber Edgar sprach schon weiter. »Hast du denn völlig vergessen, Sophie, was wir gemeinsam aufbauen wollten? Eine Familie, Kinder ...«

Sophie spürte Zorn und rasende Enttäuschung in sich aufsteigen. Sie haderte mit ihrem Schicksal, das ihr so viel Leid zugefügt hatte. Trotzdem nahm sie all ihre Kraft zusammen und schrie ihrem Geliebten entgegen: »Was erwartest du von mir? Dass ich mit einem dahergelaufenen Fotografen durchbrenne?« Sie wollte ihn verletzen und das gelang ihr.

Edgar schaute sie an, als hätte er eine Fremde vor sich. Nach einer Weile sagte er leise: »Verzeiht, ich werde Euch nie wieder belästigen, Hoheit!«

Abrupt drehte er sich um und Sophie sah, wie er schnellen Schrittes auf seine Kutsche zuging, die irgendwo versteckt zwischen Bäumen und Büschen stand. Die Mauern, die sie mühsam um sich herum gezogen hatte, fielen in sich zusammen. Als sie Edgars davonfahrende Kutsche sah, stolperte sie schluchzend nach Possenhofen zurück. Warum können sie mich nicht in einem Sarg zu meiner Hochzeit tragen?, fragte sie sich verzweifelt.

Als Sophie am nächsten Tag erwachte, waren ihre Augen rot und geschwollen, so sehr hatte sie die ganze Nacht geweint. Ihr Kopf schmerzte. Mit wackligen Beinen stieg sie aus dem Bett.

Ludovika war entsetzt, als sie die Tochter zu Gesicht bekam. »Gütiger Gott, wie siehst du denn aus?«

Sophie war es gleichgültig, welchen Anblick sie bot, aber sie widersprach auch nicht, als kurze Zeit später ihr Zimmer von Dienstboten wimmelte, die ihre Mutter zusammengerufen hatte. Als würden Dutzende von Händen sich an einer Fremden zu schaffen machen, betrachtete sie sich im Spiegel und verfolgte, wie ihre Schönheit langsam wieder hergestellt wurde. Ihr Haar wurde gekämmt und gebürstet, bis es wie Feuer leuchtete. Es sollte offen über ihre Schultern fallen als Symbol für ihre Jungfräulichkeit. Auf den Kopf setzte man ihr eine Krone aus Orangenblüten und Efeu, die eine Dienerin geschickt geflochten hatte. Ihre Taille wirkte, als ließe sie sich mit nur zwei Händen umfassen. Das Kleid zeigte ihr makelloses Dekolleté und war mit Spitzen und Bändern verziert und aus reiner Seide.

Alle brachen in begeisterte Rufe aus, als die Braut aus dem Zimmer schritt, so wunderschön war sie anzusehen, aber Sophie hatte ein Gefühl, als sollte sie zum Schafott geführt werden. Kleine Mädchen mit blumengeschmückten Haaren hielten Sophies lange Schleppe, während sie die Treppe hinunterging. Es waren kleine Fürstinnen und Herzoginnen. Sie kicherten und wirkten sehr aufgeregt. Eines Tages wird es euch treffen, dachte Sophie und erinnerte sich daran, wie sie als kleines Mädchen Brautjungfer bei ihrer Tante Elise gewesen war. Damals hatte sie sich nichts Schöneres vorstellen können, als zu heiraten.

Vor dem Schloss zeigte sich der Himmel strahlend blau mit ein paar weißen Wölkchen, genauso weißblau wie die Fahne, die auf dem Dach des Possenhofener Schlosses wehte. Die Linden dufteten und die Bienen summten beständig um die süßen Blüten im Park. Sophie erschien es fast wie

Hohn, wie unbeschwert die Natur im Gegensatz zu ihr wirkte.

Eine Trachtengruppe spielte den Lohengrinmarsch und Sophie hätte am liebsten laut geschrien, als sie trällerten: »Treulich geführt, zieh'n wir dahin ...«

So oft hatte sie Ludwig dieses Lied vortragen müssen.

Ihr Blick fiel auf den Duc, der gerade aus einer blumengeschmückten Kutsche stieg. Genauso wie sein Vater trug er den Hubertusorden. Er schien außerordentlich fröhlich und Sophies Verzweiflung kannte keine Grenzen mehr. Als er sie lächelnd von oben bis unten betrachtete, sah sie schnell zur Seite.

Ein kleines rothaariges Mädchen lief aufgeregt mit einem Korb umher und steckte allen Hochzeitsgästen Enzian- und Edelweißsträuße an die Kleider.

Mit einem einzigen Blick stellte Sophie fest, dass Gäste von Rang und Namen kaum erschienen waren. Wegen der Kürze der Einladungsfrist hatten die meisten absagen müssen.

Im Pulk befand sich auch Fürstin Walburga, die wieder einmal eifrig klatschte und sich vertraulich zu ihrer Nachbarin, der Gräfin Weinberg, beugte. »Ich hab gehört, die Kaiserin von Österreich und ihre Geschwister wären auch gern gekommen, aber wenn halt wegen eines solchen Skandals so schnell g'heiratet werden muss ...!«

Glücklich der Mensch, glücklich er allein, dachte Sophie, der das Heute ganz besitzen kann. Der in sich ruhend sagen kann: Das Morgen, sei es noch so schlimm, ich hab heut' gelebt. Sie warf der Fürstin Walburga einen triumphierenden Blick zu. Ich habe gelebt, dachte sie, im Gegensatz zu ihr weiß ich wenigstens, wie es ist zu leben.

Im selben Moment hörte Sophie, wie ihr Vater die Anwesenden ins Schloss bat. Die Trauung sollte in Possenhofen stattfinden, wo einer der Säle in eine Kapelle umgewandelt worden war.

Später konnte Sophie sich nur noch bruchstückartig daran erinnern, wie sie über den goldfarbenen Teppich zu dem improvisierten, blumengeschmückten Altar mit dem roten Baldachin geschritten war, hinter dem Abt Hanneberg auf sie gewartet hatte. Klavierspieler hatten den Hochzeitsmarsch angestimmt. Hinter Sophie traten die Brautjungfern ein, alle mit einem Arm voll rosafarbener Rosen.

Sophie sah sehr ernst aus und ihre Augen waren trocken. Das wurde mit Unbehagen zur Kenntnis genommen, denn es galt als übles Vorzeichen, wenn die Braut nicht weinte.

Braut und Bräutigam knieten gemeinsam vor dem Altar nieder. Abt Hanneberg bedeutete einem Altardiener, das Offertorium vorzubereiten, und begann mit dem Opfergebet.

Auch Sophie versuchte zu beten. Sie schloss die Augen und formte mit den Lippen die Worte des Gebets, doch es war nur eine äußerliche Geste. In ihrem Innern war nichts als Leere.

Sie dachte ununterbrochen an Edgar. Wie schmerzvoll er sie angesehen hatte! Wie schlecht musste er jetzt von ihr denken! Aber was hätte sie denn anders tun sollen?

Abt Hanneberg vermischte einen Kelch Wasser mit einem Kelch Wein. *Quod Deus conjunxit homo non separat!* Was Gott verbunden hat, soll der Mensch nicht lösen! Dann wandte er sich an das Brautpaar und der Mädchenchor begann gleichzeitig, leise zu summen. Der Abt sah auf Sophie und Ferdinand nieder und sprach: »Und so frage ich dich, Duc d'Alençon, willst du die hier anwesende Sophie Charlotte Auguste, Prinzessin in Bayern, zu deinem angetrauten Weib nehmen und mit ihr nach Gottes Sakrament im heiligen Stand der Ehe leben, sie lieben und ehren in guten wie in schlechten Tagen, bis dass der Tod Euch scheidet?«

Ferdinand zögerte nicht. »*Oui!*«

Abt Hanneberg wandte sich nun an Sophie und stellte ihr die gleiche Frage.

Sophie blickte zu ihrem Vater hinüber, der einen gequälten Eindruck machte und ihrem Blick auswich. So fühlt es sich also an, wenn man verkauft wird, dachte sie.

»Ja«, antwortete sie laut und deutlich, so dass es jeder hören konnte.

In diesem Augenblick schien es Sophie, als habe sie ihr Leben mit einem Rasiermesser zerschnitten, als teile dieser Schnitt unwiderruflich das, was vor ihr lag, von dem, was hinter ihr lag. Sie sah auf den Duc und wusste, dass sie alles in ihrer Macht Stehende tun würde, um sich wieder von ihm zu befreien. Sie zitterte vor Abscheu und die Wut saß wie ein kalter Stein in ihrer Brust. Wie oft hatte sie früher ihre Schwestern bedauert und sich geschworen, ihr würde so etwas nicht geschehen. Sie würde aus Liebe heiraten. Keiner ihrer Träume hatte sich erfüllt, im Gegenteil. Sie konnte sich nicht vorstellen, dass es noch schlimmer hätte kommen können.

Der Abt reichte den Eheleuten die Ringe und nun griff auch Herzogin Ludovika zum Taschentuch. Ihre Tochter war endlich verheiratet.

Bei der anschließenden Hochzeitsfeier tanzten alle die *Fran- çaise:* Man verneigte sich und drehte sich im 6/8-Takt. Als Sophie Ferdinand die Hand reichte, musterte er sie eingehend und sein Blick klebte auf dem geschnürten Mieder, das ihre straffen Brüste hob. Sophie spürte, dass sie rot wurde.

Gütiger Gott, nun hatte sie auch eheliche Pflichten zu erfüllen! Ihr schauderte, wenn sie nur daran dachte, dass in dieser Nacht seine Hände ihre nackte Haut berühren würden. Sie wusste nicht, was geschehen würde, wenn er bemerkte, dass sie nicht als Jungfer in die Ehe gegangen war, denn von ihrer Mitgift war einiges als »Morgengabe« wieder an ihren Vater zurückgegangen, als so genannte Entschädigung für die Jungfräulichkeit, die sie in der Hochzeitsnacht verlieren würde.

Sophie senkte die Lider, um Ferdinands spöttischem Blick auszuweichen.

»Schon morgen werden wir nach Vincennes reisen«, hörte sie ihn sagen und sie hätte ihm am liebsten ins Gesicht gespuckt, so sehr verabscheute sie ihn.

Irgendwann wird dir das alles vergehen, dachte sie grimmig. Irgendwann wirst du mich nicht mehr so hochmütig ansehen!

Als die Musik verklang, nahmen die Gäste am Hochzeitstisch Platz, und der Herzog von Nemours posaunte stolz heraus: »Von nichts anderem hat mein Ferdinand in Vincennes gesprochen als von Prinzessin Sophie. Die oder keine, hat er immer gesagt. Wir haben nicht geglaubt, dass ihm das Glück so hold sein würde. Aber ich muss ihm Recht geben: Er hat einen vorzüglichen Geschmack! Und ich darf mich auf prachtvolle Erben freuen.«

Eilig schenkten die Diener Wein nach.

Ferdinand erhob sich strahlend. »Ja«, sagte er zufrieden. »Lasst uns einen Trinkspruch auf den zukünftigen Nachwuchs im Hause Alençon ausrufen! Ein ganzes Haus voller Kinder will ich haben!«

Mit angespannten Gesichtern hoben auch Ludovika und Max ihre Gläser. Nur Sophie konnte plötzlich wieder lächeln und blickte spöttisch in die Runde.

»Auf ein Haus voller Kinder!«, rief auch sie und erntete den Beifall der Gäste.

Nach dem köstlichen Hochzeitsmahl spielte die Musik wieder auf, die Tänze wurden nun beschwingter und fröhlicher.

Als Justizminister Eduard von Bomhard auf Sophie zuging

und sie um einen Tanz bat, lehnte Sophie dankend ab. Ihr sei ein wenig schwindelig, entschuldigte sie sich. Dieser Mann war für immer mit ihrem unglücklichen Verlobungsball verbunden, auf dem Ludwig sie über Nacht zum Gespött des ganzen Landes gemacht hatte. Damals hatte sie geglaubt, etwas Schlimmeres könne ihr nicht widerfahren.

Sophie blickte zur Tanzfläche hinüber, wo Ferdinand gerade mit ihrer Mutter tanzte. Verbittert raffte Sophie ihr Hochzeitskleid, stand auf und versteckte sich hinter einem riesigen Blumenbukett. Sie war es leid, alle Augenblicke zum Tanz aufgefordert zu werden.

Aus ihrem Versteck heraus hörte sie, wie sich Graf Greifenberg und Prinz Luitpold über Sisis Schwager Maximilian und seine Gemahlin Charlotte unterhielten. Maximilian war nicht nur ein Bruder von Franz Josef, sondern auch von Ludwig Victor, der Sophie einst den Hof gemacht hatte. Von Charlotte wusste sie nur sehr wenig. Neugierig schob sie die Blüten und Blätter beiseite, um mehr zu erfahren, denn schreckliche Geschichten rankten sich um das Schicksal von Charlotte und Maximilian.

Greifenberg sagte gerade: »Amalie von Orléans liebte ihre Enkelin, wie alle Charlotte liebten. Sie war so hübsch und noch jetzt sehe ich ihr kindlich rundes Gesicht vor mir und die großen braunen Augen. Der König von Belgien nannte seine Tochter nicht umsonst einmal stolz die schönste Prinzessin Europas. Niemals sollte Charlotte einen ungeliebten Mann heiraten müssen, das hatte er immer zu mir gesagt. Sie sollte auf ihr Herz hören dürfen.«

Sophie schluckte. Dies gerade jetzt hören zu müssen, erschien ihr wie blanker Hohn.

Der Graf fuhr fort: »Charlotte war so glücklich, als sie endlich Maximilian kennen lernte. Sie spürte sofort, dass der österreichische Erzherzog ihre große Liebe war. Aber sie war auch ehrgeizig – und verzeiht, wenn ich so ehrlich bin –, aber...« Greifenberg hielt kurz inne. Erst jetzt war er auf Sophie aufmerksam geworden und bezog sie mit in das Gespräch ein. »...sie wollte nicht ewig im Schatten Eurer Schwester Sisi stehen, Hoheit, und auch Maximilian war sich bewusst, dass er in Österreich immer nur der Bruder des Kaisers sein würde. Die Möglichkeit, den mexikanischen Kaiserthron zu besteigen, ließen sie sich nicht entgehen. Als Maximilian an Bord des Schiffes ging, das sie hinüberbringen sollte, rief er begeistert aus, er sei es, der den echten Weitblick habe; er erforsche die Schönheit dieser Erde, entdecke ferne Länder und sitze nicht wie der österreichische Kaiser mit dem Federkiel in der Hand hinter einem Schreibtisch. Nun sei es ihm, Maximilian, endlich möglich, andere Kulturen und Menschen wahrhaft zu begreifen. Er liege nicht zu Hause hinter dem Ofen.«

Graf Greifenberg lächelte ergeben. »Ich habe die beiden gesehen. Sie waren so enttäuscht, als sie Mexiko in Augenschein nahmen.«

Sophie warf ihm einen überraschten Blick zu. »Ihr wart auch dort? Das wusste ich gar nicht.«

Der Graf nickte betrübt und fuhr fort: »Während der sechs Wochen auf See lernten sie Spanisch, und als endlich Land in Sicht kam, standen die beiden Majestäten erwartungsvoll an der Reling, um ihr neues Reich zu begrüßen. Aber es war nur ein zerlumptes Bettelvolk, das stumme, anklagende Blicke auf seinen neuen Kaiser warf. Eilig hatte man einen schäbigen Triumphbogen errichtet, ihn aber so schlecht im Boden verankert, dass eine starke Windbö ihn prompt umriss. Ein paar Musiker spielten mehr schlecht als recht einen Willkommensgruß und maßlos enttäuscht verschwanden Maximilian und Charlotte in dem Wagen, der sie von Veracruz nach Mexiko-Stadt bringen sollte.«

»Es klingt trotzdem spannend«, sagte Sophie, die sich durch die Schilderungen Greifenbergs sofort an die Erzählungen Edgars erinnerte. »Wie herrlich muss es sein, die große Welt zu sehen!« Sie seufzte. »Ich war bis jetzt nur in Deutschland und in Österreich und morgen werde ich nach Frankreich reisen – das war's!«

»Glaubt mir, Hoheit«, seufzte der Graf, »Charlotte hätte liebend gern mit Euch getauscht, als das Unheil seinen Lauf nahm. Nur die große Liebe zu ihrem Mann hielt sie dort. Als sie nach Tagen anstrengender Kutschfahrt endlich Mexiko-Stadt erreichten, führte man die beiden in den hässlichen Regierungspalast. Er war als Wohnsitz für die Majestäten vorgesehen, ein riesiges, düsteres Gebäude ohne jeden Komfort, mit über hundert Zimmern, von denen eines primitiver und übelriechender war als das andere. Die schöne Charlotte glaubte ihren Augen nicht zu trauen, als sie in ihren Privatgemächern an den Wänden allerlei Ungeziefer kriechen sah. Mücken und Stechfliegen schwirrten überall herum und auch die Betten waren voller Insekten, so dass die beiden Majestäten ihre erste Nacht in der Residenz auf dem Billardtisch verbringen mussten. Charlotte versuchte, ihren geliebten Gemahl bei der Regierungsarbeit zu unterstützen, aber sehr bald bemerkten sie, dass die Reichen nichts an der Armut des Volkes ändern wollten. Die Richter waren bestechlich, die Offiziere ohne Ehrgefühl und der Klerus ohne Moral. Schon bald überwarf sich Maximilian mit dem Klerus, der aber ein wichtiger Machtfaktor war. Charlotte war ihm in jener Zeit keine Stütze, denn Ärzte hatten ihr Kinderlosigkeit bescheinigt. Sie war verzweifelt und vergrub sich wochenlang in ihrem Zimmer.«

Sophie spürte, wie ihr das Blut bis zu den Haarwurzeln stieg. Sie wusste genau, wie sich die junge Frau gefühlt hatte. »Was geschah dann?«

»Als Charlotte ihre Trauer endlich überwunden hatte und ihrem Mann wieder zur Seite stehen wollte, war es bereits zu spät. Maximilian stand allein auf weiter Flur. Seine wichtigsten Offiziere waren verschwunden, aufmüpfige Rebellen bedrohten die Hauptstadt und eigentlich hätte die beiden nur noch Flucht retten können.«

»Und warum gingen sie nicht fort?«, fragte Sophie, während im Hintergrund eine Hochzeitspolka aufgespielt wurde.

»Maximilian wollte nicht aufgeben. Charlotte reiste allein nach Europa zurück, um militärische Unterstützung für ihn zu suchen. Sie war vor lauter Angst um Maximilian beinahe wahnsinnig, warf sich allen europäischen Herrschern zu Füßen, allen voran dem französischen Kaiser. Aber ihre verzweifelten Bemühungen waren vergeblich. Napoleon III. beschied ihr, er habe genug Probleme im eigenen Land.«

»Kehrte sie nach Mexiko zurück?«

Der Graf schüttelte den Kopf. »Nein. Sie verließ Paris völlig erschöpft und suchte in einer Villa am Comer See Ruhe und Frieden. Hier überfielen sie mit Macht die Erinnerungen an glückliche Tage, denn in der Villa hatte sie mit ihrem Mann die Flitterwochen verbracht. Als Charlotte erfuhr, dass Rebellen ihren Gemahl in Mexiko festgenommen hatten, reiste sie völlig von Sinnen nach Rom, aber Pio Nono hatte für ihre Sorgen auch nur ein bedauerndes Achselzucken. Sie warf sich auch ihm zu Füßen, weinte und flehte, man möge ihren Mann doch retten. Zwei Tage später erfuhr sie, dass Maximilian tot war. Und genau in diesem Moment verabschiedete auch Charlotte sich von dieser Welt. Sie hatte ihren Gemahl so sehr geliebt, dass ihre Seele starb, nur der Körper blieb zurück. Sie war für niemanden mehr ansprechbar, ihr Geist hatte sich völlig verdunkelt. In einer Sekunde lachte sie, dann weinte sie, um voller Wut im nächsten Moment auf jemanden loszugehen. Man brachte Charlotte in eine Anstalt, wo man sie zusammen mit einer Pappfigur einsperrte, die im Aussehen an Maximilian erinnerte. Jeden Abend tanzt sie mit ihm durch die Zelle. So hat es auf jeden Fall ihr unglücklicher Vater erzählt.«

Sophie starrte Greifenberg mit bewegter Miene an, als sie plötzlich bemerkte, dass der Duc schon eine Weile hinter ihr gestanden haben musste.

»Welch rührende Geschichte!«, sagte er spöttisch. »Aus Liebe in die Irrenanstalt!«

Sein Lachen dröhnte in Sophies Ohren und sie nahm jetzt dankend an, als Prinz Luitpold sie zum Tanz aufforderte. Nur weg von Ferdinand! Aus Liebe zu ihrem frisch angetrauten Ehemann würde sie sicherlich nicht in einer Irrenanstalt landen.

Es war kurz vor Mitternacht, als Herzogin Ludovika sich flüsternd an Nadia wandte. Sophie, die gerade mit ihrem Vater getanzt hatte, spürte, wie sich ihre Muskeln verspannten. Der Bräutigam saß bereits wartend am Tisch und Sophie glaubte, den Anflug eines Lächelns um seinen Mund zu sehen.

»Ich kenne die Pflichten eines Eheweibes«, sagte Sophie bitter zu Nadia. »Wir können gehen!«

Sie sah neugierig wissende Blicke auf sich gerichtet, die sie beobachteten, während sie mit ihrer Zofe die Treppe hinaufging – ja, fast schien es, als würde die Musik einen kurzen Moment aussetzten, so gebannt schien jedermann den Atem anzuhalten.

Sophie vermied es, ihrem Bräutigam ins Gesicht zu sehen. Es war ihr genug, dass er sie gleich aufsuchen würde, wenn Nadia sie entsprechend hergerichtet hatte. Dann würde sie ihn ansehen müssen.

Als Sophie nackt und nur mit einem Umhang über den Schultern in ihrem Zimmer zwischen den Kerzen der Leuchter saß, sprach sie zu sich selbst: »Ich werde die Augen schließen und alles über mich ergehen lassen.«

Nadia stand hinter ihr. Sie begann, Sophies Haar zu scheiteln und die Lockenflut über die Schultern zu kämmen.

»Hoheit haben nie darüber gesprochen, aber darf ich fragen, was zwischen Edgar Hanfstaengl und Euch geschehen ist? Verzeiht mir meine Offenheit, aber ich spüre, dass Ihr ihn immer noch liebt.«

»Ich wünsche, dass du ihn in meiner Anwesenheit nie mehr erwähnst«, antwortete Sophie ungewöhnlich hart, denn allein die Erwähnung seines Namens konnte sie nicht ertragen. Die Erinnerung an den Geliebten schmerzte sie allzu sehr.

Schließlich fügte sie mit sanfterer Stimme hinzu: »Aber sei mir deswegen nicht böse, Nadia. Eines Tages werde ich vielleicht darüber sprechen können. Dann werde ich dir alles erzählen.«

Nadia schwieg und nickte verständnisvoll. Sie drehte die schweren Locken auf dem Kopf der Prinzessin zusammen und steckte sie mit Diamantenpfeilen fest, so dass Sophies Nacken und Schultern entblößt wurden. Dann bat sie ihre Herrin, mit in das Zimmer zu kommen, wo eine pantoffelförmige Badewanne mit warmem Wasser und Veilchenextrakt für ein Bad bereitstand.

Nadia nahm der Prinzessin den Umhang ab und nackt stieg Sophie in die Wanne. Nadia kniete sich neben sie und begann, mit einem weichen Lappen Sophies Körper abzureiben. Langsam entspannte sich Sophie, schloss die Augen und atmete den duftenden Dampf ein.

»Hoheit verzeihen, aber es könnte sein, dass der Duc bereits wartet«, sagte Nadia leise und erinnerte sich seufzend daran, was Ludovika ihr aufgetragen hatte. Allzu lange durfte das Bad nicht dauern.

Schweren Herzens erhob sich Sophie und ließ sich in vorgewärmte Badelaken wickeln. Nadia reichte ihr den Umhang und eingehüllt in den betörenden Duft der Veilchen kehrte sie in ihr Zimmer zurück. Zu ihrer großen Erleichterung war Ferdinand noch nicht zugegen.

Sophie setzte sich unruhig auf ihr Bett. Nadia reichte ihrer Herrin ein Glas Wein. Auch daran hatte Ludovika gedacht. Die Herzogin selbst war einst in einer ähnlichen Situation gewesen und sie glaubte zu wissen, wie die Tochter sich in diesem Augenblick fühlte, in dem sie auf den Bräutigam wartete, den sie nicht liebte.

Sophie trank den Wein in einem Zug aus und sank in die Kissen zurück. Das sah dem Duc ähnlich. Selbst jetzt ließ er sie warten. Sophies Angst und auch ihre Unruhe wichen, je mehr Zeit verging, und irgendwann waren die beiden Frauen sicher, dass Ferdinand seine Braut in dieser Nacht wohl nicht mehr aufsuchen würde.

Sophie verstand Ferdinand nicht. Sie hätte schwören können, dass er es gar nicht abwarten konnte, sie endlich zu seinem Weib zu machen, aber sie verschenkte auch keinen weiteren Gedanken daran. Hauptsache, er hatte sie erst einmal in Ruhe gelassen.

13. Kapitel

Am Tag von Sophies Abfahrt regnete es ein Weilchen, dann verzogen sich die schweren Regenwolken und durch den graublauen Himmel sickerten fahle Sonnenstrahlen. Die Wolken waren jetzt beinahe durchsichtig, Regen war nicht mehr zu erwarten.

Sophies Zimmer war fast leer. Schubladen standen offen, die Fächer der Regale zeigten verblichene Stellen, wo einst Dinge gestanden hatten. Die Koffer waren fertig gepackt und schienen vor Sophies Tür nur darauf zu warten, dass die Lakaien sie endlich nach unten trugen.

Sophie trug ein dunkelblaues Reisekleid, die Locken hatte Nadia mit zahllosen mit Diamanten besetzten Haarpfeilen streng am Hinterkopf fest gesteckt. Gedankenverloren ging sie noch einmal durch ihr Zimmer und blickte durchs Fenster nach draußen. Sie sah die Eiche, die ihre Zweige ausstreckte, blickte auf den Park mit seinen prachtvollen Blumen und Pflanzen und den See. Seit ihrer Kindheit war ihr dieser Anblick vertraut und es schmerzte sie, dies alles nun das letzte Mal zu sehen.

Sophie wandte den Blick zum Schlosshof, wo die Orléans-Kutsche reisefertig gemacht wurde. Stallburschen riefen sich aufgeregt Anweisungen zu und fütterten und tränkten die Pferde des Gespanns. Dazwischen mischte sich das monotone Hämmern des Hufschmieds, der die Pferde beschlug. Ein Diener lief eilig aus dem Schloss und rief einem anderen zu, dass das Gepäck der Hoheiten noch zu holen sei, aber der wollte sich nicht von einem Gleichgestellten befehlen lassen und rührte sich nicht.

Sophie drehte sich um und blickte zur Tür. Jemand hatte das Zimmer betreten. Es war Nadia, die ebenfalls ein Reisekleid trug. Zu Sophies unermesslicher Erleichterung hatte der Duc gestattet, dass die Zofe seine Gemahlin nach Vincennes begleiten durfte.

»Haben Hoheit noch einen Wunsch?«, fragte Nadia, aber Sophie schüttelte den Kopf. Nein, sie wollte zum Abschied noch einmal allein durch das ganze Schloss wandern und allen Zimmern, Ecken und Winkeln leise Lebewohl sagen.

Zum Schluss führte ihr Weg sie zu der Possenhofener Koppel, wo Aisha und Lysander weideten. Sophie setzte sich auf das Gatter und lockte die Stute mit einem Pfiff. Lysander war noch zu jung und zu ungestüm, um zu gehorchen. Liebevoll streichelte Sophie über die Mähne der Stute, während das Fohlen übermütig einen Schmetterling jagte. Ein wehmütiges Lächeln umspielte Sophies Lippen.

»Gib gut auf dein Kleines Acht!«, flüsterte sie zärtlich dem Tier ins Ohr.

Ein Kreischen ließ sie aufblicken und sie entdeckte ein Bussardpärchen, das träge am Himmel kreiste und nach Beute Ausschau hielt. Gleichzeitig hörte sie Schritte und sie sah ihren Vater auf sich zukommen. Er wirkte bedrückt.

»Ich wollte dich noch einmal unter vier Augen sprechen«, sagte er.

Sophie umarmte Aisha ein letztes Mal und gab ihr einen Klaps. Die Stute galoppierte zurück zu ihrem Fohlen und tollte jetzt gemeinsam mit ihm über die Weide.

Sophie blickte ihrem Vater traurig in die Augen. Herzog Max lehnte sich neben seine Tochter an das Gatter, als müsse er sich plötzlich stützen. Dann sagte er: »Mir will es scheinen, als hätte ich mich selbst verkauft.« Plötzlich standen dem alten Herzog die Tränen in den Augen »Himmel, Sopherl, deine Mutter und ich haben dich doch lieb, das darfst du nie vergessen!«

Da war es auch um Sophies Fassung geschehen und sie flog ihrem Vater in die Arme. »Ich werde es niemals vergessen, Papa, das verspreche ich dir. Und ich wünsche mir, dass wir einander verzeihen, was immer auch geschehen ist. Wir wollen uns nichts mehr nachtragen.«

Kurze Zeit später trat Sophie reisefertig auf die Orléans-Kutsche zu. Die Bediensteten hatten sich vor dem Schloss versammelt, um die Prinzessin zu verabschieden. Die weißen Spitze liefen kläffend umher.

Sophie blieb vor ihrer Mutter stehen und schlang die Arme um ihren Hals. Auch Ludovika kämpfte mit den Tränen.

»Du musst bald schreiben, ja? Wenn ihr in Vincennes angekommen seid, musst du sofort schreiben!«

Hinter Sophie erschien Nadia mit einem kleinen Reiseköfferchen in der Hand. Sie verneigte sich vor der Herzogin.

Herzogin Ludovika lächelte: »Ich freue mich, dass du meine Tochter nach Frankreich begleitest.«

Dann wandte sich die Herzogin an ihren Schwiegersohn, der neben Nadia gewartet hatte, jetzt Ludovikas Hand ergriff und galant einen Handkuss andeutete.

»Werte Schwiegermama.«

Ludovika lächelte und ließ sich noch einmal versichern, dass er gut auf ihre Tochter Acht geben würde.

Sophie drehte sich noch einmal zu ihrem Vater um, der allein vor dem Schlosstor stand.

»Mach's gut, Papa!«

Der alte Herzog winkte und nahm alle Kraft zusammen, um sich nicht anmerken zu lassen, wie sehr er die Abreise seiner jüngsten Tochter bedauerte. Seit Sophies ältere Schwester Marie dem dümmlichen König Franz von Neapel zugesprochen worden war, ohne dass sie ihn nur ein einziges Mal hatte in Augenschein nehmen können, hatte er sich nicht mehr so schlecht gefühlt. Er wusste, dass Sophie das widerspenstigste und eigenwilligste seiner Kinder war, und gerade sie mit einem Mann verheiratet zu wissen, den sie unverhohlen verabscheute, beunruhigte den Herzog. Aber hatte er eine andere Wahl gehabt?

Mit einem tiefen Seufzer hob er noch einmal die Hand und winkte. »Grüß mir alle Jagdreiter Frankreichs und vergiss nie, was ich dich gelehrt habe!«

»Je loser man ein Pferd führt, um so williger springt es!«, rief Sophie zurück. »Ich werde dir alle Ehre machen.«

Dann wandte sie sich den Bediensteten zu, um sich von ihnen zu verabschieden. Dabei fiel ihr Blick auf Irma, die sie kalt lächelnd anblickte.

Was wäre wohl geschehen, wenn ich auf ihre Intrige eingegangen wäre?, fragte sich Sophie. Aber sie bereute ihre Entscheidung nicht. Sie wusste, dass die Zofe ihre Rache gehabt hatte, und Ratzki war endlich zum Polizeisouverän befördert worden. Vielleicht hätte sie ihrer Mutter davon erzählen sollen. Vielleicht war es ein Fehler, dass sie immer versuchte, allein mit ihren Schwierigkeiten fertig zu werden.

Mit bangen Gedanken schritt Sophie auf die Orléans-Kutsche zu.

Als Ferdinand ihr beim Einsteigen helfen wollte, übersah sie seine Hand.

Er zischte kaum hörbar: »Dir wird der Hochmut noch vergehen, *mon cheri*!«

195

Sophie und Nadia stiegen ins Coupé, Ferdinand folgte ihnen und die Tür schloss sich hinter ihnen. Der Herzog von Nemours hatte Possenhofen bereits am Morgen verlassen. Er war zur Hochzeit seines Sohnes mit einer eigenen Kutsche angereist.

Ein letztes Winken, dann setzte sich das Gespann in Bewegung. Die Kutsche hatte den Schlosspark schon beinahe verlassen, als Sophie die lauten Rufe ihres Vaters hörte. Der Kutscher hielt an und Sophie sah, wie der Herzog mit Lysander an der Hand über den Weg lief. Er führte den jungen Hengst an einem kurzen Strick.

»Dies ist mein Abschiedsgeschenk für dich, Sopherl. Er ist jetzt fast ein Jahr alt und wenn er eines Tages zugeritten ist, wird er ein prachtvolles Reitpferd sein.«

Tränen standen in Sophies Augen. Dass sie Lysander mitnehmen durfte, konnte sie kaum glauben. Das war das wundervollste Geschenk, das sie sich vorstellen konnte.

Der kleine Hengst wurde an die Kutsche gebunden, und als sie sich wieder in Bewegung setzte, schien es Sophie, als würde sie nun ein Teil von Edgar begleiten.

Durch das Fenster sah sie Wiesen und Felder vorüberziehen. Der Kirschbaum auf der Anhöhe schien traurig seine Zweige hängen zu lassen. Auch ihn würde sie so bald nicht wieder sehen. Sie fuhr an der Weggabelung vorbei, an der sie sich mit Edgar getroffen hatte, und dachte voller Wehmut an die wundervollen Stunden, die sie mit ihm verbracht hatte.

Sie spürte, dass Ferdinand sie aufmerksam beobachtete, als versuche er, ihre Gedanken zu erraten.

Sophie lächelte Nadia zu und erwiderte dann gelassen den Blick ihres Gemahls.

14. Kapitel

Die Reise nach Vincennes war beschwerlich und dauerte lange. Tage und Nächte lösten einander ab und oft waren Wege und Straßen in einem so schlechten Zustand, dass die Kutsche sich schüttelte und so laut quietschte, dass an ein Gespräch nicht zu denken war. Sophie nahm es gleichmütig hin. Sie verspürte keinerlei Verlangen danach, mit ihrem Gatten Konversation zu betreiben. Stattdessen wechselte sie viele stumme Blicke mit Nadia.

Nachdem die Reisegesellschaft den französischen Zoll passiert hatte, veränderte sich allmählich die Landschaft. Von rechts her reichten imposante Weinberge, die mit hellen Dörfern geschmückt waren, bis an die Straße heran; auf der linken Seite dehnten sich Obstplantagen bis hin zu den Bergzügen aus, deren Gipfel sich am Horizont mit dem Himmel zu vereinen schienen.

Je mehr sich die Kutsche Vincennes näherte, um so schöner wurde die Gegend. Sophie packte schließlich die Neugierde und sie reckte den Hals, um ihre neue Heimat zu begutachten.

Auf den Wiesen weidete Vieh und die Bäuerinnen hatten die Wäsche zum Trocknen über dichtem Gebüsch ausgebreitet. Als Ferdinands Kutsche an ihnen vorbeiholperte, versanken sie in ehrfürchtigen Knicksen. Sie hatten den Duc erkannt. Kleine Jungen kamen herbeigelaufen, riefen aufgeregt und winkten den Reisenden zu.

Zu beiden Seiten der Straße lagen bald niedrige Häuschen, halb aus Holz und Ziegeln gebaut. Die Kutsche passierte das Dorf jedoch nicht, sondern die Pferde mühten sich stattdessen eine kleine Anhöhe hinauf und müde und erschöpft, wie sie von der langen Reise waren, schien es, als würden die Tiere noch einmal all ihre Kraft zusammennehmen. Auch der kleine Lysander, der den ganzen Weg tapfer mitgehalten hatte, war erschöpft und schnaubte.

Ferdinand wies zum Fenster hinaus und Sophies Blick folgte seinem ausgestreckten Arm. »Hier leben wir!«

Sie sah ein Schloss, dessen einzelne Gebäudeteile durch eine Reihe von Höfen und überdachte Säulengänge miteinander verbunden waren. Stauden und Büsche wuchsen in schnurgeraden Reihen und nirgendwo war auch nur eine Spur von Unkraut zu sehen. Hinter dem Hauptgebäude erhoben sich in respektvoller Entfernung Lagerhäuser und Werkstätten. Auch diese Häuser wirkten peinlich sauber. Auf den Feldern waren zahlreiche Bauern beschäftigt und in den Hügeln graste Vieh. Das Anwesen strahlte geradezu vor Selbstgefälligkeit und Dekadenz.

Angesichts von so viel Ordnung und Pedanterie verspürte Sophie einen gewaltigen Druck auf ihrem Magen. Wie herrlich unbeschwert war doch das Leben in Possenhofen!

Die Orléans-Kutsche umrundete das Schloss in einer Entfernung von mehreren hundert Metern und fuhr schließlich in einen Hinterhof, wo ein Springbrunnen Strahlen glitzernden Wassers in die Luft sprühte.

Eine Doppeltreppe führte zum Eingang im zweiten Stock hinauf und am Fuß dieser Treppe hielt der Wagen. Sophie beobachtete, dass eine Reihe von Bediensteten ihnen entgegeneilte, allen voran ein Mann, der ihr von Ferdinand als

Jean-Paul vorgestellt wurde. Er war von schmächtiger Statur, tiefe violett-schwarze Schatten lagen unter seinen Augen, sein Teint war fahl und er hatte einen auffälligen Kropf. Jean-Paul sah aus, als sei er gerade seinem Grab entstiegen.

Ferdinand stellte Sophie auch die anderen Bediensteten vor: zwei Kammerfrauen, zwei Pagen, sechs weibliche Bedienstete, zwei Köche, einen Bäcker, einen Haushofmeister und den Gärtner mit seinem Stab. Er sprach mit jedem von ihnen einige Worte, war aber kalt und unnahbar, ganz Autorität.

Nachdem Sophie aus der Kutsche gestiegen war, befahl er, dafür Sorge zu tragen, dass es ihrer Duchesse an nichts fehle.

Aber erst einmal würde Jean-Paul den beiden Frauen ihre Räumlichkeiten zeigen. Ferdinand selbst wollte sich unterdessen zurückziehen und sich von der anstrengenden Reise ein wenig erholen.

Bevor Sophie sich dem Diener zuwandte, sah sie nach Lysander, streichelte und liebkoste das junge Pferd und lobte es, weil es die Reise so tapfer hinter sich gebracht hatte. Sie bat den Pferdeburschen, gut auf Lysander zu achten und ihn sofort zu versorgen.

Dann folgten Sophie und Nadia dem Diener die Treppe hinauf. Ihr neues Zuhause war ein verwinkeltes, unübersichtliches Gebäude mit zahllosen Korridoren und einem Gewirr von Treppen. Sie gelangten in eine große Halle, deren Wände mit Hirschgeweihen geschmückt waren und in deren Ecken Rüstungen und Feuerwaffen lehnten.

Wieso hängt er meinen Kopf nicht gleich neben die anderen Trophäen?, fragte sich Sophie bitter.

Jean-Paul ging auf eine weitere, dieses Mal etwas schmalere Treppe zu und Sophie und Nadia tauschten einen Blick, als er sie in einen düster wirkenden Raum dirigierte. »Ihr Zimmer, Duchesse.«

Sophie betrat den Raum und sah sich um. Die Wände waren mit dunklem Eichenholz getäfelt. Der Kamin war ebenfalls aus Eichenholz und mit kunstvollen Schnitzereien verziert und wirkte zu wuchtig und protzig in dem Zimmer. Auch die Möbel waren ganz im überladenen Stil des vorigen Jahrhunderts gehalten. Das Bett mit den vier geschnitzten Pfosten hatte rote Samtvorhänge, die nachts zugezogen werden konnten. Zwei riesige Kleiderschränke standen an der Wand. Es gab Sessel und Lehnstühle, eine Spiegelkommode und einen Schreibtisch.

Jean-Paul zündete die Kerzen in den kupfernen Lüstern an, dann zog er sich zurück und versprach, sich sofort um das Gepäck seiner Herrschaft zu kümmern.

Als Sophie allein mit Nadia war, konnte sie endlich laut aussprechen, was sie dachte. »Willkommen in Vincennes, willkommen in der Hölle.«

Sophie und Nadia waren seit drei Tagen in Vincennes, hatten aber noch nicht viel von ihrer Umgebung gesehen. Wegen der Strapazen der Reise hatten sie sich erst einmal gründlich erholen wollen.

Es war eine stürmische, dunkle Nacht. Der Wind heulte gespenstisch, die Fensterläden klapperten. Wie auch an den beiden vergangenen Tagen befand sich Nadia in Sophies Zimmer und leistete ihrer Herrin Gesellschaft. Sie saß auf einem Stuhl und stickte an einem seidenen Kissenbezug. Sophie lehnte am Fenster, hatte die schweren samtenen Portieren zurückgeschlagen und starrte angestrengt in die Dunkelheit. Ächzend bogen sich die Bäume im Wind. In einem der schräg gegenüberliegenden Zimmer brannte Licht. Ein Schatten huschte hinter den geschlossenen Vorhängen hin und her, schien etwas Schweres von einer Seite zur anderen zu schleppen. Kurz zuvor hatte Sophie ihren Mann in dem Gebäude verschwinden sehen.

»Was in aller Welt treibt er da nur?« Kopfschüttelnd drehte sie sich um und blickte ihre Zofe an. »Und wieso stickst du die ganze Zeit?«

Nadia sah von ihrer Arbeit auf. »Ich versuche mich abzulenken, Hoheit. Das ist das unheimlichste Schloss, das ich je in meinem Leben betreten habe. Alles wirkt so ... so tot! Man hat das Gefühl, dass sich die Türen hier von Geisterhand öffnen und ...«

Im selben Moment öffnete sich die Zimmertür, Nadia stieß einen entsetzten Schrei aus und stach sich vor Schreck beinahe in den Finger. Auch Sophie riß erschrocken die Augen auf, als sie einen Augenblick später zu ihrer ungemeinen Erleichterung den Diener Jean-Paul erkannte, der das Zimmer betreten hatte. Leichenblass und einem Geist nicht ganz unähnlich verneigte er sich vor Sophie.

»Mein Gott, Jean-Paul, wie konnten Sie uns nur so erschrecken?«

Jean-Paul verneigte sich ein weiteres Mal. »*Pardon*, aber niemand hat auf mein Klopfen geantwortet. Ich wollte nur sagen, dass ich jetzt zu Bett gehen werde. Haben die Duchesse noch einen Wunsch?«

»Nein, danke, Jean-Paul.«

Der Diener wünschte Sophie eine angenehme Nachtruhe, wandte sich wieder zur Tür und wollte gerade gehen, als sie ihn noch einmal ansprach: »Einen Moment noch, Jean-Paul ... seit drei Tagen sind wir jetzt hier in Vincennes und mein Gemahl hält sich beinahe die ganze Zeit im Ostflügel auf. Dabei sagte man mir, alle bewohnten Zimmer befänden sich in diesem Flügel hier.«

Jean-Paul nickte. »*Oui*, das ist korrekt. Im Ostflügel hält sich eigentlich nie jemand auf. Nur der Duc hat die Schlüssel und es ist strengstens untersagt, diese Räumlichkeiten zu betreten.«

Kaum hatte sich die Tür hinter dem Diener geschlossen, wandelte sich Sophies verdutzte Miene zu einem gleichgültigen Lächeln. »Was immer er auch treibt, von mir aus kann er dort bleiben, bis er schwarz wird! Dann läßt er mich wenigstens in Ruhe.« Bis jetzt hatte Ferdinand tatsächlich keinerlei Anstalten gemacht, auf seinen Rechten als Ehemann zu bestehen, und Sophie hoffte bereits, dass er vielleicht impotent sei. Überhaupt wunderte sie sich, dass er sie seit ihrer Abreise aus Possenhofen in jeder Hinsicht gewähren ließ, ja, beinahe schien es, als ignoriere er sie.

Nach dem Frühstück am nächsten Tag hatten sich Sophie und Nadia zu einem Ausritt verabredet. Das Leben in Vincennes verlief in streng geordneten Bahnen und die gesamte Dienerschaft lebte in ständiger Furcht und Respekt vor ihrem Herrn.

Jeden Tag wurde um sieben Uhr morgens gefrühstückt, es gab warmes und kaltes Essen. Nach dem Frühstück zog Ferdinand sich stets in sein Arbeitszimmer zurück. Er führte die Bücher selbst und trug lange Zahlenkolonnen ein, schrieb Rechnungen und Quittungen zu Dutzenden aus und ließ sich dabei nur ungern stören.

Dann war Sophie sich selbst überlassen und konnte tun, was ihr beliebte, allerdings verlangte der Duc, über jeden ihrer Schritte informiert zu werden. Zum Abendessen um Punkt sieben Uhr hatte sie wieder im Speisesaal zu sein.

Danach war es ihr erlaubt, sich in ihre Räumlichkeiten zurückziehen. Ferdinand verschwand im Ostflügel.

Obwohl im Schloss zu jeder Tages- und Nachtzeit sämtliche Kamine eingeheizt wurden, war es stets zugig und kalt, so dass man sogar während der Mahlzeiten einen Mantel tragen musste.

Als Sophie und Nadia das Schloss verließen, hatten sich die Wolken der Nacht verzogen und die Sonne stand hoch und strahlend am Himmel. Beide Frauen trugen Reitkleider. Gackernd flogen ein paar Hühner zur Seite, irgendwo bellte ein Hund, Knechte sahen den Frauen nach, als sie zielstrebig auf den Pferdestall zugingen.

»*Voilà!*«, rief Sophie. »Dann wollen wir uns mal die neue Heimat besehen.«

Kurze Zeit später galoppierte sie auf einem schwarz glänzenden Rappen über eine blühende Wiese, dicht gefolgt von Nadia, die auf einem Schimmel ritt. Überall auf den Feldern arbeiteten Bauern. Sie winkten und grüßten und eine Bäuerin rief aufgeregt: »*C'est la Duchesse d'Alençon!*«

Zu Sophies großer Verblüffung benutzten die Menschen hier noch Schwingpflüge. Der Pflug auf Rädern hatte sich bei den Bauern in ihrer Heimat längst durchgesetzt, denn auch schwere Böden konnten damit bearbeitet werden. Von Possenhofen wusste Sophie auch, dass man den Acker längst nicht mehr mit der Sichel, sondern mit der Sense bearbeitete, und der Dreschflegel war von der Dreschmaschine abgelöst worden. Warum nur waren die Bauern hier so rückständig?

Sophie und Nadia verbrachten den Vormittag an einem einsamen Waldsee, den sie zufällig entdeckt hatten. Sie badeten in ihren Spitzenunterkleidern und ließen sich anschließend von der Sonne trocknen, die durch die Wipfel der Bäume blinzelte. Sie beobachten die Fische, die immer wieder aus dem Wasser herausschossen, und die Libellen, die knapp über der Wasseroberfläche schwirrten und irgendwo zwischen den Wasserrosen verschwanden, die überall wuchsen. Es war ein friedlicher Morgen und seit Wochen konnte Sophie die Ruhe zum ersten Mal wieder genießen. Sosehr sie Ferdinand verabscheute – wenn er sie gewähren ließ, dann war das Leben sogar mit ihm einigermaßen erträglich.

Sophie nutzte diese stillen Stunden, um heimlich von Edgar

zu träumen. Sie konnte ihren Geliebten einfach nicht vergessen und vermisste ihn schmerzlich. Zu Nadia jedoch verlor sie kein Wort darüber. Sie wusste, dass sie der Zofe noch immer eine Erklärung schuldete, aber sie war noch nicht bereit dafür.

Sophie und Nadia waren bereits auf dem Heimweg, als sie an einem Steinbruch vorbeiritten. Zahllose magere Männer, Frauen und Kinder, ärmlich gekleidet und halb verhungert, bearbeiteten den harten Felsen und man sah ihnen an, dass sie sich vor Erschöpfung kaum noch auf den Beinen halten konnten.

Mechanisch brachte Sophie ihr Pferd mit einem Ruck an den Zügeln zum Stehen und wandte sich zu Nadia um. Im selben Moment hörte sie lautes Kindergeschrei und das Klatschen einer Peitsche. Sophie starrte in die Richtung, aus der der Lärm kam, und erst jetzt bemerkte sie einen Mann, hoch zu Ross, der immer wieder mit dem Peitschenstock auf ein Kind einschlug.

Sie zögerte nicht. Entrüstet wendete sie ihr Pferd und galoppierte los.

»Hoheit!«, rief Nadia erschrocken und jagte hinter ihrer Herrin her.

Sophie erkannte bald, dass der Rohling auf dem Pferd ihr eigener Gemahl war. Vor ihm kniete ein Junge, rothaarig und noch nicht einmal den Kinderschuhen entschlüpft. Zum Schutz hielt er sich die mageren Arme über den Kopf. Ferdinand wollte gerade wieder mit dem Peitschenstock ausholen und zuschlagen, da war Sophie bereits aus dem Sattel, warf sich über den wehrlosen Jungen und hob gleichzeitig ihr vor Empörung verzerrtes Gesicht zu ihrem Mann. »Wie könnt Ihr nur, Duc d'Alençon?«

Ferdinand starrte Sophie fassungslos an. Gleichzeitig sah

er das Publikum der armen Steinbrucharbeiter, die alle ihre Köpfe in seine Richtung gewandt hatten, die Münder vor Überraschung weit aufgerissen. An Arbeit schien niemand mehr zu denken.

»Los! Weiter!«, brüllte Ferdinand erbost und sogleich ertönte wieder das monotone Klopfen.

Der Duc bog den Peitschenstock mit beiden Händen. In seinen Zügen zeigte sich eiserne Selbstbeherrschung. Schließlich ließ er den Stock sinken und seine Mundwinkel verzogen sich spöttisch. »Meine Gemahlin scheint für niedrige Kreaturen eine Schwäche zu haben. Ich erwarte dich unverzüglich zu Hause.« Dann gab er seinem Ross die Sporen und galoppierte davon.

Nadia sprang aus dem Sattel, half ihrer Herrin auf die Beine und begann, an den Grasflecken zu reiben, die ihr Kleid verschmutzten. Auch der Junge rappelte sich auf, die Augen unverwandt auf seine Retterin gerichtet.

»Es ist schon gut, Nadia.«

Sophie sah Ferdinand in einer Staubwolke davongaloppieren. Kopfschüttelnd wandte sie sich an den Jungen, der bis auf die Knochen abgemagert war. »*Pourquoi te bat-il?*«, fragte sie.

Stumm streckte er seine schmutzige Hand aus, die mit Schwielen und Blasen übersät war. Auf der Handfläche lag eine schrumplige Kartoffel. Stockend begann der Junge zu erzählen, dass er vom Aufseher beim Stehlen erwischt worden war, dass dieser den Duc verständigt hatte, dass er aber so hungrig sei, dass ihm alles gleichgültig sei. Sein Herr hätte ihn erschlagen können.

»Wie heißt du?«, fragte Sophie.

»Henri.«

»Und wo wohnst du?«

»Am Fluss.«

»Du wirst etwas zu essen bekommen und wir werden dich nach Hause bringen.«

Nadia blickte erschrocken zu ihrer Herrin. »Aber der Duc erwartet Euch!«

Achselzuckend half Sophie dem Jungen in den Sattel ihres Pferdes und stieg dann selbst auf. »Dann wird der Duc eben warten müssen.«

Henris Zuhause lag inmitten einer Ansammlung von notdürftig gezimmerten Hütten, die in der Nähe des Flusses standen. Je näher sie kamen, um so durchdringender wurde der Gestank. Nadia reichte ihrer Herrin ein Taschentuch, das sie sich vor den Mund halten konnte, während Henri den Geruch gar nicht wahrzunehmen schien. In ihrem ganzen Leben hatte Sophie noch nie ein solches Elend gesehen. Die Hütten, die eher an Bretterverschläge erinnerten, standen so dicht beisammen, dass man sich nicht vorstellen konnte, dass jemals ein frischer Luftzug dorthin gelangte. Schweine, räudige Hunde und Hühner liefen frei herum und waren so gierig auf Abfälle, dass sie sich nicht einmal von den herannahenden Pferden verscheuchen ließen. Die ganze Straße schien voller Abfälle zu sein, Fliegen saßen auf einer toten Katze und schwirrten in Schwärmen um halbverfaulte Reste fortgeworfener Nahrung.

Sophie presste sich das Taschentuch noch fester auf Mund und Nase. Trübes Wasser floss aus den Hütten und sammelte sich in stinkenden, gelblichen Pfützen auf der Straße. Überall verstopften Abfall und Exkremente die Abflüsse und Sophie sah ein paar Ratten davonhuschen. Alte Männer saßen vor ihren Verschlägen und starrten verwundert auf die vornehme Dame, die mit ihrer Zofe und dem Jungen vorüberritt.

»Gütiger Himmel«, murmelte Sophie entsetzt. »Hier wohnst du?«

»Dort vorn müssen wir rechts abbiegen«, rief Henri, der den Wirbel um sich zu genießen schien und ein paar zerlumpten Kindern zuwinkte, die am Straßenrand standen und gafften.

Sophie und Nadia lenkten ihre Pferde in die angegebene Richtung. Der Geruch nach gekochtem Kohl und ranzigem Fett war so streng, dass Sophie große Mühe hatte, einen plötzlichen Brechreiz zu unterdrücken.

Endlich hatten sie die Hütte erreicht, in der der kleine Henri lebte. Er rutschte aus dem Sattel und lief laut rufend auf den Eingang zu. »*Maman! Maman!*«

Sophie sah vor der Hütte eine Gruppe von notdürftig gekleideten Kindern stehen, die sie mit riesigen Augen musterten. Vermutlich hatten sie in ihrem ganzen Leben noch nie so eine schön gekleidete Frau gesehen.

»Warte hier!«, sagte Sophie zu Nadia.

Die Zofe blieb bei den Pferden zurück, während ihre Herrin dem Jungen folgte und mit ihm in die Hütte verschwand. Trotz des hellen Sonnenscheins war es dort ziemlich dunkel. Das Zimmer war nicht groß und die Luft war unerträglich heiß und stickig. Ein paar Matratzen lagen auf dem Boden, gleich neben einem eisernen Dreifuß, in dem ein wässriger Maisbrei köchelte. An der verschmutzten Wand lehnte ein Tisch. Ohne diese Stütze hätte er auf zwei wackligen Beinen nicht stehen können. Stühle gab es keine, nur Kisten. Die Läden des einzigen Fensters waren weit geöffnet, aber die Nachbarhütte stand so dicht davor, dass kein Sonnenstrahl ins Innere gelangte.

Als Sophies Augen sich an das Halbdunkel gewöhnt hatten, sah sie eine Frau vor sich, die sie ehrfürchtig anstarrte. Noch nie hatte sich einer der Orléans, Alençons, Nemours und wie sie alle hießen herabgelassen, in eine solche Gegend zu kommen. Sophie beobachtete, wie Henri sich stolz neben seiner Mutter aufbaute. Die Schläge des Duc schienen vergessen und nur noch eine hässliche rote Strieme auf seinem linken Unterarm erinnerte an den Vorfall.

»Ich möchte Ihnen ein Geschenk machen«, sagte Sophie zu Henris Mutter. Sie betonte das Wort *Geschenk,* weil sie von den Armen, die Weihnachten nach Possenhofen kamen, wusste, dass man nicht vergessen durfte, dass auch die Ärmsten der Gesellschaft ihren Stolz besaßen.

Die Augen von Henris Mutter leuchteten vor Überraschung und Freude auf, als Sophie ihr ein paar Geldstücke zusteckte. Sofort klatschte sie in die Hände und rief die anderen Kinder herbei, die sich bei der gütigen Duchesse zu bedanken hatten. Sophie war von einem blonden Mädchen und einem Jungen, der Henri wie aus dem Gesicht geschnitten war, umringt. Sie hörte das fröhliche Kinderlachen und musste unvermittelt daran denken, dass sie niemals das Lachen ihrer eigenen Kinder vernehmen würde. Sie streichelte dem blonden Mädchen über das Haar und erfuhr, dass die Kleine Marie hieß. Hätte man sie gebadet und in anständige Kleidung gesteckt, hätte sie wie ein Engel ausgesehen. Sophie erfuhr auch, dass der Vater im Bergwerk untertage arbeitete und gerade im Nebenraum schlief.

Henris Mutter berichtete mit leiser Stimme, dass sie seit ihrer Heirat erst zweimal Fleisch habe auf den Tisch bringen können und sonst aus Mais und Kastanien die Mahlzeiten für Mann und Kinder zubereiten müsse. Früher hatten sie ein kleines Stück Land bewirtschaftet, aber als die Ernte einmal nicht so reichlich ausgefallen war, hatte der Duc ihnen alles wieder genommen.

»Ich werde wieder kommen«, versprach Sophie bewegt.

Sie hatte nicht erwartet, dass Ferdinand sich in seiner Heimat als großzügiger und guter Mensch erweisen würde, aber mit solchem Elend hatte sie doch nicht gerechnet.

15. Kapitel

Ferdinand saß in seinem Arbeitszimmer mit Papier, Tinte und Feder am Sekretär und arbeitete, als die Tür ohne Klopfen aufflog und die entrüstete Sophie ins Zimmer stürmte.

»Oh! Wie konntet Ihr nur ein Kind schlagen?«, rief sie. Es gelang ihr immer noch nicht, zum vertrauten ›Du‹ überzugehen. »Er lebt mit seiner Familie mitten im Dreck. Habt Ihr Euch einmal angesehen, wie die Menschen dort unten am Fluss leben?«

»Er hatte gestohlen«, gab Ferdinand ungerührt zurück.

»Eine Kartoffel vom Feld hat er sich genommen!«

»Ich verbiete dir, weiterhin in einem derartigen Ton mit mir zu sprechen, und wenn du noch ein einziges Mal versuchen solltest, mich vor meinen Arbeitern lächerlich zu machen, dann wird das Konsequenzen haben, die du dir lieber ersparen solltest, *mon cheri*!« Er sprach mit ihr wie mit einem ungezogenen und nicht sehr aufgeweckten Kind, dem er zu seinem Leidwesen selbstverständliche Regeln zu erklären hatte. »Wirst du dich in Zukunft meinen Anweisungen unterordnen?« Sophies Wut und Entrüstung ignorierte er.

Sophie starrte ihren Mann an. »Nein! Niemals!« Ihre Stimme klang wie das Dröhnen einer Glocke.

Gleichmütig erhob sich Ferdinand von seinem Stuhl, ging auf seine ungehorsame Frau zu, ein merkwürdiges Lächeln auf den Lippen. Dicht vor ihr blieb er stehen und furchtlos blickte sie ihm ins Gesicht.

Es war das erste Mal seit ihrer Ankunft in Vincennes, dass sie allein waren. Beinahe war es Sophie erschienen, als sei er ihr bislang mit Absicht aus dem Weg gegangen, welche Gründe er dafür auch haben mochte. Jetzt stand der alte Spott in seinem Gesicht, die Augenbraue, die sich höhnisch zu einer Spitze in die Höhe zog, während er sie musterte.

»Du scheinst Rechte und Pflichten einer Duchesse nicht beurteilen zu können.«

Voller Abscheu blickte Sophie ihn an und plötzlich änderte sich sein Gesichtsausdruck. Sie fühlte sich unbehaglich, als er sie ausgiebig zu mustern begann: das Reitkleid aus charteusefarbenem Samt, ihre Schuhe und Strümpfe, die denselben Farbton hatten und genau dazu passten. Ferdinands Blick blieb auf ihren Brüsten haften, die sich rund und voll unter dem Stoff des Kleides abzeichneten.

»Zieh dich aus!«

Er ergriff ihr Handgelenk, aber es war eine sanfte Berührung, als wolle er ihr nicht wehtun.

Sophie sah ihn an und rührte sich nicht. Abscheu und Entsetzen waren in ihren Augen deutlich zu lesen. Jetzt war es also so weit!

Obwohl ihr vor Angst übel wurde, wollte sie sich nicht beugen. Sie hatte immer noch das Bedürfnis, ihn zu reizen, zu verletzen und wand sich aus seinem Griff.

»Habt Ihr so lange gewartet, Duc d'Alençon, um so lange wie möglich der Gewissheit zu entrinnen, dass Ihr nicht der Erste seid?«

Ferdinand schien nicht überrascht und mit einem Satz war er jetzt bei ihr, packte sie an den Haaren und riss ihren Kopf zurück, um sie zu küssen. Als Sophie sich wehrte und nach ihm schlug, warf er sie mit einem Ruck herum. Ihr Kinn knallte auf die Spiegelkommode und sie starrte in ihr Spiegelbild, als er sich hastig die Hose abstreifte und gleich darauf ihre Unterröcke lüftete. Mit einem ›Ratsch‹ zerriss der Stoff. Es gab kein Entkommen mehr. Gierig umschlossen seine Hände ihre Brüste, während er von hinten in sie eindrang. Im Spiegel sah Sophie mit schmerzverzerrtem Gesicht, wie Ferdinand dem Höhepunkt entgegenjagte. Irgendwann ertrug sie den Anblick nicht mehr und schloss die Augen.

Es schien eine Ewigkeit vergangen zu sein, als er endlich von ihr abließ. Er zog sich die Hose hoch, schnallte sich den Gürtel um, während Sophie mit den Stofffetzen ihres zerrissenen Kleides ihre nackte Haut zu bedecken versuchte.

»Obgleich schon jemand Vorarbeit leistete«, stellte Ferdinand spöttisch fest, »hat sich das Vergnügen gelohnt. Ich werde aber darauf verzichten, die ›Morgengabe‹ von ihm zu fordern, denn wahrscheinlich verfügt dieser Bastard sowieso nicht über die entsprechenden Mittel.«

Sophie wusste, dass Ferdinand sich über ihr Verhältnis zu Edgar Hanfstaengl hatte aufklären lassen.

»Und vergiss nicht, heute Nachmittag fahren wir gemeinsam zum Markt nach Vincennes! Dann wird meine kleine Kurtisane sehen, dass nicht nur Elend und Armut wie unten am Fluss ihre neue Heimat prägen.« Sein Mund verzog sich gleichzeitig zu einem höhnischen Lächeln.

Wieso hat er mich nur geheiratet?, fragte sich Sophie verzweifelt. Ich spüre doch, dass er mich genauso hasst wie ich ihn.

Als Ferdinand das Zimmer verließ, blickte sie ihm verbittert nach und raffte die Fetzen ihres zerrissenen Kleides zusammen.

* * *

Der Markt war ein großes Ereignis. In Holzwagen, zu Fuß und zu Pferde strömten Bauern und Dorfbewohner aus einem Umkreis von mehr als zwanzig Kilometern nach Vincennes, und mit sich brachten sie ihre Frauen, ihre Kinder und allerlei Tiere. Käfige waren an die Wagen gebunden, die Ablagen waren beladen mit Getreide und Wolle, die die Frauen an langen Winterabenden selbst gesponnen und zu Stoffen gewoben hatten.

Auch Händler kamen, um neue Ware einzukaufen: Tücher, Geschirr, Schuhe und Kleidung. Bauernmädchen mit Strohhüten, langen Röcken und Körben am Arm spazierten die Straßen auf und ab, riefen Geflügel, Butter, Milch und Gemüse aus.

Rund um den Marktplatz herum waren Buden aufgestellt worden. In den engen Gassen dazwischen drängelten sich die Menschen. Budenbesitzer und Bauern priesen mit lauter Stimme ihre Waren an.

Irgendwo hatte sich eine Traube neugieriger Menschen gebildet und als sich die Orléans-Kutsche näherte, blickte Sophie aus dem Wagenfenster und erkannte, dass die Gesichter vor Mitleid verzogen waren, weil einem kreidebleichen Mann ein schlechter Zahn gezogen wurde. Ein kräftiger Kerl mit einer Zange posaunte laut heraus, dass dies ein völlig schmerzloser Vorgang sei.

»Für ihn vielleicht«, grinste ein Bauer und löste sich schnell aus der Menge, als befürchte er, dass es ihn auch noch treffen könnte.

Ein paar Kinder, barfuß und in Lumpen, rannten auf die Orléans-Kutsche zu, liefen ein Stück mit und bettelten um Süßigkeiten.

Auf dem Marktplatz stiegen Sophie und Ferdinand schließlich aus, Nadia folgte ihnen.

Nachdem Ferdinand einen kurzen Blick auf seine Taschenuhr geworfen hatte, wandte er sich mit spöttisch arroganter Miene an seine Frau. »Da ich einige geschäftliche Dinge zu erledigen habe, sei es dir und deiner Zofe gestattet, euch allein ein wenig umzusehen.« Damit setzte er sich seinen Zylinder auf den Kopf und eilte davon.

Sophie starrte ihm voller Abscheu nach. Ich wünschte, du kämst nie wieder zurück, dachte sie. Der Blitz soll dich treffen!

Kurze Zeit später bewegte sie sich zusammen mit Nadia durch das dichte Getümmel, blieb vor den Buden stehen und betrachtete die ausgestellten Waren.

Plötzlich fiel ihr Blick auf eine Männergestalt in einer schwarzen Kutte. Sie stand vor einer Bude, in der geklöppelte Spitzen feilgeboten wurden, und sah sich unschlüssig um. Sie stutzte, denn das Gesicht schien ihr vertraut, aber bevor sie sich erinnern konnte, war der Mann schon wieder in der Menge verschwunden.

Sophie hielt die Luft an. Einen Moment lang schien sie völlig fassungslos, dann raffte sie ihre Röcke und lief los.

»Hoheit!«, rief Nadia, aber ihre Herrin war längst von der Menge verschluckt worden.

Sophie kämpfte sich zwischen stoßenden Armen und Ellbogen hindurch, blieb immer wieder stehen, sah sich um und rief laut: »Monsignore Pierre! Monsignore Pierre?«

Immer weiter und weiter drängte sie sich zwischen den Leuten hindurch. Plötzlich schrak sie zusammen, weil dicht neben ihr in einem Käfig ein paar Gänse und Enten laut gackerten und herumflatterten, so dass die Federn flogen. Sophie eilte weiter, blickte nach rechts, nach links, stellte sich auf die Zehenspitzen, glaubte den Pater schon entdeckt zu haben, rannte auf einen schwarz gekleideten Mann zu und blickte dann in ein fremdes Gesicht. Atemlos wandte sie sich schließlich an eine Frau.

»*Où se trouve l'église?*«

Die Frau zeigte in die Richtung, wo die Straße sich einen Hügel hinunterschlängelte.

»*C'est la première rue à droite.*«

Erst jetzt erkannte Sophie, dass die Kirche etwas tiefer gelegen war und von einer Reihe von Pappeln verdeckt wurde.

»*Merci beaucoup!*«

Sophie lief weiter. Zu beiden Seiten der Straße standen kleine Häuschen. Kleine Fenster sahen aus Rahmen von Geißblatt und Efeu hervor. Dichte, schön gewachsene Hecken trennten die Häuser und Hütten von der Straße und über den Gartentoren spannten sich Bögen aus Kletterrosen. Welch ein Unterschied zu den Hütten unten am Fluss!, dachte Sophie. Sie passierte ein Gasthaus, auf dessen Dach ein vergoldeter Adler prangte – zu Ehren des französischen Kaisers Napoleon III.

Endlich tauchte die Kirche vor ihr auf. Die vergoldete Kuppel und das schwere Holzkreuz über der Tür schimmerten im Sonnenlicht und Sophie verlangsamte ihre Schritte. Das Portal öffnete sich und eine Gruppe von Gläubigen verließ das Gotteshaus.

Sophie schlüpfte durch den Türspalt.

Drinnen herrschte dämmriges Licht, Kerzenlichter flackerten im Windzug und ein altes Mütterchen blickte auf, als Sophie durch den Mittelgang zum Altar ging. Aber sie konnte Pater Pierre nicht entdecken. Enttäuscht wandte sich Sophie um und wollte die Kirche gerade wieder verlassen, als sie beinahe in Pater Pierres Arme gelaufen wäre, der in diesem Augenblick durch den Eingang trat.

Beide starrten einander mit großen Augen an. Der Pater wusste sofort, wer vor ihm stand, und schien darüber maßlos erstaunt zu sein. »Aber das kann doch nicht sein!«, stammelte er fassungslos.

Sophies Mundwinkel verzogen sich zu einem strahlenden Lächeln. »Monsignore Pierre! Ich habe mich also nicht getäuscht!«

Ungläubig schüttelte er den Kopf. »Prinzessin Sophie!«

Ein bitterer Zug umspielte Sophies Mundwinkel. »Jetzt die Duchesse d'Alençon«, korrigierte sie ihn leise.

Die Verblüffung des Paters wuchs. »Ich habe wohl gehört, dass unser Duc geheiratet hat, aber ich ahnte ja nicht, dass ausgerechnet Ihr ...«

Sophies Augen füllten sich mit Tränen.

Pater Pierre nahm ihren Arm und geleitete sie zum Sanktuarium, damit sie sich ungestörter unterhalten konnten.

16. Kapitel

Als Sophie mit Monsignore Pierre in dem kleinen Nebenraum der Kirche saß, erzählte sie ihm alles, was in den letzten
Wochen und Monaten geschehen war. Dass ihre Hochzeit
mit Ludwig geplatzt war, dass sie mit Edgar hatte fliehen
wollen, dann aber erfahren hatte, dass sie niemals Kinder
bekommen würde. Sie sprach von der tiefen Liebe, die sie
immer noch für Edgar empfand, aber dass sie ihm gerade
deshalb eine Frau wünsche, mit der er eine Familie gründen
und mindestens vier Kinder haben konnte, so wie er es sich
immer erträumt hatte.

Sophie erzählte von Ferdinands Auftauchen, dass sie von
ihren Eltern nach der geplatzten Verlobung quasi an den
Nächstbesten verschachert worden sei.

Pater Pierre fühlte aufrichtig mit Sophie. Auch er verabscheute den Duc, kannte ihn nur als rohen, egoistischen
Mann, der für die Belange seines Volkes kein Ohr hatte, und
er hätte der Prinzessin wahrlich einen anderen Gatten
gewünscht.

»Es tut mir Leid zu hören, dass sich Eure Hoffnungen nicht
erfüllt haben«, sagte er mitfühlend. »Nach meiner Abreise
aus Possenhofen habe ich noch oft an unser Zusammentreffen gedacht. Ich habe mich wieder und wieder gefragt, ob
mein Rat, um die Liebe zu kämpfen, der richtige war.«

Da blitzten Sophies Augen auf. »Aber ja doch, Monsignore Pierre! Keinen einzigen Augenblick, den ich mit meinem geliebten Edgar verbringen durfte, bereue ich. Und dass ich ausgerechnet Euch hier treffe ... es scheint mir, als sei es ein Zeichen. Ich bin so glücklich, denn ich habe das Gefühl, dass es mehr ist als ein Zufall, dass sich unsere Wege erneut kreuzen, Monsignore Pierre.«

Als die Orléans-Kutsche am Nachmittag jenes Tages langsam wieder heimwärts schaukelte, blickte Ferdinand seine Frau ungläubig an. Nadia saß neben ihrer Herrin und konnte ihr eigenes Erstaunen kaum verbergen.

»Du warst bis jetzt in der Kirche?«

Sophie warf ihrem Mann einen spöttischen Blick zu. »Wollt Ihr mir jetzt auch noch das Beten verbieten, Duc d'Alençon?«

Mit keiner Silbe erwähnte sie, dass sie Monsignore Pierre aus früheren Tagen kannte. Was ging das ihren Gemahl auch an? Die Tatsache, in der Ferne einen Freund und Verbündeten gefunden zu haben, beglückte sie. Außerdem hatte sie erfahren, dass Monsignore Pierre sich sehr für die Armen am Fluss einsetzte und ihnen zur Seite stand, wo er konnte. Was sollte der Duc schon dagegen unternehmen, wenn sich seine Frau im Schoße der Kirche wohltätigen Zwecken widmete?

Dunkelheit hatte sich über das ganze Land gelegt, als Sophie an jenem Abend wieder an ihrem Fenster stand und angestrengt auf den gegenüberliegenden Flügel starrte. Ferdinand war wieder dort und sein Schatten huschte hinter den geschlossenen Vorhängen hin und her.

Nadia saß auf einem Stuhl und ihre Hände schlangen feine, dünne Fadenstränge um eine Reihe von Nadeln, die in kleine Korken gesteckt waren. Wieder einmal schien sie sich mit aller Kraft ablenken zu wollen.

Sophie schüttelte nachdenklich den Kopf. »Er ist schon wieder dort drüben, Nadia. Vielleicht ist er ja wahnsinnig und mauert Menschen ein. Hast du je von Don Carlos, dem Infanten von Spanien, gehört?«

»Nein, Hoheit.«

»Die nahe Verwandtschaft seines Vaters und seiner Mutter waren schuld an seinem Verhalten und an seinen Verbrechen.«

»Was... was hat denn er verbrochen?« Nadias Stimme war nur noch ein Flüstern.

»Verkleidet, dass ihn niemand erkannte, lauerte er hinter Säulen jungen Mädchen auf, um sich dann mit tierischem Geheul auf die Wehrlosen zu stürzen und sie zu verprügeln. Er befahl, kleine Tiere bei lebendigem Leib auf einem Rost zu braten, riss ihnen die Beine aus und weidete sich an ihren Qualen. Als ihn einmal eine Schlange verletzte, biß er ihr kurzerhand den Kopf ab. Es konnte auch vorkommen, dass Carlos ein Pferd streichelte, nur um im nächsten Moment seinen Dolch zu zücken und es niederzumetzeln. In einem derartigen Blutrausch hat er sogar einmal wahllos auf alle Pferde im königlichen Stall eingestochen. Es hieß, kein Tier hätte es überlebt. Aber am spanischen Hof schwieg man beharrlich über diese Vorfälle, weil man ihn schließlich verheiraten wollte. Das wäre mit einem Wahnsinnigen nicht ganz so leicht gewesen.«

Nadia starrte ihre Herrin mit offenem Munde an. »Oh, mein Gott!«

»Vielleicht hat mein Gemahl auch einen gewissen Hang zum Wahnsinn.«

Plötzlich wandte sich Sophie entschieden zu ihrer Zofe um und sagte: »Nadia, du musst herausfinden, was dort vor sich geht!«

Entsetzt starrte Nadia ihre Herrin an. Die Handarbeit

entglitt ihren Händen, aber sie wagte nicht zu widersprechen.

Kurze Zeit später lief die Zofe über den Schlosshof und mit klopfendem Herzen auf die Tür des Ostflügels zu. Einen Augenblick lang zögerte sie, dann drückte sie die Klinke hinunter. Die Türangeln quietschten laut und Nadia blieb vor Entsetzen fast das Herz stehen. In diesem Moment verwünschte sie ihre Herrin. Sie verwünschte sich auch selbst, weil sie der dummen Idee verfallen war, diese nach Vincennes zu begleiten. Sie lauschte angestrengt und als nichts geschah, huschte sie ins Innere.

Vor ihr lag eine Treppe und langsam stahl sich Nadia die knarrenden Stufen hinauf. Schließlich gelangte sie zu einer Tür, die nur angelehnt war. Ein Lichtschein fiel auf den Treppenabsatz.

Nadia hielt den Atem an, als sie vorsichtig durch den Türspalt spähte. Vor Überraschung riss sie die Augen auf und hielt sich die Hand vor den Mund. Sie durfte jetzt keinen Laut von sich geben. Vor sich sah sie das schönste Kinderzimmer, das sie sich nur vorstellen konnte: Reich verzierte Schaukelpferde aus Holz standen neben einer Babywiege und einem Marionettentheater. Kinderbücher, Pariser Spielzeugkutschen, kleine Figürchen und Bälle lagen herum. Alles war liebevoll angeordnet, zusammengestellt und zum Teil offenbar selbst gefertigt.

Nadia konnte ihren Blick nicht abwenden. Fasziniert betrachtete sie die schönen Spielsachen. Alles hatte sie erwartet, nur das nicht. Mit aller Macht schien der Duc verhindern zu wollen, dass jemand bemerkte, dass auch er Gefühle und geheime Wünsche hatte, das wurde Nadia in diesem Augenblick klar. Offenbar wünschte er sich Kinder, aber anstatt mit Sophie darüber zu reden, vergrub er sich ohne ihr Wissen Nacht für Nacht in einem Reich, das er sich selbst erschaffen hatte, in dem es aber nichts als seine Träume gab. Warum teilte er sie nicht mit seiner Frau?

Nadia wurde von einer Welle des Mitleids für den Duc erfasst. Die Einsamkeit des Mannes rührte sie zutiefst und sie spürte, dass sie sich damit in Gefahr begab.

Als sie plötzlich ein Geräusch aus dem Zimmer hörte, zuckte sie erschrocken zurück. Beinahe hätte sie vergessen, wo sie sich befand. Hastig wandte sie sich ab und huschte die Stufen hinunter, um ihrer Herrin Bericht zu erstatten.

Sophie starrte ihre Zofe sprachlos an. »Ein Kinderzimmer?«

Nadia nickte. »Ja. Ich glaube, es soll eine Überraschung werden, falls Ihr in andere Umstände kommt. Ein Mensch, der mit so viel Liebe ein Kinderzimmer herrichtet, Hoheit, der hat auch ein Herz! Vielleicht haben wir uns in ihm ja getäuscht.«

Sophie ließ sich auf die Kante ihres Bettes sinken und starrte einen Moment lang gedankenverloren vor sich hin. Im Kamin knackten große Holzscheite und die Flammen züngelten hoch. Das Licht ließ die Schatten der Möbel tanzen, als hätte ihnen das Feuer Leben eingehaucht.

»Aber das ist doch wundervoll!«, rief Sophie plötzlich. »Wenn er ein Herz hat, dann wird er auch erfahren, was Schmerz heißt! Ist das nicht wundervoll, Nadia? Ich kann nämlich überhaupt keine Kinder bekommen! Was denkst du? Wird das ein Schrecken für ihn sein?«

Es bereitete Sophie offenbar Genugtuung, Ferdinand endlich etwas heimzahlen zu können. Bislang war er ihr unverwundbar erschienen. Strahlend sah sie zu Nadia hinüber, hielt dann aber verdutzt inne. »Was siehst du mich denn so entsetzt an?«

Nadia wusste, dass Sophie den Duc viel zu sehr hasste, um

sich jetzt vernünftig verhalten zu können. Sie war an ihn verkauft worden und das wollte sie ihn unablässig spüren lassen. Sie wäre eher gestorben, als ihm nur den Anflug von Verständnis entgegenzubringen. Aber was sollte das Gerede davon, dass sie keine Kinder bekommen konnte?

Die ganze Zeit schon hatte Sophie darauf gewartet, endlich ein Loch in seinem Panzer zu finden, durch das sie zustoßen konnte. Sie wollte ihn verletzen, genauso wie er sie verletzt hatte. Und jetzt hatte sie zum ersten Mal einen Trumpf in der Hand.

Nadia wagte nicht, ihre Herrin zur Vernunft zu mahnen, denn sie spürte, dass sie damit eine unüberbrückbare Kluft zwischen sich und Sophie schaffen würde. Also schwieg sie und redete sich heraus. »Es ... es ist nichts, Hoheit. Ich bin nur ein wenig müde. Dürfte ich wohl zu Bett gehen?«

Sophie entließ sie und Nadia verließ knicksend das Zimmer.

Sophie wandte sich wieder zum Fenster und sah das erleuchtete Zimmer im Ostflügel. Triumphierend lächelte sie in die Dunkelheit. Dass er sich selbst die Zeit nahm, ein Zimmer für seine Nachkommen herzurichten, dass er damit nicht die Bediensteten beauftragte, zeigte ihr deutlich, wie groß sein Wunsch nach Erben war.

Genau die richtige Gemahlin hat er sich als Mutter seiner Kinder ausgesucht, dachte sie grimmig. Unfruchtbar wie ein Stein!

Es war weit nach Mitternacht, als Sophie plötzlich erwachte. Sie lauschte angestrengt in die Dunkelheit und hörte, wie leise eine Tür quietschte. Sofort war sie hellwach, denn sie wusste, dass es nun wieder so weit war. Seit jenem Nachmittag, als er sie das erste Mal genommen hatte, kam er nachts immer um dieselbe Zeit.

Sophie regte sich nicht, bis Ferdinands Schatten neben ihr Bett gefallen war. Dann blickte sie lächelnd auf. »Oh, muss ich heute wieder meinen Ehepflichten nachkommen, Duc d'Alençon?«, fragte sie zuckersüß. »Nicht, dass Ihr vergeblich dieses kleine Zimmer für unsere Nachkommen herrichtet!« Und scheinbar trübselig fügte sie seufzend hinzu: »Leider wird dieser Raum für immer leer bleiben, niemals wird helles Kinderlachen durch die tristen, kalten Wände dringen, weil ... weil ... Leider ist Eure billige kleine Kurtisane unfruchtbar und kann keine Kinder gebären! Ein böser Reitunfall! O wie nachlässig, dass meine Mutter Euch das verschwieg!« Sophie lachte hell auf und ihr Lachen klang wie tausend klirrende Glöckchen. »Längst schon hätte ich Euch aufgeklärt, Duc d'Alençon, hätte ich nur gewusst, wie wichtig Euch das ist.«

Ferdinand starrte sie fassungslos an. Er schien bis ins Mark getroffen und Sophie fühlte sich beschwingt wie seit langem nicht mehr. Sie richtete sich auf, so dass ihre Augen auf gleicher Höhe waren wie die seinen. »Ich schwöre bei Gott! Das ist die Wahrheit. Mit meinen eigenen Ohren habe ich es vernommen, als meine Mutter es meinem Vater gestand. Und Ihr könnt Euch nicht vorstellen, Duc d'Alençon, wie sehr es mich freut, dass sich unser Blut niemals vermischen wird, dass Ihr armseliges, jämmerliches Geschlecht aussterben wird!«

»*Sapristi! Zut alors!*«, schrie Ferdinand und mit Sophies Genugtuung, ihn tief verletzt zu haben, mischte sich blankes Entsetzen. Ihr stockte der Atem, als sie sah, wie sich sein Gesichtsausdruck plötzlich veränderte.

Noch nie hatte sie ihn in einem derartigen Zustand erlebt. Er schien sich völlig vergessen zu haben und wirkte wie ein bösartiger, wilder Fremder. Sophie sah ihn erschrocken an und jäh wurde ihr bewusst, dass sie zu weit gegangen war.

Er wird mich umbringen!, dachte sie voller Angst und

sprang aus dem Bett. Sie wollte zur Tür und aus dem Zimmer laufen, doch Ferdinand packte sie wie ein aufgescheuchtes Tier. Bevor sie wusste, wie ihr geschah, hatte er ihren Arm gepackt und sie an sich gerissen. Sie schrie auf, er zerrte sie herum und schmetterte ihr die Faust auf die Wange. Sophie fühlte den stechenden Schmerz und sank zu Boden. Zitternd hoffte sie, dass er von ihr abließe, aber sie hatte sich getäuscht. Außer sich beugte er sich nieder, schleifte sie zum Bett und warf sie auf die Matratze.

Als Ferdinand seinen Gürtel löste, rechnete sie damit, dass er trotz allem mit ihr schlafen wollte. Sie schloss die Augen und öffnete sie erst wieder, als er ihr grob das Leibchen vom Körper zerrte. Sophie blinzelte, sah, wie er den Gürtel hob, und erst jetzt begriff sie, was er vorhatte. Sie schrie laut auf. Mit voller Wucht sauste das Leder im nächsten Moment auf sie nieder und grub sich tief in ihr Fleisch. Sophie brüllte vor Schmerz auf und wollte ihm entfliehen, aber er hielt sie unbarmherzig fest und es schien, als empfände er bei jedem Schlag eine unbeschreibliche Genugtuung. Blut sickerte durch den dünnen Stoff ihres Nachthemdes.

Nadia lag unterdessen in ihrem Zimmer und presste sich die Hände auf die Ohren. Sie konnte die Schreie ihrer Herrin nicht mehr länger ertragen.

Hoffentlich bringt er sie nicht um, dachte sie und begann, leise zu beten.

Nadias Gebete wurden erhört. Am nächsten Morgen saß Sophie vor dem Spiegel, kreidebleich und stumm, und starrte sich an, als sei ihr Gesicht das einer Fremden, während Nadia die blutigen Striemen vorsichtig mit Borax-Lösung betupfte.

»Das... das brennt jetzt ein bisschen, aber es desinfiziert.«

Sophie zuckte zusammen, aber kein Laut kam über ihre Lippen.

Schließlich versorgte Nadia die Wunden mit Umschlägen aus Kampfer, die den Heilungsprozess fördern sollten, und versprach, alle schulterfreien Kleider der Duchesse ändern zu lassen, damit niemand etwas merkte.

Sophie war das ganz und gar gleichgültig. Wie immer, wenn sie sich so elend fühlte, dass sie am liebsten gestorben wäre, verkroch sie sich in ihr Bett.

Und wie sie erwartet hatte, ließ Ferdinand sie fortan in Ruhe.

17. Kapitel

In den nächsten Wochen sah auch Nadia den Duc selten. Er schloss sich meist im Salon ein und Jean-Paul hielt jede Störung von ihm fern.

Als Sophie fünf Wochen lang sonntags nicht zur heiligen Messe erschienen war, ließ Pater Pierre durch einen Boten im Schloss nach der Ursache für ihr Fernbleiben fragen. Man berichtete ihm, dass die Duchesse erkrankt sei und das Bett hüten müsse.

Erst als Sophie hörte, dass der Pater ihr Grüße hatte bestellen lassen, beschloss sie, sich zu erheben und unter die Lebenden zurückzukehren. Die Striemen auf ihrem Rücken waren inzwischen gut verheilt, aber es stand außer Frage, dass Narben bleiben würden.

Sophie bat Nadia, den Duc davon in Kenntnis zu setzen, dass sie die Messe besuchen wollte. Ferdinand bestand nach wie vor darauf, über jeden Schritt seiner Frau unterrichtet zu werden.

Unschlüssig stand Nadia kurze Zeit später vor der verschlossenen Tür zum Salon. Sie wusste, dass der Duc sich dort aufhielt und ihr war ein wenig beklommen zumute, weil sie ihn seit dem Vorfall mit Sophie nicht mehr getroffen hatte. Zaghaft klopfte sie. Es dauerte einige Zeit, bis sie ihn schließlich »*Entrez*« rufen hörte.

Nadia trat ein. Die Luft war voller Rauch und roch abgestanden. Dieser Raum war seit langer Zeit nicht mehr gelüftet worden. Die Vorhänge waren vor die Fenster gezogen. Nadia erkannte im Halbdunkel Ferdinands Gestalt, die in einem Sessel saß und eine Zigarre rauchte. Als sie näher trat, bemerkte sie, dass seine Augen blutunterlaufen waren, und er sah aus, als habe er schon lange nicht mehr geschlafen. Er war unrasiert, sein Gesicht wirkte eingefallen und seine Kleider waren zerdrückt.

Warum lässt er sich nicht von ihr scheiden?, fragte sich Nadia. Sie werden sich zerfleischen, wenn sie noch länger zusammenbleiben. Oder liebt er sie vielleicht?

Nadia wusste selbst nicht, warum, aber plötzlich spürte sie einen Stich in ihrem Herzen. Wie er da so allein und einsam in seinem Stuhl saß, hätte sie sich am liebsten vor seine Füße geworfen und ihn getröstet.

Mit aller Macht schob sie ihre Gedanken beiseite.

Sie räusperte sich und Ferdinand sah sie endlich an. »Was gibt es?«

»Die Duchesse wünscht die heilige Messe in Vincennes zu besuchen.«

»Sie kann gehen ... und nun ... husch, husch ... erzähl deiner Herrin, wie sehr sie mich verletzt hat! Es wird sie freuen und ihr könnt gemeinsam über mich spotten!«

Nadia starrte den Herzog an. »Es lag nie in meiner Absicht, über Euch zu spotten, Duc d'Alençon.« Dann verließ sie hastig das Zimmer, erschrocken über ihre energischen Worte.

Ferdinand d'Alençon blickte noch lange nachdenklich auf die geschlossene Tür, durch die Nadia verschwunden war.

In der Kutsche, die Sophie zur Kirche bringen sollte, brachte Nadia das Gespräch vorsichtig auf den Duc. »Euer Gemahl scheint mir lange nicht so roh und hart, wie er vorgibt zu sein, Hoheit.«

Sophie traute ihren Ohren nicht. Entsetzt sah sie ihre Zofe an. »Nadia, was geht in deinem Kopf vor? Über fünf Wochen habe ich in meinem Zimmer verbracht, so groß waren die Schmerzen nach seinen Schlägen. Mein Rücken ist immer noch voller Striemen und die Narben werden für immer zu sehen sein. Kein einziges Wort des Bedauerns kam bislang über seine Lippen und jetzt sagst du ...«

Plötzlich verschwamm alles vor Sophies Augen. Ein Schwindelgefühl überkam sie in Wellen und gleichzeitig hatte sie das seltsame Empfinden, als sei sie mitten in einer wirbelnden Kugel; sie hätte nicht mehr sagen können, wo der Boden und wo die Wände der Kutsche waren. Wie im Nebel sah sie Nadia vor sich, nur ganz undeutlich hörte sie ihre Stimme rufen: »Hoheit! Was ist mit Euch? Um Gottes willen, Hoheit!«

Doch schon einen Augenblick später hatte sich Sophie erholt. »Es ist schon wieder gut. Nur ein kurzer Schwindel.«

Nadia spürte ein bohrendes Schuldgefühl. »Meine Worte waren es, die Euch so erregt haben. Oh, es tut mir so Leid, Hoheit!«

Spontan griff Sophie nach der Hand ihrer Zofe und drückte sie. »Versprich mir, dass nie etwas zwischen uns tritt, Nadia, dass unsere Verbundenheit auf ewig hält! Meine Freundschaft zum Ludwig schien mir auch immer so fest und unzerstörbar, und sieh nur, was daraus geworden ist.«

»Ich schwöre es! Ich schwöre es! Was immer auch geschieht, ich werde immer Eure Freundin sein, Hoheit!«

Sophie hatte dem Kutscher befohlen, zuerst zu den Hütten unten am Fluss zu fahren. Während der langen Wochen, die sie im Bett verbracht hatte, waren Henri und seine Familie auf sich allein gestellt gewesen, aber sie hatte sie nicht vergessen. Als sie nun in der Hütte auftauchte, weinte Henris Mutter vor Glück, denn sie sah den Korb, den die Duchesse mitgebracht hatte. Darin lagen frische Fleischpasteten, Wurst, Brot und Obst. Henri und seine Geschwister rissen die Augen auf und schienen es gar nicht erwarten zu können, sich endlich die Leckereien in den Mund zu stopfen.

Sophie wechselte ein paar freundliche Worte mit der Frau und scherzte mit den Kindern. Dann verabschiedete sie sich und versprach, bald wieder zu kommen.

In Vincennes läuteten bereits die Kirchenglocken und riefen zur heiligen Messe. Ein Heer von Bürgern und Bürgerinnen strömte zum Gotteshaus.

Die meisten Holzbänke waren besetzt, als Sophie und Nadia die Kirche betraten. Pater Pierre stand bereits hinter dem Altar und lächelte Sophie aufmunternd zu, als er sie erkannte.

Sophie und Nadia hatte kaum Platz genommen, da betrat der Chor singend die Kirche, und als der Gesang verstummt war, rief Pater Pierre zum stillen Gebet auf. Alle Anwesenden knieten mit gefalteten Händen auf den Fußbänken.

Auch Sophie betete, den Blick auf das Kreuz über dem Altar gerichtet. Obgleich sie ihre Entscheidung, mit Edgar zu brechen, immer noch für richtig hielt, hatte sie doch manchmal das Gefühl, vor Sehnsucht nach ihm beinahe wahnsinnig zu werden. Sie betete inbrünstig. Einmal wollte sie ihn noch sehen. Wenigstens ein einziges Mal noch wollte sie ihm in die Augen blicken dürfen.

Und da ergriff sie erneut ein heftiges Schwindelgefühl. Wie eine Strafe für ihren Wunsch, der ihrem Stand einer verheirateten Frau keineswegs angemessen war, brach es über sie herein und raubte ihr die Besinnung.

Sophie hörte nicht, wie Pater Pierre die Bibel aufschlug und daraus zu lesen begann: »*Deus illuminatio mea, Deus optimus et maximus . . .*«

Sie hörte nichts mehr. Alle Anwesenden erhoben sich. Nadia blickte zur Seite und plötzlich sah sie, dass ihre Herrin als Einzige nicht aufgestanden war. Kniend war sie auf der Fußbank in sich zusammengesackt.

»Großer Gott, die Duchesse ist ohnmächtig!«

Man hatte Ferdinand unverzüglich über diesen Vorfall informiert. Als er in einer Staubwolke vor der Kirche vorfuhr, war Sophie immer noch ohne Bewusstsein. Durch die neugierige Menschenschar, die sich vor der Kirche versammelt hatte, drängte sich Ferdinand hastig hindurch.

»Zur Seite!«, schrie er, als ein paar Leute ihm im Weg standen, und verschwand im Gotteshaus.

Man hatte Sophie ins Sanktuarium getragen und Nadia hatte ihren Kopf in ihre Arme gebettet. Nach einem Arzt hatte man bereits geschickt, ihn aber nicht angetroffen, weil er in den umliegenden Dörfern dringende Hausbesuche zu erledigen hatte.

»Wenn ihr ihn nicht augenblicklich findet«, donnerte Ferdinands aufgebrachte Stimme durch den heiligen Raum, »dann sorge ich dafür, dass nicht einer von euch diese Kirche je wieder von innen sehen wird!«

Die Altardiener stürmten aufgeschreckt davon.

Ferdinand befahl, Sophie unverzüglich zum Schloss bringen zu lassen. Behutsam wurde ihr schlaffer Körper zur Kutsche getragen und sanft auf eine Bank gebettet. Langsam setzte sich die Kutsche in Bewegung und schaukelte vorsichtig zum Schloss. Ferdinand ließ seine Frau nicht aus den Augen.

Als sie auf ihr Bett gelegt wurde, kam Sophie wieder zu Bewusstsein. »Was ist geschehen?«, fragte sie verwirrt. Dann spürte sie ein heftiges, schmerzhaftes Ziehen im Unterleib.

Ferdinand, Nadia, Pater Pierre und andere Menschen begannen, sich vor ihren Augen zu drehen. Sie würgte und erbrach sich schließlich vor aller Augen. Die Schmerzen waren so stark, als sollte sie in tausend Stücke zerrissen werden. Sie konnte nicht aufstehen, nicht einmal ihren Arm mehr heben. Geräusche drangen an ihr Ohr, sie schienen wie aus einer anderen Welt.

Jean-Paul betrat das Zimmer und Ferdinand brüllte, er solle kalte Kompressen holen und nachsehen, wo der verdammte Doktor bleibe. Nadia hatte inzwischen damit begonnen, das Bett sauber zu machen.

Sophie erkannte über sich Ferdinands Gesicht. Sein Arm schob sich unter ihren Körper, damit Nadia ein neues Laken auf die Matratze spannen konnte. Sophie sah erstaunt den besorgten, zärtlichen Ausdruck in den Augen ihres Mannes. Sie wollte sich gerade aus seiner Umarmung winden, aber da war der Schleier auch schon wieder da, die Welt begann sich erneut zu drehen und sie fiel willenlos in seine Arme.

Dann betrat endlich mit fliegenden Rockschößen der Arzt das Zimmer, begleitet von dem atemlosen Jean-Pierre. Sophie sah die beiden Männer und sank in die Kissen. Der Schleier vor ihren Augen verdichtete sich und wurde schwarz.

Der Arzt hatte Sophie gründlich untersucht und festgestellt, dass sie im zweiten Monat schwanger war.

Ferdinand traute seinen Ohren nicht. »Sie erwartet ein Kind?«, wiederholte er fassungslos. Die beiden Männer standen auf dem Flur vor Sophies Zimmer und sprachen leise miteinander.

»Ob sie es übersteht«, fügte der Arzt zögernd hinzu, »liegt allein in Gottes Hand. Verzeiht mir meine Offenheit, aber Eure Gemahlin scheint mir im Unterleib nicht ganz gesund zu sein.«

18. Kapitel

Edgar fotografierte zu jener Zeit zahllose Kraniche, die majestätisch am Ufer des Yarlung-Zangpo-Flusses mit ihren langen Beinen durch das sumpfige Grün stolzierten. Fast acht Monate war er bereits in China. Von einem befreundeten Chinesen hatte er erfahren, dass Kraniche nach ihrer Vermählung eine lebenslange Ehe führten. Wenn einer der Vögel starb, dann ging meist auch sein Partner zugrunde.

Mögen wir Kraniche werden, hatte der berühmte Dichter Bai Ju Yi geschrieben, und Flügel an Flügel im Himmel fliegen.

Edgar beobachtete, wie zwei verliebte Kraniche miteinander schnäbelten. Er fotografierte sie und schwor sich, dass er nicht sterben würde, dass er über Sophie hinwegkommen würde.

Nachdem Edgar seine Fotoausrüstung zusammengepackt hatte und die beiden chinesischen Träger die Kisten in die Kutsche mit dem Maulesel verladen hatten, fuhr er nach Flingpu zurück, er hatte sich in dem kleinen Bergdorf eine Hütte gemietet. Er liebte das einfache Leben, die Ruhe und die Harmonie, die in diesem riesigen Land herrschten. Hier fand auch er Frieden.

Der Maulesel zog die Kutsche an einer in den Fels gehauenen Skulptur vorbei, die einen lächelnden Buddha zeigte. Auch Edgar lächelte. Ja, das Leben hier tat ihm gut.

Am selben Abend lag er in seiner Hütte, die verschränkten Hände hinter dem Kopf, die Beine lang ausgestreckt. Die hübsche Chinesin neben ihm, die sich mit einem seidenen Umhang zugedeckt hatte, atmete in friedlichem Schlaf. Im Licht der Morgendämmerung bedauerte Edgar die Ereignisse der Nacht zutiefst. So groß und stark Leidenschaft und Begierde jedes Mal am Abend waren, umso ernüchternder erschien ihm das Erwachen am nächsten Morgen.

In den vergangenen Monaten hatte er einige flüchtige Abenteuer gehabt, aber er fand keine Befriedigung und die Belanglosigkeit der Beziehungen schmerzte ihn. Immer noch trug Edgar die Erinnerung an eine Liebe im Herzen, die unvergänglich war, die sich nicht beiseite schieben und vergessen ließ.

Missmutig schüttelte er den Kopf, als er die schlafende Frau an seiner Seite betrachtete. Sie sah so zufrieden und glücklich aus.

Edgar vergrub den Kopf in den Händen. Durch das offene Fenster wehte der frische Wind vom Jangtsekiang herein, dem riesigen Berg, der China in Norden und Süden teilte.

Die junge Chinesin seufzte im Schlaf und drehte sich auf die Seite. Edgar berührte ihre nackte Schulter und sie schlug zärtlich lächelnd die Augen auf.

Es ist nicht richtig, dachte Edgar. Und im nächsten Moment schoss es ihm durch den Kopf: Ach, ich wünschte, ich könnte mich wieder verlieben und Sophie für immer vergessen! Wahrscheinlich ist sie längst glücklich und verschwendet keinen Gedanken mehr an mich.

* * *

Sophie lag bis zum Hals zugedeckt flach auf dem Rücken. Ihr blasses Gesicht wurde von zwei rotbraunen Zöpfen umrahmt, die Nadia geflochten hatte, damit das lange Haar nicht verfilzte.

Im dämmrigen Licht erschienen Sophies Gesichtszüge hart und scharf. Die Lippen waren rissig und trocken, unter den Augen lagen dunkle Schatten. Die Kranke schlief nicht. Ihre Augen waren halb geschlossen und hohes Fieber plagte sie.

Der Arzt hatte darauf bestanden, dass alle Fenster geschlossen zu halten seien. Obgleich er sich als moderner Mann bezeichnete und auch nach neuen Methoden praktizierte, war er doch davon überzeugt, dass es in schweren Krankheitsfällen besser sei, wenn alle Fenster und Türen fest verschlossen waren, damit der Tod nicht ins Zimmer gelangen könne.

Die Luft war stickig und verbraucht. Sophie war schweißgebadet und stöhnte. Das Fieber war hartnäckig und Sophie ging es von Tag zu Tag schlechter. Ein Bote war bereits in Possenhofen gewesen, aber Ludovika und Max waren in den österreichischen Bergen auf Reisen und nicht auffindbar. Ferdinand wusste in seiner Verzweiflung weder ein noch aus.

Als die Temperatur so hoch war, dass Sophie zu phantasieren begann, gab der Arzt seine Patientin auf. Er hatte alles versucht, um das Fieber zu senken, war aber ohne Erfolg geblieben. Auch er sah keine andere Möglichkeit mehr, als nach Pater Pierre zu rufen.

Sie darf nicht von uns gehen!, dachte Nadia verzweifelt. Was soll denn dann aus mir werden?

Von ihrer Mutter hatte Nadia vieles über Heilpflanzen gelernt und in ihrer hilflosen Angst um ihre Herrin und ihr eigenes Schicksal wandte sie sich schließlich an den Duc und bat ihn, ihr die Erlaubnis zu geben, die Kranke zu versorgen.

Ferdinand wusste, dass nichts mehr zu verlieren war, und erklärte sich einverstanden. Hoffnung hatte er keine mehr.

Noch am selben Tag ließ Nadia von der Dienerschaft nach allen erdenklichen Heilpflanzen suchen, die in der Umgebung wuchsen: Gurkenkraut und Sauerampfer gegen Übelkeit, Nieswurz, Nachtschatten und Baldrian gegen Kopfschmerzen, Ringelblume und Portulak gegen Fieber.

Nadia hatte ihrer Mutter während ihrer Kindheit und Jugend häufig geholfen, viel dabei gelernt und großes Vertrauen in die Wirksamkeit der Kräuter. Sie hatte oft genug gesehen, wie mit ihrer Hilfe auch Schwerkranke wieder gesund geworden waren.

Als sie Sophies Zimmer betrat, ließ sie erst einmal die Fenster öffnen, damit die Kranke wieder frische Luft atmen konnte. Dann beugte sie sich über ihre Herrin und bemerkte, dass ihr Gesicht eine merkwürdige blassgrüne Farbe angenommen hatte. Die Haut schälte sich und sah aus wie Pergamentpapier.

Das ist der Tod!, dachte Nadia erschrocken und fühlte, wie ihr eine Gänsehaut über den Rücken kroch.

»Hoheit«, sagte sie leise.

Sophie regte sich ein wenig, ein Zittern durchlief ihren Körper, aber sie reagierte nicht.

»Ich werde Euch wieder gesund machen«, flüsterte Nadia. »Ich verspreche es!«

Sie streichelte sanft Sophies Haar. Dann nahm sie eine Wasserschale zur Hand, tauchte ein Tuch hinein und wrang es aus. Vorsichtig befeuchtete sie damit die rissigen Lippen.

Stundenlang massierte sie Sophie mit Kampferöl, um das Fieber zu senken. Sie fütterte ihre Herrin mit Fleischbrühe und Warmbier und wickelte sie in so viele Decken, wie sie finden konnte. Die Dienerschaft ließ sie Ziegel erwärmen und sie legte die Steine zu Füßen ihrer Herrin in das Bett. Die ganze Nacht wachte sie am Krankenlager.

Sophie spürte, wie sich der Schleier der Dunkelheit langsam auflöste, und sie hatte dabei allerlei merkwürdige Träume. Sie war an einem Wasserfall. Es war kühl und still dort und es duftete nach allerlei Kräutern. Das Wasser rauschte zwischen dunkelgrünen Binsen und die Weiden tauchten ihre Zweige in die Strömung. Plötzlich tauchte Edgar auf. Das Herz schlug ihr vor Glück bis zum Hals. Durch die Bäume tropften die Sonnenstrahlen auf seinen Kopf wie das Licht in einer Kathedrale. Hand in Hand liefen sie durch das glitzernde Wasser. Sie konnte spüren, wie er sie heimlich von der Seite ansah. Als sie aber ihren Blick zu ihm wandte, erkannte sie plötzlich Ferdinand, den sie an der Hand hielt, und er hatte die Fratze eines Dämonen... und Sophie schrie und schrie und schrie.

Nadia versuchte verzweifelt, ihre Herrin zu beruhigen, aber Sophie nahm sie gar nicht wahr, murmelte nur unzusammenhängende Worte und schlug um sich.

So ging es Tag für Tag und Nacht für Nacht.

Endlich, als auch Nadias Kräfte und Hoffnung zu schwinden begannen, geschah nach zwei Wochen das Wunder. Helle Morgensonne schien ins Zimmer, als Sophie erwachte. Es war ein raues, schmerzhaftes Erwachen. Ihre Kehle brannte wie Feuer, ihre Lippen waren aufgeplatzt. Sie war so durstig, dass sie ihre Zunge kaum mehr zu bewegen vermochte.

»Nadia?«

Sophie erschrak, als sie ihre Stimme hörte, so fremd, so rau und schwach.

Nadia, die die ganze Nacht auf einem Stuhl verbracht hatte und erst in den Morgenstunden in einen kurzen, traumlosen Schlaf gefallen war, war sofort hellwach.

»Hoheit!«

Mit einem Satz war sie an Sophies Bett, rannte zum Fenster und zog die Vorhänge auf.

Sophie versuchte zu sprechen. »Ich bekomme ein Kind?«, flüsterte sie heiser. »Oder hab ich es nur geträumt?«

»Hoheit sollten nicht sprechen. Das strengt Euch zu sehr an. Aber es ist wahr! Ihr seid in anderen Umständen, Hoheit! Und Ihr habt das Kind nicht verloren. Es lebt!«

Nadia zog sacht die Bettdecke zur Seite und begann, Sophie am ganzen Körper mit einem feuchten Lappen abzureiben. Danach schob sie ihr einen Arm unter die Schultern, damit sich ihre verkrampften Muskeln ein wenig lockern konnten. Zuletzt schüttelte sie die Bettdecke aus und deckte ihre Herrin sorgfältig wieder zu. Dabei bemühte sie sich angestrengt, das Gähnen zu unterdrücken. Sie war so unendlich müde.

»Das werde ich dir nie vergessen!«, flüsterte Sophie, während Nadia ihr Haar bürstete und wieder zu Zöpfen flocht. »Solange ich lebe, werde ich dir das nicht vergessen.«

Einen Augenblick lang starrte Sophie zur Decke. Sie konnte immer noch nicht fassen, dass sie schwanger war. Wie war das nur möglich? Unermessliche Freude mischte sich mit tiefster Bitterkeit. Sie erinnerte sich an jene dunklen Stunden, in denen sie sich von ihrem Liebsten getrennt hatte, weil sie glaubte, keine Kinder bekommen zu können.

Und da erzählte sie Nadia davon. Wie ein Wasserfall brach es aus ihr hervor, wie schwer sie die Nachricht von ihrer Unfruchtbarkeit getroffen hatte, dass sie Edgars Glück nicht im Weg hatte stehen wollen, obwohl sie ihn wie nichts sonst auf der Welt immer noch liebte.

Nadia war erschüttert. »Ihr müsst ihm schreiben und alles erklären!«

Aber Sophie schüttelte den Kopf. »Wie kann ich ihm jetzt schreiben, wo ich das Kind eines anderen erwarte?« Gleichzeitig strich sie sich mit einer liebevollen Geste über den Unterleib. »Ich werde alles tun, um die beste Mutter der Welt zu sein, Nadia, auch wenn *er* der Vater ist. Ich hätte doch nie gedacht, dass ich ein Kind haben würde.«

Dann schlief Sophie wieder ein.

Kurz darauf unterrichtete Nadia den Duc davon, dass es seiner Gemahlin wieder besser ginge. Er saß gerade beim Frühstück im Salon und starrte sie ungläubig über den Zeitungsrand hinweg an. »Und das Kind?«, fragte er voller Sorge.

»Ich glaube, es wird es schaffen«, antwortete Nadia lächelnd, stolz, dass auch sie es geschafft hatte.

Ferdinand warf die Zeitung achtlos zur Seite, sprang auf und küsste Nadia die Hände. Glücklich und aufgeregt wie ein kleiner Junge schien er plötzlich.

»Ich will der Duchesse etwas schenken, Nadia. Etwas, was ihr zeigen soll, wie sehr mich dieses Ereignis bewegt. Es ist ein Familienerbstück und... bitte, sieh es dir kurz an... Ich wüsste gern, ob du glaubst, dass es ihren Gefallen finden könnte.«

Kurze Zeit später betraten Ferdinand und Nadia einen Raum, der schon seit langer Zeit nicht mehr benutzt worden zu sein schien, denn das Mobiliar war mit schwarzen Tüchern bedeckt. Die Wände waren mit schweren, goldgelben Tapeten verkleidet und der Marmorkamin hatte einen Stuckaufsatz, der bis zum Plafond reichte und mit dem Orléans-Wappen geschmückt war. Neben dem Kamin hingen zahllose Fotografien und Gemälde, die die Familienmitglieder zeigten. An den Fenstern waren schwere Vorhänge angebracht, die das Zimmer verdunkelten. Nadia sah auch breite Spiegel und viele Fauteuils. Besonders auffallend war das Bildnis einer Frau, das fast lebensgroß über dem schwarz abgedeckten Bett hing. Sie hatte das gleiche energische Kinn wie Ferdinand, den gleichen spöttischen, arroganten Blick.

Nadia vermutete, dass dieser Raum früher von Ferdinands Mutter bewohnt worden war.

Der Duc ging zu einer Kommode, zog eine Schatulle hervor, öffnete sie und Nadia blickte auf ein Kollier aus funkelnden Rubinen, die in allen erdenklichen Rottönen leuchteten.

»Als ich deine Herrin das erste Mal auf dem Jagdausflug in Possenhofen sah, da glänzte ihr Haar in ebendieser Farbe in der Sonne.«

Nadia blickte ihn an und sah den Glanz in seinen Augen. »Habt Ihr ihr das jemals gesagt?«

Ferdinand lachte bitter. »Nein, das ist wahrlich nicht die Sprache, die sie versteht. Sie würde mich nur verspotten.«

»Aber warum sollte sie spotten, wenn sie etwas so Schönes gesagt bekommt, Duc d'Alençon? Und das ist das wundervollste Kollier, das ich je in meinem Leben gesehen habe. Sie wird damit bezaubernd aussehen.«

Sophie war gerade aufgewacht, als Ferdinand in ihr Zimmer trat. Die Schatulle mit dem Kollier hielt er hinter seinem Rücken versteckt. Doch sie blickte nicht einmal auf. Sie hatte sich inzwischen erholt und den Kampf gegen den Duc wieder aufgenommen.

»Wenn Ihr das Leben meines Kindes nicht gefährden wollt, dann schert Euch aus diesem Zimmer, Duc d'Alençon! Euer bloßer Anblick macht mich krank.«

Ferdinands Gesichtszüge wurden hart. Er wandte sich schweigend ab und schlug die Tür hinter sich zu, ohne seiner Gemahlin noch einen einzigen Blick zu schenken.

Auf der Treppe stieß er mit Nadia zusammen.

»Was hat die Duchesse gesagt? War sie nicht ganz außer sich vor Freude?«

Ferdinand blieb die Antwort schuldig. Er drückte Nadia

wutentbrannt die Schatulle in die Hand und lief weiter, so dass die Sporen an seinen Stiefeln schepperten.

Als er die Treppe erreicht hatte, wandte er sich noch einmal um und schrie: »Bis zu ihrer Niederkunft hat sie das Bett zu hüten!«

An diesem Abend ging Nadia ruhelos in ihrem Zimmer auf und ab. Das Leid ihrer Herrin bedrückte sie und sie konnte nicht schlafen. Schliesslich faßte sie einen Entschluss.

Sie setzte sich an den kleinen Tisch, nahm Papier und Feder zur Hand und schrieb an Edgar Hanfstaengl. Bis zum Morgengrauen saß sie dort und schrieb einen langen Brief nach München, in dem sie die ganze Wahrheit offenbarte.

19. Kapitel

In den letzten drei Monaten von Sophies Schwangerschaft regnete es beinahe ununterbrochen. Das ganze Land wurde überschwemmt, Häuser und Bäume schienen aus großen Seen herauszuwachsen. Erst am Tag von Sophies Niederkunft, als die Wehen einsetzten, schob sich die Sonne wieder hell und leuchtend durch die Wolken und ließ Vincennes erstrahlen, als würde sie ein Zeichen setzen wollen.

Wie üblich hatte man aus dem Zimmer, wo die Kreißende lag, fast alle Möbel entfernt. Dort gab es jetzt nur noch das Bett mit dem Baldachin, ein paar niedrige Schemel und den Geburtsstuhl der Hebamme mit den Armstützen und dem ausgeschnittenen Sitz. Neben dem Kamin mit den Spiegeln war ein Tisch aufgestellt worden mit einem zinnernen Wasserbecken, einer Rolle Schnur, Messer und Scheren, Flaschen und Salbentiegeln und einem Stoß weicher, weißer Tücher. Neben Sophies Bett stand eine leere Wiege.

Sophie lag schon seit Stunden in den Presswehen und draußen vor ihrer Tür wartete Ferdinand. Unruhig lief er auf und ab und konnte sich nur mit Mühe beherrschen, nicht durch die Tür in das Zimmer zu stürmen. Sophie sah nur einmal für einen kurzen Augenblick sein Gesicht durch den Türspalt und war froh, als sich die Tür wieder schloss.

Furchtbare Schmerzen jagten durch Sophies Körper, aber

sie war von solch panischer Angst besessen, dass ihr Kind die Geburt nicht überstehen könnte, dass sie sie fast gar nicht wahrnahm.

Die Hebamme riet ihr, wie ein Hund zu hecheln, und Sophie hechelte, während die Wehen durch ihren Körper rasten und sie schüttelten. Ihr Mund wurde trocken, während sie hechelte, ihr Hals war wie zugeschnürt, ein Ungeheuer fraß sich unerbittlich in ihren Körper.

Da rief die Hebamme plötzlich: »Jetzt ist es so weit! Das Kleine kommt!« Sie befahl Sophie, beide Hände unter ihre Kniekehlen zu legen und die Beine anzuziehen.

Eine Presswehe setzte ein, wurde stärker und Sophie erkannte wie durch einen Schleier Nadia, die jetzt neben der Hebamme stand. Sie war bleich und hatte ein unsicheres Lächeln auf den Lippen. Es war die erste Geburt, der sie beiwohnte.

»Ich kann das Haar sehen, Hoheit!«, rief die Zofe plötzlich euphorisch, während Sophie mit einer weiteren Wehe kämpfte.

»Der Kopf kommt durch!«, schrie die Hebamme aufgeregt und Sophie schlug die Hände vor das Gesicht. Ihre Knochen schienen sich auseinander zu schieben.

Und dann zwängte sich der Körper des Kindes durch das letzte Stück des Geburtskanals und landete weich in den wartenden Händen der Hebamme.

Matt und keuchend sank Sophie in die Kissen zurück. Alles war voller Blut, aber sie bemerkte es kaum. Sie hatte es vollbracht, sie hatte ihr Kind geboren und eine unermessliche Erleichterung breitete sich in ihr aus.

Dann plötzlich erstarrte sie. Irgendetwas stimmte nicht. Sie versuchte, sich aufzurichten, und sah sich mit gehetztem Blick im Zimmer um. Wo war das Baby? Warum schrie es nicht? Warum hörte sie ihr Kind nicht?

Sophies Gesicht war eingefallen und ihre Augen lagen tief in dunklen Höhlen, als sie ihren Blick fragend hob und die Hebamme anblickte, die den Säugling abwechselnd in heißes und kaltes Wasser tauchte. Immer noch gab das Kind keinen Laut von sich, sein Köpfchen pendelte leblos hin und her.

Großer Gott! Entsetzen griff mit kalter Hand nach Sophie. Es ist tot!

Mühsam setzte sie sich auf, sah, dass die Arme der Hebamme bis zu den Ellbogen blutig waren. Sie hatte noch nicht aufgegeben und schüttelte das kleine Wesen, gab ihm mit bloßen Händen kleine Klapse auf die nackte Haut.

Nadia lief geschäftig mit einem Eimer umher und goss frisches Wasser in die Schüsseln.

Eine zweite Hebamme, die Ferdinand zur Sicherheit hatte kommen lassen, knetete mit sanften, festen Bewegungen Sophies Unterleib, aber sie spürte es kaum. Ihre Angst wuchs.

Und dann plötzlich schrie das Kleine, es schrie so laut, dass sein Brüllen durch das Anwesen gellte, und selbst in der Küche fielen sich die Bediensteten in diesem Augenblick glücklich in die Arme.

Die Tür des Zimmers wurde aufgerissen und Ferdinand stürmte hinein, glückstrahlend, so sehr hatte er sich einen Nachkommen gewünscht. Jetzt würde das Zimmer, das er mit seiner eigenen Hände Arbeit liebevoll eingerichtet hatte, endlich mit Leben gefüllt!

»Ein Mädchen«, sagte die Hebamme und legte den Säugling in Ferdinands Arme. Er strahlte und lachte und schien sich keine Sekunde zu grämen, dass es kein Sohn war, den er da vorsichtig an seine Brust drückte.

Sophie erkannte, dass ihre Tochter dunkles flaumiges Haar auf dem Kopf hatte. Zwei Arme, zwei Beine, Hände und Füße waren auch zu sehen – und alles schien heil zu sein.

»Es lebt«, flüsterte Sophie.

»Louise soll sie heißen!«, rief Ferdinand glücklich aus, bevor seine Frau irgendetwas sagen konnte.

Soll er seinen Willen haben, dachte Sophie. An diesem Tag war sie viel zu glücklich, um sich zu streiten.

Sophie erholte sich schnell und konnte ihr Glück kaum fassen. Obwohl Ferdinand eine kräftige Amme aus der Umgebung in ihre Dienste hatte stellen lassen, ließ sie es sich nicht nehmen, Tag und Nacht bei ihrem Kind zu sein. Auch hatte sie durchsetzen können, dass Louise nicht so stramm gewickelt wurde wie die anderen Säuglinge in der Gegend. Sophie hatte beobachtet, dass sie sich oft kaum bewegen konnten, und es abgelehnt, diesem Brauch zu folgen.

Immer, wenn sich die kleine Faust des Babys für einen Moment öffnete, schob Sophie schnell ihren kleinen Finger hinein, und der Säugling umklammerte ihn und hielt ihn ganz fest. Sophie lächelte glücklich. Sie ließ ihren Finger in der kleinen Faust und half ihrer Tochter, ihn zum Mund zu führen. Jedes Mal versuchte Louise, daran zu saugen. Wenn die Kleine müde wurde, nahm Sophie sie in ihre Arme, drückte sie an ihre Brust und Mutter und Tochter ruhten sich aus. Abgesehen von ihrer Liebe zu Edgar hatte Sophie zu keinem anderen menschlichen Wesen jemals solch tiefe Zuneigung und Verbundenheit gespürt. Es war, als sei sie endlich wieder zum Leben erwacht.

Auch Ferdinand platzte fast vor Stolz. Als die Kleine ein paar Wochen nach der Geburt das erste Mal den Kopf hob, war er überzeugt davon, dass so früh noch nie ein Menschenkind den Kopf gehoben hätte.

Sophie stellte ihre kleine Tochter auch Lysander vor, den sie nun zuzureiten begann. »Siehst du, Lysander, das ist Louise. Louise, darf ich vorstellen? Das ist das schönste Pferd weit und breit, es heißt Lysander und eines Tages wirst du darauf reiten.«

Als Louise ein paar Monate später zu krabbeln begann, war sie von Tagesanbruch bis zur Dunkelheit im ganzen Schloss unterwegs. Sie hatte einen unbeugsamen Ehrgeiz, und wenn Sophie sie in die Arme nahm, begann sie wütend zu schreien und zu strampeln, weil sie auf allen Vieren die Welt entdecken wollte. Sophie beobachtete amüsiert, wie ihre Tochter den Salon erkundete. Die Kleine hatte strahlend blaue Augen und die Farbe des Haarflaums hatte sich inzwischen von einem unansehnlichen Aschbraun in ein warmes Goldbraun verwandelt.

»Na, wo ist denn meine Kleine?«, lockte Sophie, aber in diesem Moment änderte Louise die Richtung und krabbelte auf ihren Vater zu, der gerade den Raum betreten hatte. Sophie fühlte den Stich in ihrem Herzen. Sie konnte nicht übersehen, dass der Duc für Louise eine unwiderstehliche Anziehungskraft besaß. Wenn Sophie im Raum war, dann war der Kleinen zwar anzusehen, dass sie sich freute, und ihre Augen glänzten, aber Ferdinand pflegte jeden noch so ausgefallenen Wunsch des Kindes zu erfüllen und mit ihr durch das Schloss zu toben. Dafür schenkte Louise dem Vater ihre ganze Liebe.

Ich hätte nie gedacht, dass er zu solcher Zärtlichkeit überhaupt fähig ist, dachte Sophie und spürte, wie eine Welle des Grolls in ihr hochstieg. Je mehr Liebe Ferdinand seiner Tochter entgegenbrachte, umso deutlicher spürte seine Frau, wie schäbig er sie behandelte.

Sophie beobachtete, wie er seine Tochter hochhob, sie kurz über seinen Kopf schwang und sie gleich daraufhin wieder auf die Knie setzte.

»Alle Prinzen Europas werden an unsere Tür klopfen!«, rief er lachend mit glänzenden Augen.

Sophie warf ihm einen spöttischen Blick zu, aber er ließ sich nicht aus der Ruhe bringen. Sie wußte, dass er sich von der Ehe mit ihr Prestige erwartet hatte. Anfangs hatte er geglaubt, dass, wenn sie erst verheiratet wären, der Kaiser von Österreich bei ihnen ein- und ausgehen würde. Sophie hatte ihn mit Schadenfreude eines Besseren belehrt. Da sie kaum Kontakte zu ihren älteren Schwestern unterhielt, könne er lange warten, bis sich eine engere Verbindung ergebe.

Nur einmal hatte Ferdinand dem Kaiser geschrieben, und als Franz Josef mit einem recht kühlen und distanzierten Brief geantwortet hatte, unternahm auch der Duc keinen weiteren Versuch, die Beziehungen zum kaiserlichen Hof zu vertiefen. Das verbot ihm schon sein Stolz. Jetzt schienen sich seine Hoffnungen auf die kleine Louise zu richten.

Sophie konnte nicht übersehen, wie er seine Tochter voller Liebe und Zärtlichkeit betrachtete und alles daran setzte, ihr ein guter Vater zu sein.

Hauptsache, die Kleine ist glücklich, dachte sie und strahlte, als Louise mit ihrer dicken Windel den Weg zu ihr in Angriff nahm.

In den folgenden Tagen und Wochen war Sophie damit beschäftigt, Lysander zuzureiten. Der junge Hengst war sehr temperamentvoll, und als er sie schließlich auf seinem Rücken akzeptierte, bedeutete das nicht, dass dasselbe auch für einen anderen Reiter galt.

Zu jener Zeit traten in Vincennes einige Typhusfälle auf, aber die Situation hatte sich bald wieder beruhigt, und im Schloss bestand kein Grund zu größerer Sorge.

Mit Louises Geburt hatte sich die Beziehung zwischen Sophie und Ferdinand nicht verändert. Die Eheleute begegneten sich weiterhin kühl, zuweilen mit Spott und manchmal mit unverhohlenem Hass. Ferdinand ließ sich jedoch auch dadurch nicht davon abhalten, seine Frau nachts regelmäßig aufzusuchen.

* * *

Eines Morgens – Louise war mittlerweile neun Monate alt – bekam Sophie einen Brief aus Possenhofen, über den sie sich ganz besonders freute. Bisher hatten Ludovika und Max aus unterschiedlichen Gründen den schon lange geplanten Besuch in Vincennes immer wieder verschieben müssen. Jetzt war es endlich so weit. Sophie war glücklich, ihre Eltern schon bald wieder zu sehen.

Als die Possenhofener Kutsche um die Ecke bog und über den Schlosshof von Vincennes rollte, jubelte Sophie wie in ihren Mädchentagen. Mit Louise auf dem Arm lief sie auf die Kutsche zu, auf dem Bock der alte Franzl, der sichtlich ergraut war, aber immer noch rüstig wirkte. Er strahlte über das ganze Gesicht und winkte mit beiden Händen.

»Franzl!«, rief Sophie und im selben Moment flog die Kutschentür auf. Ihre Mutter sprang heraus, energisch und voller Leben wie eh und je.

»Mama!«

Mutter und Tochter liefen aufeinander zu, fielen sich in die Arme und küssten sich. Ludovika warf gleichzeitig neugierige Blicke auf die Kleine in Sophies Armen und brach in Begeisterungsrufe aus.

»Ach, ist die süß! Das Naserl hat sie von dir ... und die schönen Augen ... und das Kinn hat sie wie die Sisi.«

Ludovika wusste, dass Sophie kaum Kontakt zu ihren Schwestern unterhielt, und geschickt versuchte sie, ihre Tochter daran zu erinnern, dass sie schließlich hohe kaiserliche Verwandtschaft hatte.

»Ich werde allen schreiben«, seufzte Sophie, die mit Unbehagen an diese Pflichtübung dachte. Sie hatte bereits einige oberflächliche Briefe in Vincennes erhalten. Ihre Schwestern beneideten sie offenbar um ihr schönes und sorgenfreies Leben, ohne tatsächlich zu wissen, wie sie lebte, oder auch nur zu ahnen, was sie fühlte. Es hatte sich nichts geändert. Sophie wusste, dass ihre Schwestern ebenfalls mit Schwierigkeiten zu kämpfen hatten und besonders Sisi sehr beschäftigt war, und wollte keine von ihnen mit der Wahrheit über ihr Leben behelligen. Warum sich also schreiben? Auf diese Art von Zugeständnissen an ihre Verwandten verzichtete Sophie gern.

Da riss die Stimme von Herzog Max sie aus ihren Gedanken. »Hat die eigensinnige, schöne Tochter denn gar keinen Blick mehr für ihren Vater?«

»Papa!«

Mit einem Freudenschrei drehte Sophie sich um und sah Herzog Max, der sich schwer auf einen Stock stützte und auf sie zukam. Sein Haar war schneeweiß, das Gesicht eingefallen und die Haut hatte einen ungesunden grauen Schimmer.

Sophie konnte ihr Entsetzen kaum verbergen, doch Ludovika warf ihr bereits flehende Blicke zu und Sophie überspielte ihren Schrecken und sagte zärtlich: »Papa, o Papa! Du kannst dir nicht vorstellen, wie sehr ich mich darüber freue, dass ihr endlich hier seid!«

Herzog Max tätschelte liebevoll sein Enkelkind, während Ludovika sich neugierig zum Schloss wandte. Sie hatte Stimmen gehört.

»Und da kommt ja auch die Nadia!«, rief sie strahlend und winkte.

Lächelnd kam Nadia näher, gefolgt von Ferdinand, der sich galant erst vor seiner Schwiegermutter, dann vor Herzog Max verbeugte. »Willkommen in Vincennes!«

Herzogin Ludovika warf ihm einen herzlichen Blick zu.

Dass er nur der Schwiegersohn zweiter Wahl war, sah man ihr nicht mehr an.

»Schön habt ihr's hier! Und jetzt will ich gleich das ganze Schloss sehen, so neugierig bin ich schon.«

Bislang kannte Ludovika das Anwesen nur von den Fotos, die Sophie immer mit ihren Briefen geschickt hatte.

Ferdinand wandte sich an Max. »Werter Schwiegerpapa, vielleicht wünscht Ihr erst die Stallungen zu besichtigen. Wir haben prächtige Araber in Vincennes, gezüchtet von Scheich Abdul Aziz.«

Der Scheich war für seine Zuchtpferde in der ganzen Welt bekannt.

Herzog Max zwinkerte seiner Tochter zu. »Herrschaft, nicht besichtigen will ich die Viecher, sondern reiten will ich sie.«

»Max, um Gottes willen! Du weißt, was die Ärzte gesagt haben.«

Doch Herzog Max schnaubte nur verächtlich. »Ja, ja, immer die Herren Doktoren.« Er erinnerte sich noch gut daran, dass die Ärzte seiner Tochter prophezeit hatten, dass sie niemals Mutter würde.

»Dann musst du dir auch Lysander ansehen!«, rief Sophie mit glänzenden Augen. »Er ist viel schöner als alle Araber zusammen.«

Herzog Max lachte und humpelte auf seinen Stock gestützt hinter seinem Schwiegersohn her.

Kaum war er verschwunden, wandte sich Sophie betroffen an ihre Mutter. »Sag, Mama, was ist mit Papa? Kaum erkannt hab ich ihn mehr!«

Ludovika seufzte. »Ach, es ist ein Kreuz. Die Gicht und das Herz plagen ihn. Er sorgt sich um dich und deine Geschwister. Weißt, Sopherl, nur schlechte Nachrichten erreichen uns noch in Possenhofen. Die Sisi wird immer kränker und kränker und die arme Marie ist mit ihrem Franz auch nicht zu beneiden, der Thron von Neapel scheint für immer verloren und die Néné hat einen Nervenzusammenbruch gehabt. Seit dem Tod ihres Mannes ist sie nicht mehr dieselbe und die Mathilde ist von ihrem Mann so verprügelt worden, dass sie beinahe ins Kloster gegangen wäre.«

Sophie dachte an die Narben auf ihrem eigenen Rücken, sagte aber nichts. In ihren Briefen an die Mutter hatte sie den Vorfall nicht erwähnt, sondern immer vorgegeben, es sei alles in bester Ordnung.

Ludovika stieß einen tiefen Seufzer aus. »Deine Schwestern haben ein so schweres Kreuz zu tragen, Sopherl. Du kannst dir gar nicht vorstellen, wie froh ich bin, dass es dir hier so gut ergeht.«

Sophie zwang sich zu einem unbefangenen Lächeln. Was half es, sich zu beklagen? Hatten sie schließlich nicht alle dasselbe Schicksal zu tragen?

Sophie genoss unbeschwerte Tage mit ihren Eltern. Sie bummelten gemeinsam über den Markt von Vincennes. Ludovika erstand ein paar Zinnteller, nicht ohne dass Max ausgiebig mit dem Händler gefeilscht hatte, und als er endlich mit dem Preis zufrieden war, lachte Sophie Tränen, denn die gleichen Teller wurden ein paar Buden weiter noch günstiger angeboten. Nachdem Ferdinand Spielzeug für Louise erstanden hatte, besuchten sie eine Zirkusvorstellung. Dort gab es dressierte Flöhe, Gaukler, abgerichtete Ziegen, einen Feuerschlucker und Stelzenläufer.

Als Sophie ihre Tochter glücklich lachen sah, fühlte sie sich an ihre eigene Kindheit erinnert. Sie war so glücklich wie seit langem nicht mehr. Nur der Gesundheitszustand ihres Vaters bereitete ihr immer noch Sorge, aber wie sie ihrer Mutter versprochen hatte, ließ sie sich nichts anmerken.

An den Abenden saßen sie stundenlang vor dem Kamin im Salon, redeten und lachten miteinander. Selbst Ferdinand und Sophie wirkten dann beinahe so, als würden sie doch noch eines Tages ein glückliches Paar werden. Aber der beißende Spott hielt sich auch bei diesen Gelegenheiten nicht zurück. Mal war es der Duc, der seine Frau mit einer gehässigen Bemerkung kränkte, mal schleuderte Sophie ihm eine Beleidigung entgegen.

Auch dem Herzog und der Herzogin blieb nicht verborgen, dass ihre Tochter sich immer noch nicht mit ihrem Schicksal abzufinden schien, aber Ludovika beruhigte ihren Mann, indem sie ihn an das süße Enkelkind erinnerte. Und vor der Kleinen stritten sich Sophie und Ferdinand nie. Sie schien einen guten Einfluss auf die Eltern zu haben.

Als Herzog Max und Herzogin Ludovika nach einer Woche Vincennes wieder verließen, hatten beide das Gefühl, als könnte zwischen ihrer Tochter und dem Schwiegersohn doch noch alles ins Reine kommen. Schließlich hatten sie beide auch viele Jahre gebraucht, um einander endlich zu schätzen.

20. Kapitel

Einige Tage nach Louises zweitem Geburtstag fuhren Sophie und Nadia zur Messe nach Vincennes. Die Hufe der Pferde wirbelten kaum Staub auf, weil es in der Nacht geregnet hatte, und die Erde dampfte. Obwohl es noch früh am Morgen war, schien die Sonne schon heiß vom blauen Himmel herab.

Sophie fächerte sich kühlende Luft zu, als die Orléans-Kutsche plötzlich zu schaukeln begann. Ein Junge war während der Fahrt seitlich aufgesprungen und klammerte sich an den Fensterrahmen. Entsetzt schrie Nadia auf und wollte den Kutscher auf den ungebetenen Fahrgast aufmerksam machen. Sophie aber hielt sie zurück, denn sie hatte Henri erkannt.

Die Kutsche schwankte über die unebene Straße und der Junge klammerte sich mit beiden Händen fest. »Ich möchte nur sagen, dass meine Schwester sehr krank ist.«

Sophie erschrak, denn sie hatte das kleine Mädchen, das einem Engel glich, lieb gewonnen.

»Was ist mit Marie?«

Im selben Moment fuhr der Wagen über ein Schlagloch und mit einem Schrei verschwand Henri vom Fenster.

»Sofort anhalten!«, schrie Sophie.

Kaum stand die Kutsche, riss sie die Tür auf und sprang

mit gerafften Röcken hinaus. Gleichzeitig befahl sie Nadia, in der Kutsche auf sie zu warten.

Henri hatte sich bereits aufgerichtet, saß auf der Straße und hielt sich sein aufgeschlagenes Knie.

»Lass mich mal sehen.«

Henri schüttelte den Kopf. »Könnt Ihr Euch erst um Marie kümmern?« Er schien sehr besorgt um seine Schwester zu sein.

Der Kutscher konnte weder Erstaunen noch Missbilligung verbergen, als er angewiesen wurde, zum Fluss hinunterzu-fahren. Es war ihm anzusehen, dass er glaubte, seine Herrin habe den Verstand verloren. Aber ihm blieb nichts übrig, als dem Befehl zu folgen, und kaum waren Sophie und der Junge eingestiegen, setzte sich die Kutsche in Bewegung.

Es war das bekannte elende Bild. Schmutzige, magere Frauen saßen in den offenen Türen der Hütten, hielten Säug-linge in ihren Armen und fütterten sie. Sophie wusste, dass die Kindersterblichkeit in Frankreich so hoch war wie nie zuvor. Jedes dritte Kleinkind starb, bevor es das fünfte Lebensjahr erreicht hatte.

Nicht die kleine Marie!, flehte Sophie im Stillen, beugte sich aus dem Wagenfenster und wies den Kutscher an, schneller zu fahren.

Sie sah die Knaben, die in den Pfützen lagen und sich gegenseitig mit dem schmutzigen Wasser bespritzten, um sich abzukühlen.

O Gott, sie werden alle krank werden!, dachte Sophie. Mit lauter Stimme rief sie entsetzt: »Lasst das sein!«, aber die Kinder starrten sie verständnislos an und fuhren dann un-gerührt mit ihrem gefährlichen Spiel fort.

Der unerträglich Gestank und die Hitze zogen Schwärme von Fliegen und anderem Ungeziefer an.

Diese Menschen ersticken in Dreck und Armut, sagte sich

Sophie empört und gleichzeitig hatte sie ein beinahe schlechtes Gewissen, als sie an ihre eigene kleine Tochter dachte, die ein ganz anderes Leben führen konnte.

Als die Kutsche angehalten hatte, sprang Sophie hinaus und folgte Henri. Im Halbdunkel konnte sie erkennen, dass die kleine Marie auf einer schäbigen Matratze lag. Der magere, eingefallene Körper des Mädchens wand sich vor Schmerzen, die dünnen Ärmchen waren auf den Bauch gepresst. Maries Haut wirkte wie Pergamentpapier, sie schien völlig vertrocknet zu sein. Neben Marie kniete ihre verzweifelte Mutter. Sophie warf sich neben der Frau auf den Boden und strich Marie besorgt über die fieberheiße Stirn.

»Wie lange hat sie schon nichts mehr getrunken?«

»Vier Tage. Sie behält nichts bei sich.«

Henris Mutter stieß ein verzweifeltes Schluchzen aus. Ihre Augen lagen in dunklen Höhlen, das strohige Haar hing ihr schlaff und dünn über die mageren Schultern und sie schien ebenfalls am Ende ihrer Kräfte zu sein.

»Die Kleine braucht sofort einen Arzt.«

Sophie erhob sich und beruhigte die Frau, die sich eine solche Behandlung nicht leisten konnte. »Ich werde dafür aufkommen. Außerdem werde ich Pater Pierre benachrichtigen. Er wird eine Schwester schicken, die sich um Ihre Kleine kümmert. Ich glaube, Sie sollten sich einmal etwas ausruhen.«

»Ihr seid ein Engel Gottes«, flüsterte die Frau mit Tränen in den Augen. »Der Himmel hat Euch zu uns geschickt.«

Als Sophie kurz darauf wieder in der Orléans-Kutsche saß und sie das Armenviertel verlassen hatten, schüttelte Nadia fassungslos den Kopf. »Was haben diese Leute nur getan, um ein solches Schicksal zu verdienen?«

»Was hat man überhaupt getan, um sein Schicksal zu verdienen?« Sophie starrte nachdenklich vor sich hin.

* * *

»›A‹ wie *acidulé*«, sagte Sophie und reichte ihrer Tochter ein Fruchtbonbon, »und ›B‹ wie *betterave*«. Louise schüttelte sich, als ihre Mutter ihr eine rote Rübe zeigte, denn sie mochte keine roten Rüben. »›C‹ wie *café*«, lächelte Sophie und hob ihre Tasse.

Diese drei Buchstaben hatte sie ihrer Tochter bereits beigebracht und die Zweijährige stellte sich ungewöhnlich geschickt an.

»Und nun schreibe ein ›D‹ wie *dame.*«

»So schön?«, fragte die Kleine, aber ihr ›D‹ glich mehr einem ›O‹.

»Du darfst den Strich nicht so rund machen«, sagte Sophie lächelnd und sah zu, wie Louise sich eifrig wieder an die Arbeit machte.

»Ist so gut, *Maman*?«

»Viel besser. Und jetzt gehen wir noch ein bisschen nach draußen und spielen.«

»Noch mal!«, bettelte Louise statt dessen. »Louise will noch mal Buchstaben haben.«

Der Ehrgeiz ihrer Tochter verblüffte Sophie. Sie erinnerte sich daran, dass man sie, als sie klein war, beinahe an einen Stuhl hatte binden müssen, um sie zum Lernen zu bewegen.

»Weißt du denn, welcher Buchstabe jetzt kommt?«

Louise schüttelte den Kopf.

»Das ›E‹.«

»Wie, was?« Die Kleine blickte mit ihren riesigen blauen Augen erwartungsvoll auf die Mutter, den Stift im Mund.

»Edgar«, sagte Sophie so leise, dass Louise sie nicht verstehen konnte.

»Was?« Sie zog ihr kleines Näschen kraus und Sophie griff nach dem Papier und schrieb schwungvoll ein ›E‹ darauf.

»Jetzt ist aber wirklich genug«, sagte sie lächelnd und zog an der Klingel, damit Nadia einen Hut für Louise bringen konnte. Sie wollte noch ein wenig spazieren gehen.

Kurze Zeit später jagten Mutter und Tochter durch den Park, kletterten über ein Gatter, liefen dann weiter über eine Wiese mit wilden Hyazinthen bis zu der angrenzenden Obstplantage. Hier legten die beiden eine Verschnaufpause ein und Louise aß so viele Kirschen, dass Sophie sich schon wunderte, dass in ihrem kleinen Magen so viel Platz war.

Als der Duc zwischen den Obstbäumen erschien, hatte Louise ihre Mutter plötzlich vergessen. Sie rannte fröhlich lachend auf ihren Vater zu und fiel ihm um den Hals. Seufzend nahm Sophie es hin und rief zu Ferdinand hinüber, dass sie den Rest des Nachmittags mit Nadia verbringen und mit Lysander ausreiten wollte. Der Duc nickte nur und jagte mit seiner kleinen Tochter auf dem Rücken über die Wiese.

Traurig ging Sophie zum Schloss zurück. Wieder einmal wunderte sie sich über die unterschiedlichen Gesichter ihres Mannes: der liebevolle Vater und der spöttische, arrogante Ehemann, dem es Freude zu bereiten schien, seine Frau zu verletzen und zu kränken, wann immer er Gelegenheit dazu hatte.

Sophie und Nadia waren gerade von ihrem Ausflug zurückgekehrt und dabei, die Pferde zu versorgen, als sie durch das Stallfenster einen Blick auf Pater Pierre erhaschten.

Überrascht lief Sophie nach draußen. Der Geistliche wirkte sehr erregt, als er Sophie bat, sie unverzüglich unter vier Augen sprechen zu dürfen.

Die Nachricht, die er Sophie kurz darauf im Salon überbrachte, raubte ihr den Atem. Die kleine Marie war am Morgen an Typhus gestorben.

»Jetzt ist sie wahrhaftig ein Engel«, flüsterte Sophie und

spürte die Tränen in ihren Augen. »Die arme Mutter, die arme Familie.«

»Es ist eine Seuche«, warnte Pater Pierre. »Ich bete zu Gott, dass Ihr Euch nicht angesteckt habt, Duchesse.«

Mit aufgerissenen Augen starrte Sophie ihren geistlichen Freund an. Daran hatte sie überhaupt nicht gedacht.

Ferdinand machte seiner Frau noch am selben Abend entsetzliche Vorhaltungen. Eine Duchesse hatte nichts in den Elendsvierteln der Stadt verloren. Wenn sie sich mit Typhus angesteckt hatte, werde er sie bis ans Ende der Welt schicken. Schließlich hätte sie selbst Schuld daran! Es schaudere ihn schon allein bei dem Gedanken, wie viele Läuse und Flöhe sie ihm inzwischen schon ins Haus getragen habe.

Sophie starrte ihren Mann hasserfüllt an. Seine gepflegte, wohlgenährte Gestalt widerte sie an. Es verlangte ihr danach, mit der Faust auf die fein gemeißelten Wangen, die Nase und seinen Schädel einzuschlagen und ihn unter ihrem Hieb zerbröckeln zu spüren. Ich wünschte, du hättest dich angesteckt!, dachte sie voller Abscheu.

Als sie kurz darauf das angsterfüllte Geschrei des Kindermädchens hörte, verfluchte sie sich selbst für diesen Gedanken. Das ist die Strafe Gottes, sagte sie sich und sie zitterte vor Furcht um ihre Tochter. Auch Ferdinands Gesicht war grau geworden und beide stürzten aus dem Salon.

Louise lag wimmernd in ihrem Bettchen und hielt sich mit den Händen den Bauch. Als ihre Eltern ins Zimmer gestürmt kamen, richtete sich die Kleine mit schmerzverzerrtem Gesicht auf und erbrach sich über einer großen Porzellanschüssel, die ihr das Kindermädchen unter den Mund hielt. »Holt den Arzt!«, schrie der Duc und zitterte dabei am ganzen Leib.

Während ein paar aufgescheuchte Dienstboten davonstoben, wandte er sich an Sophie und zischte: »Du wirst nie wieder in deinem Leben zu diesem verdammmten Pack gehen! Dafür werde ich sorgen.«

Sophie starrte ihn nur an. In diesem Augenblick war ihr alles gleichgültig. Sie konnte nur noch an Louise denken. Ihr durfte nichts geschehen! Sie erinnerte sich an den Nachmittag, den sie mit ihrer Tochter im Park verbracht hatte. Gütiger Gott, dachte Sophie verzweifelt, lass es nicht Typhus sein! Dann sank sie neben dem Bettchen auf die Knie.

Wieder schrie Louise, wand sich vor Schmerzen und musste erneut erbrechen. Dann sank das kleine Mädchen erschöpft in die Kissen zurück.

Allmächtiger Herr, betete Sophie im Stillen, nimm mir nicht meine Tochter. Alles kann ich ertragen, aber nicht das!

Nadia stürmte ins Zimmer, bleich vor Angst. Als Sophie ihren Mann ansah, empfand sie zum ersten Mal ein leises Gefühl von Respekt für ihn. Obgleich er beinahe wahnsinnig vor Angst um sein Kind zu sein schien, beherrschte er sich, um der Kleinen nicht noch mehr Angst zu machen.

»Wir werden sofort ihr Bett säubern«, befahl er dem Kindermädchen, das dieses Mal nicht schnell genug die Porzellanschüssel zur Hand gehabt hatte.

Während Ferdinand die wimmernde Louise hochhob und streichelte, war das Kindermädchen bereits mit frischer Wäsche aus dem Schrank herbeigeeilt.

Eine Ewigkeit schien vergangen zu sein, bis der Arzt endlich das Zimmer betrat. Viel zu umständlich, so schien es, öffnete er seinen Koffer und machte sich endlich daran, Louise zu untersuchen. Ängstlich verfolgten die Eltern jede seiner Bewegungen, und als er kopfschüttelnd aufblickte, rechneten sie mit dem Schlimmsten.

»Hat sie heute Obst gegessen und viel Wasser getrunken?«

»Kirschen hat sie gegessen«, antwortete Sophie überrascht.

»Da haben wir's ja schon.« Der Arzt tätschelte mitfühlend die kleine Hand seiner Patientin. »Du bekommst jetzt einen Saft von mir. Der schmeckt zwar nicht besonders gut, aber danach wird es dir schnell wieder besser gehen.«

Sophie wurde schwindelig vor Erleichterung und sie ließ sich auf einen Stuhl fallen. Gott sei Dank!

Sie ging nie wieder zum Fluss hinunter. Stattdessen gab sie Pater Pierre Geld, damit er es unter den Armen verteilen konnte.

21. Kapitel

Einige Wochen später war Sophie erneut schwanger und wurde so launisch, dass es bald niemand mehr in ihrer Nähe aushalten konnte. Nadia bedauerte den Duc zutiefst, denn er konnte seiner nörgelnden Frau nichts recht machen. Obgleich Sophie sich auf das Kind freute, hatte sie auch erkannt, wie weit sie sich inzwischen von Edgar entfernt hatte. Ihre Stimmung wurde jeden Tag schlechter und auch Nadia blieb diesmal nicht von ihren Launen verschont. Sie litt sehr darunter, denn ihre Herrin ließ ihren Zorn, der schon durch geringfügige Kleinigkeiten erregt werden konnte, auch in Gegenwart von anderen Dienstboten an ihr aus. Oft fühlte Nadia in jenen Tagen die mitfühlenden Blicke des Duc auf sich gerichtet, die sie trösteten und ihr gleichzeitig Schauer über den Rücken jagten.

Nadia wußte, dass jeder Gedanke an diesen Mann töricht und verschenkt war. Nadia dachte an Sophie, die nicht nur ihre Herrin, nein, auch ihre Vertraute, fast ihre Freundin geworden war. Der Duc bot ihr nicht die Sicherheit, die sie von einem Mann erwartete. Und auch keine Zukunft.

Doch wenn Nadia mit Ferdinand allein war, gab er sich stets so charmant und zuvorkommend, dass ihr Widerstand zu schmelzen begann. Er sah gut aus, er war reich, sie hatte ihn als zärtlichen Vater erlebt. Und ihre Herrin liebte ihn nicht. Nachts lag sie in ihrem Bett und betete verzweifelt: »O Gott, lass nicht zu, dass ich mich in den Duc verliebe ...«

An jenem Abend hatte sich Sophie schon früh zurückgezogen. Ihr war übel geworden und sie hatte zu Bett gehen müssen.

Als auch Nadia in ihr Zimmer gehen wollte, begegnete sie auf dem Flur dem Duc. Er lächelte und betrachtete sie aufmerksam. Nadia spürte, wie ihr das Blut langsam in den Kopf stieg.

»Wohin des Weges?« Er war so dicht vor ihr stehen geblieben, dass sie ihn riechen konnte: den Duft des Weines, den männlichen Duft seiner Kleider. Er nahm sie gefangen. Dennoch bemühte sie sich, einen kühlen Kopf zu bewahren.

»Ich wollte gerade in mein Zimmer gehen, Duc«, antwortete sie verlegen.

Ihr Blick begegnete abermals dem seinen und er lächelte immer noch und hob spöttisch eine Braue, als hielte er das um diese Uhrzeit für pure Zeitverschwendung.

»Wie wäre es mit einem kleinen Abendspaziergang?«

Nadia schluckte. Sie wusste, dass es vernünftiger wäre, sich eine höfliche Ausrede einfallen zu lassen. »Gern, Duc«, hörte sie sich stattdessen antworten.

Als sie einen Moment später gemeinsam das Schloss verließen, konnte Nadia kaum glauben, dass sie es war, die raschen Schrittes neben dem Duc durch den Park ging.

Schweigend entfernten sie sich immer weiter vom Schloss, gingen zwischen Pinien und Ginsterbüschen einen schmalen Weg entlang. Es war kühl und still und es duftete herb nach Pinienharz.

»In letzter Zeit wirktest du sehr unglücklich.« Ferdinand sah sie fragend an und Nadia war froh, dass es so dunkel war, denn sie wollte nicht, dass er sah, wie rot sie schon wieder geworden war.

»Manchmal ist es nicht leicht mit der Herrin«, antwortete sie und biss sich im nächsten Moment auf die Unterlippe, denn sie wusste, dass es nicht richtig war, schlecht über Sophie zu reden. Sie liebte ihre Herrin, nur anders als den Duc.

Sie waren stehen geblieben und Nadia bemerkte, wie er sie erneut von der Seite ansah.

Als Ferdinand sich im Gras niederließ, setzte sie sich ohne zu zögern neben ihn. Er beobachtete sie aufmerksam, als wollte er sie prüfen. Nadia erwiderte seinen Blick, ihr Herz klopfte und sie fühlte ein Verlangen, dass so verzehrend war, dass sie sich nur noch fallen lassen wollte. Endlich streckte der Duc seinen Arm aus, legte ihn um ihre Schultern und zog sie sanft an sich. Nadia hob den Kopf, um seinen Lippen zu begegnen.

Ferdinands Zurückhaltung, die er bisher der Zofe gegenüber gezeigt hatte, verschwand sofort und machte einer Leidenschaft Platz, die wild, heftig und rücksichtslos war. Nadia, völlig unerfahren, erschrak zuerst, erwiderte seine Küsse dann aber um so leidenschaftlicher, und mochte sie auch irgendwo tief in ihrer Seele eine Stimme gehört haben, die sie rief und warnte, so wurde sie immer schwächer und war schließlich ganz verschwunden.

Als der Duc ihren Hinterkopf ins Gras drückte und seine Finger an ihrer Kleidung nestelten, machte sie eine halbherzige Geste der Abwehr und stieß einen leisen Schrei aus. Dann aber sah sie sein Gesicht über sich, schmeckte seine Lippen und schrie jetzt laut vor Leidenschaft und Entsetzen.

Später löste er sich von ihr und setzte sich auf. Nadia war wie berauscht und in diesem Augenblick bereute sie nichts. Plötzlich schien es ihr, als sei sie gerade erst zum Leben erwacht. Wenn der Duc ihr doch nur sagen würde, dass er sie liebte!

Sie spürte seinen Blick auf sich, sah seinen verwunderten Gesichtsausdruck. Seine Augenbraue hob sich, halb spöttisch, halb verwundert. »Ich hatte nicht erwartet, dass du noch Jungfrau bist. Ist das nicht merkwürdig? Was mir bei der Duchesse verwehrt blieb, gabst du mir freiwillig.«

Nadia hätte ihm am liebsten gestanden, dass sie ihn liebte, aber sie wagte es nicht.

»Wir sollten zurückgehen«, sagte er unvermittelt, reichte ihr eine Hand und Nadia sprang auf, schüttelte ihr Haar und strich sich das Kleid glatt. Sie senkte den Kopf und kämpfte mit bitterer Enttäuschung: Er sprach nicht über Gefühle, schien nicht einmal daran zu denken.

Während sie zum Schloss zurückgingen, wechselten sie wieder kein Wort miteinander. Nadias Leidenschaft war stummer Unruhe gewichen und langsam wurde ihr die Tragweite ihres Handelns klar. Sie schwor sich, dass so etwas nicht wieder geschehen durfte.

Aber als sie später in ihrem Bett lag und an den Duc dachte, da fühlte sie wieder seine Arme, seine Hände, seine Lippen. Ihr Herz klopfte so heftig, dass an Schlaf nicht mehr zu denken war. Erst im Morgengrauen schlief sie erschöpft ein und noch im Traum verfolgte sie Ferdinands Leidenschaft.

Die Klingel weckte Nadia unsanft aus zärtlichen Erinnerungen, Sophie läutete nach ihr.

Nadia traf sich von nun an fast in jeder Nacht mit dem Duc und immer tiefer und unausweichlicher fühlte sie, dass sie nicht nur verliebt war, sondern dass sie ihn jenseits jeglicher Vernunft von ganzem Herzen liebte. Angesichts dieser Erkenntnis schwor sie sich immer wieder, dem gefährlichen Spiel ein Ende zu machen, aber niemals brachte sie die Kraft auf abzulehnen, wenn Ferdinand sie wieder zu einem Spaziergang bat.

Nadia war entsetzt über ihre eigene Willenlosigkeit. Ihr

Leben drohte in Stücke zu zerbrechen; sie hatte es nicht mehr in der Hand. Sie entfernte sich immer mehr von Sophie, sie hasste den aufgeblähten Leib ihrer Herrin, in dem ein Kind wuchs, das Nadia sich für sich selbst wünschte.

Sophie entging nicht, dass ihre Zofe sich veränderte, aber sie wusste selbst, wie launisch sie wegen ihrer Schwangerschaft war und dass sie sie oft schlecht behandelte. Wenn das Kind erst einmal geboren war, würde sich alles wieder zum Guten wandeln. Davon war Sophie überzeugt.

22. Kapitel

Nach einem stürmischen Herbst und einem milden Winter zog der Frühling in Vincennes ein. Die Tage wurden jetzt wieder wärmer und freundlicher. Die Nachtigallen sangen, Kirsch- und Pflaumenbäume standen in voller Blüte und der Schlossgarten werde von dem süßen Duft des Flieders erfüllt. Hagebuttensträucher wuchsen überall, die zwischen den großen, orangeroten Früchten noch vereinzelt mit blassroten Blüten geschmückt waren.

In jenen wundervollen Tagen brachte Sophie ihren Sohn zur Welt. Die Geburt verlief reibungslos und Sophie erholte sich schnell.

Sie ließ es sich wieder nicht nehmen, nur für ihr neugeborenes Kind da zu sein, und bemerkte deshalb nicht sofort, dass sich ein Konflikt zwischen Deutschland und Frankreich zuzuspitzen begann. Mal war es eine Schlagzeile in einer Zeitung, die ihr ins Auge sprang, mal hörte sie, wie die Dienstboten diskutieren und ihren Abscheu gegenüber Preußen nicht verbargen, aber sie war viel zu beschäftigt mit dem kleinen Emanuel, um sich Gedanken über diese Situation zu machen. Sie bemerkte zwar, dass der Duc jetzt häufig die Stirn runzelte, aber sie hatte sich noch nie für seine Meinung interessiert, und daher beschränkten sich ihre Gespräche weiterhin auf Dinge, die die Kinder betrafen.

Erst als Sophie eines Tages wieder die Sonntagsmesse in Vincennes besuchte und mit Pater Pierre sprach, wurde ihr bewusst, dass etwas im Lande vor sich ging.

»Wir stehen kurz vor einem Krieg«, sagte Pater Pierre und berichtete, dass die Menschen in Frankreich diesen Krieg befürworteten. Die Leute drängten sich auf den Boulevards in Paris, hatte man ihm berichtet. Überall wurde die *Marseillaise* gesungen und gebrüllt: Auf nach Berlin! Politiker hielten flammende Reden, die nur ein Thema hatten: Den Preußen würde man es schon zeigen.

Sophie hielt den Atem an. »Aber das ist ja furchtbar! Und warum das alles?«

Pater Pierre erzählte, dass der britische Außenminister gestorben sei. Es hatte keinen ungünstigeren Augenblick geben können, denn Lord Clarendon war ein wichtiger Vermittler zwischen Frankreich und Preußen gewesen.

»Nun geht es um irgendeinen Thron, der besetzt werden soll«, seufzte Pater Pierre. »Ich glaube, es ist der spanische. Paris und Berlin sind sich uneinig, wer dort in Zukunft herrschen soll. Darüber ist ein Streit ausgebrochen – aber ich persönlich denke, das diese Frage nur ein Vorwand ist.«

Pater Pierres Überlegungen gingen noch weiter. Er sei davon überzeugt, erklärte er, dass beide Länder ihre Kräfte erproben wollten – ein alter Konflikt zwischen den beiden Rheinnachbarn.

»Entsetzlich!« Sophie bekreuzigte sich. Draußen an der Orléans-Kutsche stand Nadia und wartete auf ihre Herrin mit einem aufgespannten Sonnenschirm in der Hand.

»Ich kann nur hoffen, dass mein Heimatland sich nicht in diesen Konflikt hineinziehen lässt«, sagte Sophie nachdenklich. Sie wusste jedoch, dass Bayern seit dem letzten verlorenen Krieg Berlin auf Gedeih und Verderb ausgeliefert war.

Sie war froh, zum Abschied noch eine gute Nachricht zu

hören. Pater Pierre berichtete, dass Henris Familie inzwischen wohlauf sei, dass sie sogar eine bessere Hütte bewohnte, dass die beiden Söhne nicht an Typhus erkrankt seien und die kleine Marie ein schönes Grab auf dem Friedhof hätte – Dank Sophies großzügiger Gabe.

Sophie lächelte erfreut. »Möge Gott uns gnädig sein und kein neues Leid über uns bringen!«, sagte sie und stieg mit Nadia in die Kutsche. Sie winkte Pater Pierre noch einmal zu, während sie davonfuhren.

Bereits einen Tag später erklärte Frankreich Preußen den Krieg. Die Nachricht war in aller Munde. Die Bediensteten im Schloss freuten sich ohne Ausnahme hämisch darüber, dass Frankreich den Preußen endlich den Kampf angesagt hatte. Der Hass auf die Menschen jenseits des Rheins war unermesslich.

Sophie wusste nicht, wie es dazu gekommen war, und diese Entwicklung machte ihr Angst.

Noch am selben Abend kam der Duc mit neuesten Nachrichten nach Hause: Bayern hatte sich den Preußen angeschlossen.

Für Sophie war es, als hätte sie ein Schlag mitten ins Gesicht getroffen. Bis zuletzt hatte sie gehofft und gebetet, dass es nicht dazu kommen würde, obwohl sie von ihrer Mutter wusste, dass Ludwig immer mehr zum Spielball politischer Ränkeschmiede geworden war und inzwischen keine selbständigen Entscheidungen mehr treffen konnte.

Ferdinand maß seine Frau mit einem kleinen spöttischen Lächeln. »Was für ein Gefühl ist es, wenn man gegen ein Volk Krieg führt, dessen Königin man beinahe geworden wäre?«

Am liebsten hätte sie ihm mitten in sein überhebliches Gesicht gespuckt, aber sie beherrschte sich und ging hocherhobenen Hauptes in ihr Zimmer, um ein paar Zeilen nach Possenhofen zu schreiben.

Dieser Krieg darf nicht lange dauern!, flehte sie im Stillen und schrieb ihre Sorgen und Ängste nieder.

Die nächsten Tage verbrachte Sophie im Schloss. Sie trank Unmengen von Kaffee und ließ sich jede Zeitung bringen, die aufzutreiben war. Auch mit Nadia wollte sie ihre Sorge teilen, aber die Zofe wirkte zerstreut und unruhig. Die Geburt Emanuels hatte nicht zu der erhofften Normalisierung ihrer Beziehung geführt und Sophie hatte es längst aufgegeben, nach den Gründen zu fragen. Nadia gab ohnehin nur ausweichende Antworten und so lange sie ihre Arbeit tadellos verrichtete, gab es im Grunde nichts zu beanstanden. Aber Sophie vermisste die vertraulichen Gespräche von einst.

Die Titelseiten der Zeitungen waren voller Berichte von den Schlachtfeldern und Sophie las Tag für Tag neue furchtbare Nachrichten, die man anfangs zwar noch zu beschönigen versuchte, aber die Wahrheit ließ sich nicht lange verbergen.

Die aktive Armee der Franzosen bestand aus 300 000 Mann. Der Nachteil, der sich durch die zahlenmäßige Unterlegenheit gegenüber dem Feind ohnehin ergab, verschärfte sich noch durch schwerfällige und falsche Entscheidungen. Sophie las mit Bestürzung, dass bereits zu Beginn des Krieges die französischen Soldaten nicht ausreichend verpflegt werden konnten, nicht genügend Pferde hatten und auch die übrige Ausrüstung mangelhaft war. Die Offiziere verfügten nicht einmal über die notwendigen Landkarten. Die taktische Überlegenheit der deutschen Truppen resultierte vor allem aus der Überlegenheit der Artillerie, der eine größere Anzahl von Kanonen mit größerer Reichweite zur Verfügung stand als den Franzosen.

Das erst vor kurzem eingeführte Chassepot-Gewehr schoss wohl weiter als die Gewehre der deutschen Truppen, doch viele der französischen Soldaten konnten damit nicht richtig umgehen und fielen beim Schießen durch die Wucht des Rückstoßes wie zappelnde, hilflose Käfer auf den Rücken. Die französischen Generäle vertrauten auf die Wirkung von Waffen wie Säbel oder Bajonett und rechneten mit der Tapferkeit ihrer Soldaten im Kampf Mann gegen Mann. Sie übersahen, dass sie dem deutschen Gegner damit hoffnungslos unterlegen waren.

Sophie nahm diese Nachrichten mit Entsetzen zur Kenntnis und fragte sich verzweifelt, wohin dieser Krieg nur führen sollte. Und sie dachte an Edgar. Sie wusste nicht, was aus ihm geworden war. Ob er allein nach China gereist war oder vielleicht in diesem Augenblick von einem französischen Soldaten niedergemetzelt wurde? Sie schloss die Augen und versuchte, ihre Gedanken in eine andere Richtung zu lenken. Dieser Krieg hatte sie innerlich zerrissen. Sie war auf der anderen Seite des Rheins geboren und aufgewachsen. Jetzt lebte sie schon seit vielen Jahren in Frankreich und ihre eigenen Kinder waren schließlich Franzosen. Sie dachte an ihre Heimat, an ihre Eltern und an Ludwig, der nichts hatte tun können, um diese Katastrophe zu verhindern. Und Edgar war vielleicht irgendwo dort draußen auf dem Schlachtfeld und ...

Sophie schüttete die fünfte Tasse Kaffee an diesem Tag hinunter und wartete darauf, dass sie etwas Neues erfahren würde. Wie ein kleines Kind rieb sie ihre müden Augen.

Ich muss etwas tun, dachte sie plötzlich. Ich kann mich während des Krieges nicht wie ein Kind benehmen, das sich in seinem Zimmer eingeschlossen hat, um die Schlacht in Gedanken zu schlagen.

Entschlossen stand Sophie auf und zog an der Klingelschnur. Sie wartete eine Weile, und als niemand kam, verließ sie das Zimmer, um nach Nadia zu sehen. Ihre Zofe war nirgends zu entdecken. Eines der Dienstmädchen erinnerte sich schließlich daran, dass sie vor einiger Zeit in ihr Zimmer gegangen war. Sophie eilte den Gang hinunter und blieb vor Nadias Zimmertür stehen. Vielleicht war sie krank? Schon am Morgen hatte sie bemerkt, wie blass Nadia ausgesehen hatte. War sie seit einiger Zeit denn nicht immer blass – schon seit Wochen?

Nadia lag halb angekleidet auf dem Bett, als Sophie eintrat.

Erschrocken richtete sie sich auf. »Verzeiht, Hoheit, aber ich hatte heute Nacht schlecht geschlafen. Ich bin wohl ein bisschen eingenickt.«

Besorgt betrachtete Sophie Nadias Gesicht. Die hübschen Züge waren hart und starr geworden. Sie schien viel an Gewicht verloren zu haben und sah krank und zerbrechlich aus.

»Bist du krank, Nadia?«

Augenblicklich war die Zofe auf den Beinen, goss schnell etwas Wasser in eine Schüssel und wusch sich das Gesicht.

»Mir fehlt nichts, Hoheit!«, beteuerte sie und zwang sich zu einem Lächeln. »Ich hatte nur ein wenig Kopfweh.«

»Ich hatte geklingelt, weil ich ausreiten möchte, und als niemand erschien, wollte ich nach dir sehen.«

Nadia stieß einen tiefen Seufzer aus. »Ja, sie sind fast alle weg.«

Sophie zog erstaunt eine Augenbraue in die Höhe. »Wer ist weg? Von wem sprichst du?«

Jetzt war auch Nadia überrascht. »Hoheit haben noch nicht gehört, dass beinahe alle französischen Dienstboten weggelaufen sind? Sie wollen nicht einer Herrin aus Bayern dienen.«

Sophie starrte ihre Zofe fassungslos an. Nein, diese Neuigkeit war in der Abgeschiedenheit ihres Zimmers nicht zu ihr vorgedrungen.

Der Hass auf die Preußen und ihre bayerischen Verbündeten wuchs auch in Vincennes Tag für Tag.

Eines Tages spuckte Sophie ein Dorfbewohner mitten ins Gesicht, nachdem sie die Kirche verlassen hatte und beschimpfte sie als Bayernhure. Als Nadia sich empört einmischte, wurde er beinahe handgreiflich, und nur mit Mühe konnten sich die beiden Frauen in die Orléans-Kutsche retten.

Als Ferdinand von dem Vorfall erfuhr, erklärte er spöttisch lächelnd, dies sei das erste Mal, dass seine Frau sich nicht allein zu helfen wisse. Mehr hatte er dazu nicht zu sagen. Erst als seine Kinder kurze Zeit später als Bastarde beschimpft wurden, verlor er die Beherrschung und schlug den Schuldigen windelweich. Daraufhin verhielten sich die Leute respektvoller und einige grüßten Sophie wieder.

Der Krieg rückte näher. Die meisten Nahrungsmittel waren unerschwinglich, Zucker gab es gar nicht mehr und das Fleisch wurde für die Verpflegung der Soldaten benötigt. Mehl war sehr teuer geworden und das Brot, das aus Ersatzmehl gebacken wurde, war kaum genießbar.

Wenn Sophie mit ihrer Kutsche in den Ort fuhr, sah sie die verzweifelten Menschen in langen Schlangen vor den Geschäften stehen.

Pater Pierre hatte Neuigkeiten von Henri und seiner Familie. Henri und sein Bruder waren zur Armee eingezogen worden.

Sophie dachte voller Mitgefühl an die arme Mutter, die ihr kleines Mädchen verloren hatte und hilflos hatte zusehen müssen, wie ihre beiden Söhne, die doch noch Kinder waren, in den Krieg zogen.

Als Nadia mit ein paar Weißkohlköpfen, die sie auf dem Markt für viel Geld erstanden hatte, zurückkam, fiel Sophies

Blick auf eine junge Frau, die sich unter Tränen von ihrem Mann verabschiedete. Er war groß, blond und sah gut aus. Sophie hörte, wie er sagte, dass er es diesen verdammten *Prussien* schon zeigen werde. Als die beiden sich zum Abschied leidenschaftlich küssten, spürte Sophie, wie ihr Herz zu schmerzen begann. Sie dachte an Edgar, an ihren geliebten Edgar.

23. Kapitel

Edgar war längst aus China heimgekehrt. Er hatte verstanden, dass er nicht vor sich selbst fliehen konnte, denn sein Herz nahm er überall mit hin.

Für den alten Hanfstaengl war es einer der schönsten Tage seines Lebens, als der Sohn plötzlich wieder vor der Tür stand. Es würde doch noch alles gut werden.

Aber Edgar fand unter dem Stapel von Briefen, die sein Vater während seiner langen Abwesenheit für ihn aufbewahrt hatte, sehr schnell den einen aus Vincennes. Er war schon vor Jahren abgeschickt worden und Nadia hatte ihn geschrieben. Edgar erinnerte sich voller Dankbarkeit an Sophies Zofe, ohne deren Hilfe ihre Liebe nicht möglich gewesen wäre. Ungeduldig riss er das Kuvert auf und begann zu lesen. Immer und immer wieder las er die eng beschriebenen Seiten und konnte doch nicht glauben, was Nadia ihm vor langer Zeit geschrieben hatte. Schließlich legte er die Blätter beiseite, barg den Kopf in den Händen und begann zu weinen.

An jenem Tag erkannte der alte Hanfstaengl, dass sein Sohn niemals aufhören würde, diese Frau zu lieben.

Zwei Tage später traf Edgar sich bereits mit einem bayerischen Offizier, der an dem Angebot des jungen Hanfstaengl interessiert war.

»In Künstlerkreisen genießen Sie hohes Ansehen«, sagte Oberleutnant Schneider. »Unser Bataillon fühlt sich sehr geehrt, wenn Sie uns als Kriegsfotograf an die Front begleiten wollen.«

Edgar wollte um jeden Preis nach Frankreich. Er wollte Sophie wieder sehen. Er wollte mit ihr sprechen, ihr sagen, dass er sie noch immer liebte, dass es noch nicht zu spät war und dass er um sie kämpfen würde. Als Kriegsfotograf musste dieses Unternehmen gelingen.

»Es ist mir also gestattet, mit Ihrer Division nach Frankreich zu reisen?«, fragte er erfreut.

Schneider nickte. »Ja, Sie haben meine Einwilligung, Hanfstaengl. Es ist nur eine kleine Truppeneinheit, mit der Sie zur Unterstützung unserer 5. Eskadron ins feindliche Gebiet vorrücken werden. Vielleicht kann man Sie später einer größeren Brigade zuteilen, damit Sie auch die bedeutenden Schlachtfelder zu sehen bekommen. Und vergessen Sie nicht, Hanfstaengl, wir brauchen nur Bilder, die zeigen, dass wir unbesiegbar sind.«

Aber Edgar hörte gar nicht mehr zu. Er dachte nur noch daran, dass er Sophie bald wieder sehen würde und in seine Arme schließen konnte, und dankte Gott für Nadias Brief.

Bereits einen Tag später stieg er in einen überfüllten Zug. Die Abteile waren schmutzig und voller Tabakqualm. Die Nacht verbrachte Edgar eingekeilt zwischen Soldaten, die alle begierig darauf warteten, endlich an die Front zu kommen. Sie waren überzeugt davon, die Franzosen zu besiegen.

* * *

Die deutschen Truppen waren inzwischen auf dem Weg nach Vincennes und jeder wusste, dass es nur noch eine Frage der Zeit war, bis sie den Ort erreicht hätten.

Sophie saß mit Louise im Garten. Sie waren bei ›L‹ angelangt, als es soweit war.

Einem dumpfen Knall folgte ein lange anhaltendes Grollen und sofort folgte ein zweiter Schlag. Es klang wie Gewitterdonner, aber Sophie wusste, dass es etwas anderes war. Sie packte Louise, nahm sie auf den Arm und rannte mit der schreienden Kleinen ins Haus. Der Duc und die wenigen Dienstboten, die noch geblieben waren, standen bereits in den oberen Stockwerken an den Fenstern und blickten nach draußen. Noch war nichts zu sehen.

»Sie sind noch ziemlich weit weg«, urteilte Ferdinand. »Aber sie kommen.«

In jener Nacht befahl Sophie dem Kindermädchen, Louise und Emanuel in ihr Zimmer bringen zu lassen, damit die Kinder bei ihr schlafen konnten. Sie selbst lag wach und versuchte, sich darauf vorzubereiten, dass Dutzende von Soldaten das Schloss stürmten. Aber noch war alles ruhig und friedlich.

Der Mond schien durch das Fenster ins Zimmer und Sophie konnte die schlafenden Kinder deutlich erkennen. Louise hatte sich ausgestreckt, lag auf der linken Seite und hielt die Hände von sich. Das kastanienfarbene Haar umrahmte das Gesicht mit den friedlich geschlossenen Augen wie eine seidige Wolke und das kleine Mädchen schlief entspannt. Der kleine Emanuel hatte sich wie ein Fragezeichen zusammengekauert und auch er schlief friedlich.

Sophie strich ihrem Sohn zärtlich über das Haar. Er hatte ihre Augen, aber die Locken seines Vaters und sie glitten wie Seide durch ihre Finger. Wie sehr sie ihre Kinder liebte! Es war ihnen sogar gelungen, ihren Schmerz über ihre unglückliche Liebe zu Edgar ein wenig zu lindern. Niemals durfte Louise und Emanuel etwas geschehen! Am liebsten wäre sie mit den beiden aus dem Land geflohen, aber der Duc wollte die Stellung halten. Er hatte die Hoffnung nicht aufgegeben, dass Napoleon vertrieben würde und seine Familie schließlich doch noch den Thron besteigen konnte. Zu solcher Stunde musste er im Land sein.

Sophie teilte seine Hoffnungen nicht und sie hatte nicht den geringsten Ehrgeiz, französische Kaiserin zu werden. Es interessierte sie überhaupt nicht. Das ganze Land war vom Krieg erschüttert. Sie konnte nur um ein Wunder beten, das Vincennes von den Kämpfen verschonte. Sie überlegte und grübelte die ganze Nacht, was sie tun könne, um sich und die Kinder zu retten, und erst im Morgengrauen schlief sie erschöpft ein.

Ein neuer Tag brach an und Louise und Emanuel erwachten schon früh. Der Kleine hatte Hunger und Sophie ließ nach dem Kindermädchen rufen. Gleichzeitig entdeckte Louise einen Unterrock ihrer Mutter auf einem Stuhl und zog ihn an. Dann marschierte sie mit nackten Füßen über den Boden, während der lange Rock hinter ihr herschleifte, und das Mädchen lachte ausgelassen. Sophie war so müde, dass sie sich am liebsten wieder auf die Seite gedreht hätte, um noch ein wenig zu schlafen, doch sie genoss jede Sekunde, die sie mit den Kindern verbringen konnte, und so spielte sie den ganzen Vormittag über mit den beiden im Bett, veranstaltete eine Kissenschlacht nach der anderen und tat so, als ärgere sie sich, nachdem sie abwechselnd Louise und Emanuel hatte gewinnen lassen.

Am Nachmittag wurde das Donnern am Horizont wieder lauter.

Sophie blickte aus dem Fenster. Über den Bäumen stiegen dunkle Rauchpilze empor und verdunkelten den Himmel. Jeder im Schloss versuchte, Ruhe zu bewahren, aber die Angst war beinahe mit den Händen greifbar.

Louise lernte gerade den Buchstaben M, als Ferdinand beschloss, die Kinder zu seinem Vater, dem Herzog von Nemours, auf das sichere Sizilien bringen zu lassen. Dort lebten einige seiner Verwandten im Exil. Dieses Mal widersprach Sophie nicht, denn sie wusste, dass dies eine kluge Entscheidung war, die ihr Mann nur zum Wohle seiner Kinder getroffen hatte. Als ihr jedoch klar wurde, dass Ferdinand nicht daran dachte, sie ebenfalls auf diese Reise zu schicken, bereute sie ihr unüberlegtes Einverständnis sofort.

Der Duc legte schwer seine Hand auf ihre Schulter und erinnerte sie an die Pflichten einer Duchesse.

»Nur Feiglinge laufen davon«, sagte er während des Abendessen und schob einen silbernen Leuchter beiseite, so dass er seiner Frau ins Gesicht sehen konnte. »Das französische Volk wird genau das von dir erwarten: dass du als Bayerin fliehst. Nur wenn du bleibst, werden sie erkennen, dass du eine von uns bist.«

Sophie war vollkommen gleichgültig, was das französische Volk über sie dachte, aber sie wollte um jeden Preis verhindern, dass ihre Kinder wegen ihrer Mutter eines Tages verhöhnt würden. Obgleich es ihr fast das Herz brach, ließ sie das Kindermädchen noch in derselben Nacht mit Louise und Emanuel in Richtung Süden aufbrechen. Die junge Frau hatte genaue Anweisungen erhalten und war mit Dokumenten ausgestattet, die ihr eine sichere Fahrt durch das Land gestatteten. Die Kinder winkten unter Tränen und Sophie hatte das Gefühl, den Verstand zu verlieren. Doch trotz ihrer Trauer entging ihr nicht, dass Ferdinand unter diesem Abschied genauso litt wie sie.

Wie viele Nächte in ihrem Leben hatte sie vor Sorge schon nicht schlafen können? Sie wusste es nicht und in jener Nacht fand sie wieder keinen Schlaf. Sophie wanderte immer noch ruhelos im Schloss umher, als die Uhr bereits zwei schlug. Mit den Schlägen drangen auch die Stille im Haus und ihre Einsamkeit in ihr Bewusstsein. Sie hatte bereits zwei Gläser Kognak getrunken, war jedoch so nüchtern wie am Tag ihrer Geburt. Normalerweise trank sie nicht, aber an diesem Abend hatte sie sich nicht anders zu helfen gewusst. Sie fror und nahm einen warmen Hausmantel aus dem Schrank. Dann trat sie ans Fenster. Sie betete, dass die Kinder Sizilien unversehrt erreichten. Ferdinand hatte eine Route gewählt, die fernab der Schlachtfelder lag. Die Sicherheit von Louise und Emanuel lag ihm ebenso am Herzen wie ihr und sie musste sich darauf verlassen, dass er die richtige Entscheidung getroffen hatte.

Am nächsten Morgen litt Sophie unter starken Kopfschmerzen und sie klagte laut. Die Angst um ihre Kinder und der Hass auf Ferdinand, der sie voneinander getrennt hatte, brachen aus ihr hervor und sie weinte verzweifelt, während Nadia ihr Haar in kunstvolle Ordnung brachte.

Sophie redete gegen eine Wand. Nadia hörte zwar zu, aber sie nahm keinerlei Anteil an ihrem Leid und schließlich gab Sophie auf.

Als sie mittags in die Kirche fahren wollte, klagte Nadia über Kopfweh und bat darum, im Schloss bleiben zu dürfen. Sophie fuhr mit einer Dienerin.

Wenigstens ihre Freundschaft zu Pater Pierre hatte all die Jahre überdauert und sie konnte sich nicht vorstellen, wie sie so manches Unglück ohne ihren geistlichen Freund überstanden hätte. Umso mehr entsetzte sie, was er ihr zu sagen hatte. »Mir wurde die Leitung des Dominikanerklosters Faubourg St. Honoré in Paris angeboten. Das ist schon lange einer meiner Träume. Da die Front in den nächsten Tagen gefahrlos zu passieren ist, habe ich mich entschlossen, unverzüglich abzureisen.«

»Das heißt, Ihr geht weg von Vincennes?« Sophie starrte den Pater fassungslos an und war nahe daran, in Tränen auszubrechen. Er hatte ihr nie von seinen Träumen erzählt, die bedeuteten, dass er Vincennes verlassen würde.

Tröstend nahm er ihre Hand, drückte sie und sagte leise: »Ihr seid mir in Paris immer willkommen, Hoheit.«

Zum Abschied hatte Pater Pierre eine weitere traurige Nachricht: Henri und sein Bruder waren gefallen.

24. Kapitel

Edgars Reise nach Frankreich war beschwerlich und dauerte mehrere Tage und Nächte. Die Abende verbrachte er gemeinsam mit den Soldaten meist an einem Lagerfeuer. Die Stimmung war euphorisch, aber Edgar spürte, dass die Männer durch ihre makabren Scherze versuchten, sich die Angst zu nehmen.

Ein rothaariger Soldat sagte lachend: »Ihr müsst euch eines merken, Kameraden: Die besten Soldaten sterben und – die schlechtesten auch!«

Alle lachten, nur wenige machten betroffene Gesichter.

Ein Soldat mit auffallend abstehenden Ohren fragte: »Hat einer von euch schon etwas von der Front gehört?«

»Nein«, grinste ein blonder Soldat, »aber wir haben ja auch nicht so große Ohren wie du!« Schallendes Gelächter erklang. Der rothaarige Soldat zückte eine Landkarte und legte seinen Zeigefinger darauf. »Wir sind jetzt hier und dort ist die Front.«

Edgar beugte sich ebenfalls über die Karte. »Und wo liegt Vincennes?«

»Wir haben noch etwa vier Tagesmärsche vor uns, dann sind wir dort.«

Am nächsten Tag wurde Edgar zum ersten Mal an die Front

geschickt. Er hatte es sich schrecklich vorgestellt, aber auf diese Hölle war er nicht vorbereitet.

Die Schlacht bei Beaumont hatte um zwölf Uhr mittags begonnen und dauerte bis halb neun Uhr abends. Die Franzosen verteidigten die Stellung erbittert. Drei Dörfer waren von den Deutschen zu nehmen und es wurde bis zum letzten Mann gekämpft. Das Schlachtfeld war am Ende übersät von Toten und Verwundeten beider Heere und das Wimmern und Jammern würde Edgar sein ganzes Leben lang nicht vergessen. Vier Dörfer in der Umgebung standen in Flammen und das helle Feuer ließ den Horizont erstrahlen. Zahllose Frauen und Kinder verbrannten und Edgar hörte, wie sie verzweifelt um Hilfe schrien.

Er schoss Fotos, viele, viele Fotos, aber das, was er im Sucher der Kamera sah, verfolgte ihn bis in seine Träume und er verfluchte sich, weil er keinen anderen Weg gefunden hatte, Sophie wieder zu sehen.

* * *

Als Sophie die Nachricht erhielt, dass ihre Kinder Sizilien wohlbehalten erreicht hatten, hätte sie vor Glück beinahe geweint. Den Vormittag verbrachte sie bei Lysander im Stall, und als sie gegen Mittag ins Schloss ging, um den Duc nach der genauen Adresse von Louise und Emanuel zu fragen, um ihnen zu schreiben, hörte sie, dass er im Salon mit jemandem sprach.

Zuerst wollte sie eintreten, stutzte aber, als sie Nadias Stimme erkannte.

»Wir müssen es ihr sagen, Ferdinand! Ich kann diese Lügen nicht länger ertragen und ich liebe dich doch.«

Sophie hatte das Gefühl, als schwankte der Boden unter ihren Füßen. Nicht Nadia! Nicht ihre Freundin, mit der sie so viele Erinnerungen an Possenhofen teilte! Ihre Hände umklammerten den Treppenpfosten so fest, dass die Adern auf ihren Handrücken hervortraten.

Nadia fuhr fort: »Du könntest dich von ihr scheiden lassen. Warum heiratest du nicht mich?«

Sophie hielt den Atem an, doch ihre Zofe war noch nicht zu Ende. »Ich erwarte ein Kind von dir, Ferdinand.«

Plötzlich war Sophies Kehle trocken und sie spürte einen scharfen Schmerz im Nacken. Nadia war schwanger! Sie bekam ein Kind von ihrem Mann!

Ihre Gedanken überschlugen sich. Sie biss sich auf die Lippe, um nicht laut zu schreien.

»Du erwartest was?« Ferdinand schien fassungslos zu sein.

»Ein Kind!« Nadias Stimme klang triumphierend. Sie wusste schließlich, wie sehr er Kinder liebte. »Wenn du dich von ihr scheiden lässt, dann würde sie das nicht einmal schmerzen, weil sie dich nicht liebt. Stattdessen könnten wir heiraten und...«

Ferdinands schneidende Stimme unterbrach Nadias Redeschwall. »Welche Wahnvorstellungen plagen dein armes, krankes Hirn, dass du dir einbildest, der Enkel Louis Philippes könnte eine bayerische Prinzessin gegen eine wie dich eintauschen?«

»Aber du hast doch gesagt, dass du mich liebst!«

»Liebe?« Ferdinand lachte höhnisch auf. »Hier gilt es eine Dynastie zu erhalten, Nadia! Und dein Kind wird nie das Licht der Welt erblicken, das schwöre ich dir.«

Sophie wandte sich langsam ab. Sie ballte die Fäuste und presste sie gegen die Schläfen, als ob sie so das plötzliche Hämmern in ihrem Kopf zum Stillstand bringen könnte.

Nadia bekam ein Kind von Ferdinand!

Sophie liebte ihn tatsächlich nicht, aber diese Neuigkeit

traf sie wie ein Schlag mitten ins Gesicht. Ihr Mann hatte sie betrogen. Das überraschte sie im Grunde nicht, aber die Erkenntnis, dass Nadia sie hintergangen hatte, raubte ihr den Atem. Die einzige Freundin, die sie in ihrem Leben je gehabt hatte! Sie wusste nicht, was sie jetzt tun sollte.

Benommen ging sie schließlich die Treppe hinauf. Nadia und Ferdinand stritten immer noch, aber Sophie hörte die Worte nicht mehr. Sie wollte nichts mehr hören. Wie in Trance öffnete sie die Tür und verschwand in ihrem Zimmer. Kraftlos ließ sie sich auf ihr Bett fallen und starrte an die Decke. Nadia, warum gerade Nadia?, fragte sie sich immer wieder und konnte keine Antwort finden. Wäre es eines der Küchenmädchen gewesen, hätte sie es verschmerzt.

Seit wann ging das wohl so? Sicherlich schon seit Monaten. Endlich hatte sie auch eine Erklärung für Nadias sonderbares Verhalten in den letzten Monaten. Das Vertrauen in ihre Zofe hatte sie schlicht blind gemacht. Plötzlich war ihr alles klar, sie begriff, wie alles miteinander zusammenhing.

Sophie legte die Hände an ihre pochenden Schläfen. Die verzehrende Wut hatte all ihre Kraft verbraucht. Sie saß mit leerem Kopf auf dem Bett und starrte vor sich hin.

Später wusste sie nicht, wie lange sie so dagesessen hatte, leeren Blickes auf die größer werdenden Schatten starrend, und erst ganz allmählich begann ihr Geist, wieder zu erwachen. Sie spürte, dass sie am ganzen Körper zitterte. Wut und Erregung konnte sie kaum noch beherrschen. Schließlich legte sie die Stirn auf den Ellbogen und versuchte, ihre Gedanken zu ordnen.

Je länger Sophie nachdachte, um so mehr verging ihre Wut auf Nadia. Aber der Hass auf ihren Mann wuchs von Minute zu Minute. Ferdinand hatte ihr schon immer alles genommen, was ihr lieb und teuer war. Sie zweifelte nicht eine

Sekunde daran, dass er das Verhältnis mit Nadia begonnen hatte, um ihr, seiner Frau, Schmerz zuzufügen.

Sophie war immer noch in ihre Gedanken vertieft, als eine Dienerin an ihre Tür klopfte und fragte, ob sie etwas essen wolle. Sophie lehnte ab, bat die Frau aber, die Kerzen anzuzünden, denn langsam brach die Dämmerung herein. Außerdem ließ sie sich beim Duc entschuldigen. Sie sei müde, wolle früh zu Bett gehen und deshalb nicht mit ihm zu Abend essen. Auch brauchte Nadia ihr nicht wie gewöhnlich beim Auskleiden zu helfen. Sie komme schon allein zurecht.

Kurz nach Mitternacht saß Sophie immer noch in derselben Haltung auf ihrem Bett. Die Kerzen waren inzwischen heruntergebrannt und das Wachs hatte sich zu unförmigen Klumpen verformt. Sophie graute vor der entsetzlich langen Nacht.

Schließlich stand sie auf, ging zum Kamin hinüber und starrte gedankenverloren in die Glut. Nach einer Weile nahm sie einen Holzscheit und ließ ihn auf die rote Asche fallen. Dann setzte sie sich vor den Kamin und beobachtete, wie das Holz langsam Feuer fing.

Stunden später hatte Sophie eine Entscheidung getroffen. Wenn Nadia ihr Kind behalten wollte, musste ihr das ermöglicht werden. Ihre Zofe war mit ihr durch die Hölle gegangen und Sophie erinnerte sich daran, wie Nadia ihr einst das Leben gerettet hatte. Jetzt war es an ihr, der jungen Frau zu helfen, was immer sie auch getan haben mochte.

25. Kapitel

In Edgars Einheit mussten inzwischen immer häufiger Kameraden begraben werden. Der rothaarige Soldat, der immer zu Scherzen aufgelegt gewesen war, hatte einen Augenblick der Unachtsamkeit mit dem Leben bezahlen müssen. Er war in einen Kugelhagel der Franzosen geraten und sollte in einem eroberten Dorf mit allen Ehren beerdigt werden.

Sechs französische Chorknaben, mit roter Kopfbedeckung und weißen Leinenhemden angetan, begleiteten zwei Geistliche, in Schwarz und Weiß gekleidet und mit Mitren auf dem Haupt. Edgar und die anderen Kameraden warteten bereits und hatten eine Kolonne gebildet, als einige Soldaten mit dem Sarg aus einem Schuppen traten. Sie hatten ihn auf eine Bahre gelegt. Über die schlichte Holzkiste war ein schwarzes Tuch mit einem silberfarbenen Kreuz gebreitet worden. Die Soldaten trugen den Sarg in die Kirche und stellten ihn im Mittelschiff ab, ganz in der Nähe des hohen Chores. Die Litaneien begannen, nachdem die Kameraden, unter ihnen auch Edgar, die Kirche betreten hatten. Die monotonen Gesänge der Chorknaben und der Geistlichen verstärkten die Trauer der Männer und alle waren erleichtert, als die Messe endlich zu Ende war.

Der Zug setzte sich wieder in Bewegung und verließ die Kirche. Auf dem Friedhof waren schon andere deutsche Soldaten begraben worden. Zypressen und wilder Lorbeer wuchsen neben den Gräbern, Blumen waren nicht zu sehen. Hier und dort reckte ein Ginsterstrauch, kahl wie ein Besen, seine zahllosen Ruten in die Luft.

Der Sarg des rothaarigen Soldaten wurde vorsichtig in die Erde hinabgelassen, man murmelte ein kurzes Gebet, die Soldaten bekreuzigten sich und gingen. Binnen weniger Minuten waren sie verschwunden und der Friedhof lag wieder still und verlassen da.

Nur Edgar war neben dem offenen Grab stehen geblieben. So stirbt man also in der Fremde, dachte er, bekreuzigte sich ebenfalls und ging dann langsam davon.

* * *

Am selben Abend betrat Sophie in Vincennes das Kämmerchen, das Nadia bewohnte. Der Raum war klein, kahl und dunkel und nur mit ein paar abgenutzten Rohrstühlen, einem Bett, einem Schrank und einem Tisch möbliert. Das spärliche Kohlenfeuer im Kamin erwärmte das Zimmer kaum. Nadia lag im Mantel auf dem Bett, die verweinten Augen starr zur Decke gerichtet, die Arme um die Knie geschlungen, als wolle sie sich schützen.

Als sie ihre Herrin eintreten sah, wollte sie sich aufrichten, aber Sophie winkte ab und schloss sorgfältig die Tür hinter sich.

Sie kam sofort zur Sache. »Liebst du ihn?«, fragte sie ruhig.

Als Nadia verstand, dass ihre Herrin die Wahrheit kannte, brach sie in Tränen aus. »Ach, könnte ich es nur rückgängig machen, Hoheit! Ich wollte Euch nicht hintergehen, das schwöre ich bei Gott! In die Hölle wäre ich Euch gefolgt, so hab ich Euch verehrt, und jetzt das.«

Sophie setzte sich auf die Bettkante und betrachtete Nadia nachdenklich. So viel verband sie mit dieser Frau, so viele gemeinsame Erinnerungen. Sie dachte daran, wie die Zofe sie bei ihren heimlichen Begegnungen mit Edgar unterstützt, sogar gelogen und damit ihre Stellung gefährdet hatte. Sie erinnerte sich an Nadias Treue und ihre Hilfsbereitschaft, auf die sie sich immer hatte verlassen können. Und sie hatte ihre Herrin mit unbeschreiblicher Hingabe gepflegt, als die Ärzte sie schon längst aufgegeben hatten.

Sophie sprach leise. »Ich werde dir nie vergessen, was du für mich getan hast.«

Unter Tränen schluchzte Nadia auf: »Verjagt mich, schlagt mich, aber nehmt mir nicht mein Kind, Hoheit!«

Da griff Sophie nach Nadias Hand und drückte sie fest. »Ich will dir dein Kind gar nicht nehmen, Nadia, denn du hast einst mein Leben und das meiner kleinen Louise gerettet. Und ich glaube, es gibt eine Möglichkeit, dir zu helfen.«

Es war sehr früh am nächsten Morgen, als zwei Gestalten aus dem Schloss huschten. Niemand sah, wie Sophie und Nadia im Morgengrauen davonritten. Nadias Stute war mit Gepäck beladen.

Als die beiden Frauen endlich Vincennes erreicht hatten, waren erst wenige Menschen auf den Beinen. Nur vor der Kirche herrschte bereits geschäftiges Treiben. Koffer und Gepäck waren in eine Kutsche geladen worden und Pater Pierre wollte gerade einsteigen. Plötzlich stutzte er, denn er vernahm laute Rufe: »Pater Pierre! Halt! Wartet!«

Der Geistliche erkannte die Duchesse und ihre Zofe, die in hohem Tempo die Straße entlangritten. Überrascht beobachtete er, wie die beiden Frauen von den Pferden sprangen und auf ihn zuliefen.

»Pater Pierre, Ihr müsst Nadia mit Euch nehmen!« Die Worte sprudelten nur so aus Sophie heraus. »Sie erwartet ein Kind vom Duc und ich möchte, dass es in Sicherheit zur Welt kommt.«

Der Geistliche zögerte nicht. Er versprach, für Nadias Wohl und das ihres ungeborenen Kindes zu sorgen. Hinter den Mauern des Dominikanerklosters Faubourg St. Honoré würde sie in Sicherheit sein.

Noch einmal umarmten sich die beiden Frauen innig, dann war auch Nadia aus Sophies Leben verschwunden.

Ferdinand erkundigte sich nicht danach, was mit Nadia geschehen war. Das Problem hatte sich irgendwie gelöst, auf welche Weise, interessierte ihn nicht.

Das überraschende Verschwinden der Zofe schien sich jedoch sehr nachteilig auf seine Frau auszuwirken. Sie machte sich noch weniger als früher die Mühe, ihren Abscheu vor ihm zu verbergen – schlimmer noch: Sie sprach jetzt offen von Scheidung.

26. Kapitel

Sophie hatte im Dorf gehört, wie die Leute auf dem Markt sich aufgeregt darüber unterhalten hatten, dass die Frau des Generals de Lanrezac die Scheidung eingereicht hatte. Das war eine Sensation, ja, ein Skandal und die französischen Zeitungen berichteten einen Tag lang darüber ausführlicher als über den Krieg.

Diese mutige Frau wollte Sophie sich zum Vorbild nehmen.

»Eine Scheidung kommt nicht in Frage!«, entschied Ferdinand mit lauter Stimme und betonte jede Silbe. »So etwas gibt es in unserer Familie nicht. Außerdem hast du keinen Grund, dich über irgendetwas zu beklagen.«

Sophie starrte ihn fassungslos an. »Und was ist mit Nadia?«

Der Hass auf den Mann, der ihr alles genommen hatte, was ihr je lieb und teuer gewesen war, brach unvermittelt hervor. Der glühende Klumpen in ihrer Kehle explodierte, Verbitterung und Zorn kannten keine Grenzen mehr und durchdrangen ihren Körper von den Zehen bis zu den Fingerspitzen.

»Niemals werde ich so weiter leben! Niemals!« Sophie verlor die Beherrschung, stürmte auf ihn zu und prügelte wie besessen mit beiden Fäusten auf ihn ein. »Ich will hier weg! Ich will weg von hier!«

Ihre Hand klatschte in Ferdinands Gesicht und ihre Finger hinterließen deutliche Spuren auf seiner Wange. Doch er reagierte nicht darauf und strafte sie mit Missachtung.

»Ich werde dich nicht gehen lassen«, sagte er mit kalter, gleichgültiger Stimme. »Du gehörst mir, mir allein! Hast du das verstanden?« Dann ließ er sie einfach stehen und ging hinaus.

Sophie suchte Trost bei Lysander, der in seiner Box stand. Sie legte ihren Kopf an seinen warmen Hals. »Nur du bist mir noch geblieben«, flüsterte sie unter Tränen.

Alle anderen waren aus ihrem Leben verschwunden: Edgar, ihre geliebten Kinder, Nadia und Monsignore Pierre.

Liebevoll rieb der Hengst seine samtene Schnauze an Sophies Schulter. Seine aufrichtige, tröstende Zuneigung half ihr, sich ein bisschen zu beruhigen.

Ich muss weg von hier!, dachte Sophie verzweifelt. Ich muss weg von Vincennes, sonst verliere ich noch den Verstand.

Sie versuchte, ihre Gedanken zu ordnen. Wenn sie Frankreich verließ und es ihr gelang, sich nach Bayern durchzuschlagen, könnte sie mit ihren Eltern sprechen. Sie wusste, dass der Vater ihr helfen würde, wenn er erfuhr, welches Leid ihr widerfahren war.

Sie könnte auch schreiben, aber es würde wahrscheinlich zu lange dauern, bis ein Brief Possenhofen erreichte – der Weg durch die Front war beschwerlich und unsicher. Vielleicht würde er verloren gehen.

Sophies Gedanken drehten sich im Kreis und ihre Überlegungen führten schließlich alle zu demselben Ergebnis: Die Flucht war die einzige Wahl, die ihr blieb.

Wenn der Duc mich erwischt, schlägt er mich tot, dachte sie und erinnerte sich mit Schaudern an seine Worte, dass er sie niemals gehen lassen würde.

Dann erinnerte sie sich an die Frau des Generals de Lanrezac. Sie hatte sogar erreicht, ihre drei Kinder weiterhin sehen zu dürfen. Warum sollte ihr das nicht auch gelingen?

Ich werde mich nicht unterkriegen lassen!, dachte Sophie. Dieser Mann wird mich nicht zerstören. Er nicht!

Sie sah Lysander nachdenklich an. »Ob wir es schaffen, Lysander? Ich werde dich mitnehmen.«

Der Hengst legte mit fragendem Blick seinen schönen Kopf schräg, als versuche er zu verstehen, was sie sagte. Sophie umarmte ihn und barg ihr Gesicht in dem rabenschwarz glänzenden Fell an seinem Hals.

Noch am selben Nachmittag schlich Sophie sich heimlich in den Salon. Sie wusste, dass Ferdinand die Legitimationspapiere in seinem Sekretär aufbewahrte. Mit diesen Dokumenten würde sie es schaffen. Die Bayern werden mir nichts tun, hoffte sie, wenn sie lesen, dass ich eine von ihnen bin, und die Franzosen auch nicht, weil ich jetzt zur Familie der Orléans gehöre.

Als Sophies Finger zitternd nach den Formularen suchten, fand sie zwischen Federkielen und Blättern auch eine alte Fuchspfote. Einen Moment lang blieb Sophies Blick nachdenklich darauf haften. Es war tatsächlich *die* Pfote. Als wäre es erst gestern geschehen, konnte sie sich genau an den Tag erinnern, als der Duc den Fuchs vor ihren Augen im Wald bei Possenhofen erlegt hatte. Als eine Art Glücksbringer schien er die Pfote hier aufzubewahren.

Was ist er nur für ein merkwürdiger Mensch, durchfuhr es Sophie. Es überraschte sie, dass ihr Mann offenbar die Erinnerung an jenen Tag pflegte und sich von der Trophäe immer noch nicht getrennt hatte.

Nachdem sie die Fuchspfote zurückgelegt hatte, fand sie die Papiere schließlich in einer Schatulle.

Gott sei Dank! Ein triumphierendes Lächeln stahl sich in Sophies Mundwinkel.

Sie hörte das entfernte Donnern der Kanonen, das in der vergangenen Woche nicht mehr verstummt war, aber inzwischen machte es ihr nicht mehr so viel Angst. Nun würde sie gehen! Sollte doch der Duc allein hier zurückbleiben und warten, bis die Truppen kamen und Vincennes einnahmen.

Wie einst in Possenhofen, als sie mit Edgar hatte fliehen wollen, packte sie heimlich ein paar Sachen. Einen Abschiedsbrief schrieb sie nicht.

Gemeinsam mit ihrem Mann nahm Sophie das Abendessen ein und ließ sich sogar dazu überreden, ein Glas Rotwein mit ihm zu trinken. Dies ist mein Abschiedstrunk, dachte sie spöttisch, als sie auf ihre Kinder anstießen und die Hoffnung aussprachen, dass sie wohlauf seien.

Triumphierend zog sich Sophie in ihr Zimmer zurück. Der Anblick von Ferdinands hochmütigem Gesicht würde ihr in Zukunft erspart bleiben. Er hatte offenbar keinerlei Verdacht geschöpft. Beruhigt löschte sie die Kerze, legte sich im Dunkeln auf das Bett und wartete. Sie kämpfte verbissen gegen die bleierne Müdigkeit und dachte an Edgar. Endlich war sie auf dem Weg zu ihm. Natürlich konnte sie nicht hoffen, dass er noch frei war, aber sie würde sich damit begnügen, ihn noch einmal zu sehen.

Als alle Geräusche im Schloss verstummt waren und in der Ferne nur noch die Kanonen zu hören waren, wartete sie noch eine Weile. Sie musste sicher sein, dass der Duc auch wirklich schlief.

Schließlich schlüpfte sie unter ihrer Decke hervor, zog sich hastig an und holte unter dem Bett ihr Gepäck hervor. Nach Hause!, dachte sie. Endlich kehre ich wieder nach Hause zurück!

Als Sophie sich leise die Treppe hinunterstahl, sah sie den Schatten, der sich plötzlich aus der Dunkelheit des Salons löste und ihr folgte, nicht. Längst hatte der Duc bemerkt, dass die Legitimationspapiere aus der Schatulle verschwunden waren.

Sophie bewegte sich geräuschlos über den Schlosshof und lief zu den Stallungen. Ihr war ein bisschen schwindelig und sie musste einmal stehen bleiben, um sich an einem Pfosten festzuhalten und Luft zu schöpfen, dann schlich sie weiter. Alles war ruhig, nur die Grillen zirpten. Der Mond hatte den Hof in sein kühles Licht getaucht und Sophie konnte die Umrisse der Ställe schon von weitem erkennen.

Sie holte tief Luft und ging zielstrebig auf das Tor zu, aber das Gebäude begann plötzlich vor ihren Augen im Kreis zu tanzen.

Was ist bloß mit mir los?, fragte sie sich beunruhigt und sie hörte sich keuchend atmen.

Sie wankte in den Stall und der Geruch nach Heu, Leder und Pferdedung raubte ihr beinahe die Besinnung. Sie stieß gegen einen Eimer, der polternd über den Boden rollte, und plötzlich schien das Gebäude zu schwanken. Sie stand vor Lysanders Box, blickte hinein und konnte nicht begreifen, was sie dort sah. Der Hengst lag bewegungslos am Boden, seine schönen braunen Augen starrten blicklos ins Nichts, sein weiches Maul und das Halfter waren weiß vor Schaum. Schwankend sank Sophie neben dem Freund in die Knie.

»Lysander«, flüsterte sie und ihre Stimme war nur noch ein Krächzen.

Der Kübel mit dem Hafer war umgefallen und hatte seinen Inhalt über den Boden ergossen. Überall lagen weiße Schaumflocken.

Sophie richtete sich auf, ihr Blick irrte umher und benommen erkannte sie den Duc und Jean-Paul, die vor der Box standen und auf sie hinunterblickten. Sie hörte die erregte Stimme Ferdinands, der seinen Diener beschuldigte, das Pferd vergiftet zu haben, statt es mit einem Schuss aus seinem Gewehr zu töten.

Nur zögernd drang die Wahrheit in Sophies Bewusstsein: Sie hatten Lysander umgebracht!

Die Stimmen der beiden Männer wurden immer lauter und schriller, sie konnte kaum noch verstehen, was sie sagten. Taumelnd wich sie vor dem Duc zurück, wandte sich ab und wollte fliehen, aber der Boden wankte und sie fiel. Sie fiel tief, aber sie spürte nicht mehr, wie sie aufschlug. Ferdinands starke Arme fingen seine Frau auf und hoben sie in die Höhe.

Sophie wusste nicht, dass sie zurück ins Schloss getragen wurde.

27. Kapitel

Im Morgengrauen war Edgar nur noch wenige Stunden von Vincennes entfernt. Er hatte dem Oberleutnant bereits mitgeteilt, dass er sich dort von der Truppe trennen wollte.

»Sind Sie wahnsinnig, Hanfstaengl?«, hatte dieser fassungslos ausgerufen. »Der Feind steht vor der Tür! Und Sie werden nirgendwo hingehen! Sie unterstehen meinem Regiment. Haben Sie verstanden? Wir erwarten jede Minute einen Angriff, also schnappen Sie sich Ihren verdammten Fotoapparat und erledigen Sie Ihren Auftrag!«

Entsetzt stellte Edgar fest, dass inzwischen alle Ausgänge des Dorfes, in dem sie ihr Lager aufgeschlagen hatten, von Husaren bewacht wurden. Der Rest der Truppe hatte ein Alarmquartier in der Mitte des Dorfes aufgeschlagen.

Lass mich das alles überleben, betete Edgar im Stillen, während er seine Fotoausrüstung aufzubauen begann. Ich will sie doch nur noch einmal sehen – bitte!

Er hatte den Gedanken kaum zu Ende gedacht, als es auch schon zu knattern begann. Gewehrkugeln flogen durch die Luft. Edgar wusste: Es war so weit, der Feind griff an.

Er fotografierte, wie seine Kameraden ein Knäuel zu bilden begannen, um die Zurückweichenden aufzunehmen und die Franzosen, woher sie auch immer kamen, mit Schüssen bombardieren zu können.

Die Soldaten verteidigten sich tapfer, schossen auf alles, was sich bewegte, aber es war wie verhext. Jedes Mal, wenn sie eine Salve in eine Gruppe von heranstürmenden Männern abfeuerten, riefen verzweifelte Stimmen: »Nicht schießen, Jungs, wir sind Preußen!« Im selben Augenblick trafen die Kugeln aus dem Hinterhalt. Entsetzt schrien sie auf, wandten sich rückwärts, glaubten, den Feind im Rücken und vor sich preußische Kameraden zu haben, aber als sie die Ziele hinter sich aufs Korn genommen hatten, zischten die Kugeln der vermeintlichen deutschen Brüder umher.

Großer Gott, dachte Edgar bestürzt, wir werden alle sterben! Aber er hatte nicht viel Zeit, darüber nachzudenken, denn im nächsten Augenblick traf ihn die erste Kugel.

Edgar hörte ein lautes Zischen. Der Schlag war fruchtbar, warf ihn zu Boden und er hatte das Gefühl, sein Bauch würde explodieren. Bevor er begriffen hatte, was geschehen war, wurde seine Kamera von einer zweiten Kugel getroffen, fiel um und das Glas zersprang in zahllose Splitter.

Als Edgar von einer weiteren Kugel getroffen wurde, verlor er das Bewusstsein und er sah nicht mehr, wie die Fürstenwalder Ulanen den Kameraden zu Hilfe eilten und die Franzosen nun ihrerseits einzukesseln begannen.

* * *

Lange Zeit kämpfte Sophie, um ihr Bewusstsein wieder zu erlangen. Ein schweres Gewicht lastete auf ihrem Kopf und hinter ihren Augen pochte es ohne Unterlass. Es schien ihr, als hätte sie einen Krampf in ihrem Hals, und Schultern und Rücken schmerzten, wenn sie sich bewegte.

Sie befand sich in einer Art Dämmerzustand, aber die Wirkung der Droge ließ allmählich nach und die Erinnerung kehrte zurück. Plötzlich hatte das spöttische Lächeln, das der

Duc ihr beim Abendessen geschenkt hatte, eine ganz andere Bedeutung. Sophie sah die Szene vor sich: wie er sie angesehen hatte, als sie ihr Glas leerte. Der Wein!, schoss es ihr durch den Kopf, und sie hätte vor Wut und Enttäuschung am liebsten laut geschrien. Er hatte alles gewusst und war vorbereitet gewesen.

Sicher war er auch über die Ursachen von Nadias Verschwinden im Bilde und nicht eingeschritten, weil er damit sehr zufrieden war.

Ich habe ihn unterschätzt, erkannte Sophie verzweifelt. Sie dachte an Lysander, ihren stolzen Hengst, der tot in seiner Box gelegen hatte, und brach in Tränen aus.

Aber selbst wenn er mir das Herz aus der Brust schneidet, ich werde mich nicht beugen!

Sophie zwang sich, die Augen zu öffnen. Sie musste wissen, wo sie sich befand und warum ihr Körper unaufhörlich geschüttelt wurde.

Zuerst sah sie die Lederhandschuhe ihres Mannes, die er immer trug, wenn er auf Reisen ging. Dann sah sie seine Stiefel und schließlich, als sie die Augen hob, blickte sie in sein spöttisches Gesicht mit den kalten Augen, die sie aufmerksam beobachteten.

Sie saß in der schaukelnden Orléans-Kutsche, die sich mühsam ihren Weg auf dem schlammigen Boden der Straße bahnte. Es hatte heftig geregnet.

Sophie wusste nicht, wohin die Reise ging. Als sie ihren schweren Kopf zum Fenster wandte, sah sie ausgebrannte Höfe und Häuser, von denen nicht mehr übrig war als verkohlte Balken, die anklagend in den Himmel ragten. Aus den Ruinen drang Rauch und der Geruch von nasser Kohle lag in der Luft. Zahllose Menschen waren auf der Flucht. Mütter, die schwere Bündel auf dem Rücken trugen, schleppten sich erschöpft dahin und riefen die Namen ihrer Kinder, damit sie in der Menge nicht verloren gingen. Eine furchtsam meckernde Ziege bahnte sich mit den Hörnern ihren Weg, Kühe wurden mit Kindern auf dem Rücken vorwärts getrieben. Schwangere Frauen versuchten verzweifelt, ihre gewölbten Leiber zu schützen. Kranke wurden von Angehörigen oder Dienstboten auf dem Rücken getragen. Ein Karren, auf dem eine junge Frau lag, rollte vorüber. Sie jammerte und schrie und ihr Gesicht war von den Schmerzen der Wehen verzerrt; neben ihr kniete eine Hebamme und verrichtete ihre Arbeit unter einer Decke. Das ganze Land lag in Trümmern und Sophie konnte den Anblick kaum ertragen.

Sie wollte sprechen, wollte den Duc nach seinen Plänen fragen, aber das Gewicht auf ihrem Kopf drückte ihr Kinn auf den Brustkorb. Sie versuchte vergeblich, den Kopf wieder zu heben, und nach einer Weile glitt sie erneut in eine tiefe Bewusstlosigkeit hinab.

Zwei- oder dreimal blieben die Räder der Orléans-Kutsche im Schlamm stecken und der Kutscher hatte alle Hände voll zu tun, damit die aufgeweichte Erde sie wieder freigab.

Sophie bemerkte nicht, dass sie einmal angehalten wurden, denn immer, wenn sie sich regte, flößte Ferdinand ihr eine scheußlich schmeckende Flüssigkeit ein. Sie hatte keine Wahl, obwohl sie sich verzweifelt wehrte. Sie musste schließlich schlucken, denn er presste ihr rücksichtslos Ober- und Unterkiefer zusammen.

Als Ferdinand nach langer Zeit aus dem Fenster blickte, sah er deutsche Soldaten in kornblumenblauen Uniformen neben Bahngleisen stehen. Sie beluden einen Zug mit Bahren, auf denen Verletzte lagen.

Gleichzeitig ertönte eine scharfe Stimme: »Sofort die Tür öffnen!«

Ferdinand stieß die Tür der Kutsche auf und starrte in den Lauf eines Gewehres und auf einen deutschen Offizier, der mit unfreundlicher Stimme befahl: »Weisen Sie sich aus, Monsieur!«

Ferdinand reichte ihm die Dokumente und erklärte: »Unsere Legitimationspapiere, beglaubigt durch das vereinte deutsche Bündnis. Meine Frau, frühere Prinzessin Sophie in Bayern und ich, der Duc d'Alençon, sind politisch neutral und haben die Erlaubnis, uns überall frei bewegen zu dürfen.«

Der Offizier warf einen kurzen Blick auf die schlafende Duchesse, dann auf die Dokumente, senkte schließlich das Gewehr, salutierte und gab Ferdinand die Papiere zurück. »Dann wünsche ich den Hoheiten noch eine gute Reise.«

Ferdinand bedankte sich und warf einen Blick durch die offene Wagentür an dem Offizier vorbei. »Sagen Sie, was geschieht dort vorn?«

»Der Zug wird verletzte deutsche Soldaten zurück in die Heimat bringen. Wenn Euer Kutscher vielleicht seitlich passieren würde.«

Ferdinand nickte, während er die Kutschentür zuzog.

Ganz in seiner Nähe hob der schwer verletzte Edgar den Kopf und murmelte: »Was . . . ist denn los?«

»Ach, nichts«, antwortete einer der beiden Soldaten, die ihn auf einer Bahre trugen. »Die haben nur gerade eine Kutsche kontrolliert.«

Edgar spürte den stechenden Schmerz in seiner Brust. Er hätte großes Glück gehabt, hatte der Lazarettarzt gesagt. Die Lunge war nicht verletzt worden.

Im Zug war es dunkel, roch modrig und am Boden lag Stroh. Viehwaggons waren für den Transport der vielen Verwundeten eingesetzt worden. Einer der Soldaten grinste, als er sich über Edgar beugte. »Hier stinkt's wie die Pest, also halt dir die Nase zu, Kamerad. Aber in ein paar Tagen bist du wieder daheim und am Ziel deiner Träume.«

28. Kapitel

Die Orléans-Kutsche fuhr kreuz und quer durchs Land. Überall wurde gekämpft und die Reisenden mussten mehrmals die Richtung ändern, um nicht in Kampfgebiet zu geraten.

Als Sophie schließlich wieder zu Bewusstsein kam, hielt die Kutsche gerade an, und sie spürte, wie starke Arme sich um ihren Körper legten. Sie fühlte kühle, frische Luft auf ihrem Gesicht und atmete tief ein.

»Die Duchesse darf nicht geweckt werden«, hörte sie Ferdinand sagen. »Wenn sie in einem solchen Zustand ist, darf sie nicht gestört werden, sonst bekommt sie einen neuen Anfall.«

Sophie traute ihren Ohren nicht und konnte nicht glauben, dass der Duc es wagte, solche Dinge über sie zu verbreiten, aber sie hatte nicht die Kraft, um zu protestieren.

Ein weiß gekleideter Mann trug sie zu einem Gebäude und jemand stieß eine schwere Tür auf. In den Räumen war es kühl und es roch nach Medizin. Sophie hörte weit entfernte Schreie und ein irres Lachen und sie hatte das Gefühl, in einer anderen Welt zu sein. Sie wusste nur noch nicht, wo diese Welt war und was sie darin zu tun hatte. Eine männliche Gestalt in einem weißen Kittel eilte auf sie zu. Benommen beobachtete Sophie den kleinen, untersetzten Mann. Er hatte eine merkwürdige Sattelnase und schwere buschige Augenbrauen, die über der Stirnwurzel beinahe zusammenwuchsen.

Sophie lauschte angestrengt der Unterhaltung, die er mit dem Duc führte, aber sie konnte nicht verstehen, was die beiden Männer sagten. Ferdinand bedankte sich schließlich überschwänglich und entfernte sich. Der Mann hatte Deutsch mit deutlichem österreichischem Akzent gesprochen.

Was macht ihr mit mir?, wollte sie fragen, wo bin ich? Aber ihre Zunge war zu schwer.

Als der Duc gegangen war, brachte man sie in einen Raum, der nur ein einziges vergittertes Fenster hatte, durch das fahles Sonnenlicht fiel. Sie sah die Umrisse von zwei Frauen in Schwesterntracht, die eilig ein Bett herrichteten und sie hineinlegten. Dann hörte sie, dass ein Riegel vorgeschoben wurde und sie war allein.

Es dauerte Stunden, bis Sophie endlich wieder einen klaren Kopf hatte. Schwankend richtete sie sich in dem Bett auf und sah sich um. Der Raum war mittelgroß und hatte hohe Wände. Das vergitterte Fenster wurde durch rot gemusterte Vorhänge verdeckt und die Bettdecke war aus demselben Stoff gefertigt.

Sophie hatte noch nie in ihrem Leben ein Gefängnis von innen gesehen, aber für sie bestand kein Zweifel, dass sie sich in einem befand. Doch warum sperrte man sie ein? Was hatte sie verbrochen? Es ist nicht kriminell, sich scheiden lassen zu wollen, dachte Sophie und zermarterte sich das Hirn, ob noch etwas vorgefallen war, was sie vergessen hatte, aber ihr fiel nichts ein.

Auf wackligen Beinen trat sie an das vergitterte Fenster. Von hier aus konnte sie auf einen Hof blicken, in dem ein paar Frauen in merkwürdigen Uniformen umhergingen.

Manche wirkten geistesabwesend, einige grinsten wie toll, andere rollten mit den Augen und schnitten fürchterliche Grimassen.

Sophie spürte, wie sie erstarrte. Das war es also! Es war noch schlimmer, als sie gedacht hatte. Sie war nicht in einem Gefängnis, nein, der Duc hatte sie in eine Irrenanstalt gebracht.

Sophie stieß einen markerschütternden Schrei aus, alles in ihr bäumte sich auf. Sie lief zu der verschlossenen Tür und wie eine Besessene trommelte sie mit den Fäusten dagegen und brüllte, man möge sie sofort hinauslassen, sie befehle es.

Es verging einige Zeit, bis ihre Rufe erhört wurden. Schließlich wurde der Riegel zurückgeschoben und Sophie starrte mit aufgerissenen Augen in die teilnahmslosen Gesichter zweier Pfleger.

»Ich befehle, dass man mich sofort gehen lässt«, rief sie außer sich.

»Ihr könnt gern mit Professor Krafft-Ebing sprechen«, sagte einer der Männer und deutete eine leichte Verbeugung an. In seinen Augen konnte Sophie lesen, dass er sie tatsächlich für verrückt hielt.

»Mit wem?« Den Namen hatte sie noch nie in ihrem Leben gehört.

Die Pfleger blieben ihr die Antwort schuldig und führten sie stattdessen in ein Zimmer, das mit dunklem Holz getäfelt war. An den Wänden hingen Bilder in goldfarbenen Rahmen. Es gab einen Kamin, der von hohen Fenstern eingerahmt wurde. In der Mitte stand ein schwerer Eichentisch, davor ein hochlehniger, kunstvoll geschnitzter Stuhl mit geschwungenen Beinen und einem dunkelrotem Samtkissen.

Während einer der Pfleger hinausging, um den Professor zu holen, blieb der andere an der Tür stehen und ließ Sophie keine Sekunde lang aus den Augen.

Er behandelt mich wie eine Schwerverbrecherin, dachte sie empört. Nicht einmal ein Stuhl wurde ihr angeboten.

Wenn ich hier wieder herauskomme, schwor sie sich, dann bringe ich den Duc um.

Es dauerte einige Zeit, bis die Tür sich wieder öffnete und der Mann mit der Sattelnase und den buschigen Augenbrauen den Raum betrat. Er begrüßte Sophie mit einer Verneigung und bat sie, sich zu setzen.

Sophie sank erschöpft auf einen Stuhl. Hinter dem Mann war eine Schwester eingetreten, die mehr einer Bulldogge als einem weiblichen Wesen glich. Sie hatte rosige, fleischige Arme, ihre plumpe Gestalt steckte in einem blauen Kittel mit einem gestärkten weißen Kragen und eine Leinenhaube bedeckte ihr Haar.

»Mein Name ist Krafft-Ebing«, stellte der Arzt sich vor und gab den beiden Pflegern ein Zeichen, woraufhin sie den Raum verließen. »Ihr seid hier in meiner Grazer Klinik.«

»Graz?«, wiederholte Sophie. »Meine Schwester ist Eure Kaiserin!«

Krafft-Ebing nickte, schien aber wenig beeindruckt. »Wir werden Stillschweigen über Euren Aufenthalt bewahren. Das betrifft auch Eure nächste Verwandtschaft, Hoheit. Wir möchten keinesfalls den Erfolg Eurer Behandlung gefährden!«

»Meine Behandlung?«

»Ich habe mich bereit erklärt, Euch eingehend zu untersuchen, nachdem ich erfahren hatte, dass Euer Gemahl auf der Suche nach kompetenter Beurteilung Eures Falles war.«

»Wieso denn untersuchen?«, wiederholte Sophie fassungslos. Ein beklemmendes Gefühl beschlich sie und sie begann zu ahnen, dass sie in der Falle saß.

»Euer Gemahl berichtete mir, dass Ihr ein hemmungsloses Weib seid, das jegliches Gefühl für Scham und Sitte verloren hat und jetzt Schande über ihn zu bringen versucht, indem Ihr ihm in geistiger Umnachtung davonzulaufen versuchtet.«

»Ich will mich scheiden lassen!«, rief Sophie wütend. »Das ist etwas ganz anderes. Er hat mich betäubt und hierher geschleppt. Er hat meine Zofe geschwängert und mein Pferd vergiften lassen. Er ist es, der behandelt werden sollte!«

»Ein solches Verhalten kann nur pathologisch sein«, diagnostizierte Krafft-Ebing ungerührt. »Es deutet alles auf eine krankhafte, degenerative Konstitution Eures Nervensystems.«

Das verschlug Sophie die Sprache. Unfähig, etwas zu sagen, saß sie nur da und starrte den Psychiater an.

»Wir werden bei Euch eine Keuschheitssuggestion durchführen.«

Krafft-Ebing wandte sich der Bulldogge zu, die bereits Feder und Papier bereit hielt.

»Notieren Sie bitte, Schwester Margit«, befahl er. »Intelligenz der Hoheit scheint in Ordnung, Bewusstsein nicht getrübt. Der Ausdruck ihrer Augen zeigt aber etwas Unstetes, Neuropathisches an sich. Die Kopfbildung ist regelmäßig und...«

Völlig außer sich sprang Sophie von ihrem Stuhl auf und brüllte: »Wieviel zahlt er Ihnen... Si-i-i-e-e-e... Sie Unmensch!« Ihre Lippen zogen sich von den Zähnen zurück und sie sah aus wie ein gereiztes Tier.

Sie brüllte so laut, dass Krafft-Ebing an der Klingelschnur zog. Die beiden Pfleger stürzten herein, packten sie mit hartem Griff unter den Achseln und schleiften sie über den Flur. Sophie wehrte sich erbittert, schrie und schlug um sich, aber sie war den beiden Männern nicht gewachsen.

»Behandlung mit Kälte!«, rief Krafft-Ebing ihnen nach. »Das wird ihre Blutzufuhr einschränken und die Nerven beruhigen.«

Sophie fand sich in einer Tonne wieder. Sie stand in dunkelster Finsternis bis zum Hals in eiskaltem Wasser und fror, dass ihre Zähne unablässig aufeinander schlugen. Sie war davon überzeugt, dass sie hier sterben würde, bis sie schließlich Krafft-Ebings Stimme wie aus weiter Ferne sagen hörte: »Das reicht! Holt sie heraus!«

Sophie zitterte immer noch, als man sie in ihre Zelle zurückbrachte. Sie trug jetzt Anstaltskleidung, aber sie wusste, es würde eine Ewigkeit dauern, bis sie wieder Wärme in ihren Gliedern spürte.

Wenn ich hier jemals herauskomme, schoss es ihr erneut durch den Kopf, dann erwürge ich den Duc mit meinen eigenen Händen!

Sie versuchte, sich ein wenig von ihrem Elend abzulenken, und dachte an ihre Kinder. Wenn sie die Augen schloss, konnte sie die beiden am Strand von Sizilien herumtollen sehen. Ob Louise schon schwimmen konnte? Die Antwort kannte sie schon: Natürlich konnte sie schwimmen, denn ihre Kleine hatte einen unbändigen Ehrgeiz. Sie würde alles lernen, was sie wollte. Und Emanuel? War er gewachsen? Vertrug er sich mit seiner großen Schwester? Sophie sehnte sich verzweifelt nach den beiden und nahm ihre ganze Kraft zusammen, um die Tränen zu unterdrücken.

Es verging noch einige Zeit, bis endlich Schwester Margit erschien und Sophie etwas zu essen brachte. Sie hängte auch ein Holzkreuz über die Tür und einen Kalender an die Wand.

»Das hilft vielen«, sagte die Bulldogge ohne eine Spur von Mitleid in der Stimme. »Man verliert sonst leicht jegliches Gefühl für die Zeit.«

»Wie lange soll ich hier festgehalten werden?«

»Soweit ich es verstanden habe, Hoheit, wird es für immer sein.«

Sophie stand das Entsetzen ins Gesicht geschrieben und plötzlich hatte sie all ihren Stolz vergessen. Sie warf sich schreiend in die Arme der Frau. »Oh, mein Gott! Sie müssen mir helfen, hier herauszukommen, Schwester! Bitte! Ich gebe Ihnen, was immer Sie wollen. Geld, Juwelen . . .«

»Haben Sie denn Geld hier?«

»Nein«, erwiderte Sophie hastig, »aber ich werde Ihnen welches besorgen, wenn ich erst draußen bin! Das schwöre ich bei Gott.«

»Ihr tragt einen schönen Ring.«

Sophie starrte auf ihren Ehering, als sehe sie ihn das erste Mal. Er war aus Gold und mit funkelnden Rubinen besetzt. Sie streifte ihn eilig ab. Sie hatte den Ring ohnehin immer gehasst, wie sie den Mann hasste, der ihn ihr an den Finger gesteckt hatte.

Schwester Margit nahm den Ring jedoch nicht, als sie ihn ihr reichte. »Ist sicher eine Menge wert, aber ich bin nicht bestechlich.«

Die Tür fiel hinter ihr zu und Sophie starrte ihr entgeistert nach. Sie hörte, wie der Riegel vorgeschoben wurde.

Eine Weile stand sie unbeweglich da und blickte mit leeren Augen auf die Tür, dann sank sie in die Knie und begann, bitterlich zu weinen.

Als Sophie keine Tränen mehr hatte, legte sie sich erschöpft auf das Bett. Und wie immer, wenn sie am Ende ihrer Kräfte war, versuchte sie, sich Edgar ins Gedächtnis zu rufen. Sie wollte sich erinnern: an seine starken Arme, das vertraute liebevolle Lächeln, den zärtlichen Ausdruck in seinen Augen. Seinen Halt brauchte sie jetzt, aber dieses Mal ließ auch ihre Phantasie sie im Stich. Nur undeutlich und in zusammenhanglosen Bildern sah sie den Bahnhof vor sich, sah, wie Edgar vorgab, seinen Hut zu lüften, aber gleich darauf nahm der Duc den Platz des Geliebten ein und lächelte ihr hämisch zu.

Sophie war so erschöpft und so ohne Hoffnung, dass sie sich bald nur noch wünschte zu sterben. Sie war in einer Irrenanstalt! Viele Jahre lang hatte sie geglaubt, dass es nichts Schlimmeres für sie geben konnte, als einen ungeliebten Mann heiraten zu müssen. Aber was hatte sie schon vom Leben gewusst? Die Hölle auf Erden hatte sie erst jetzt kennen gelernt. Und sie wußte keinen Weg, ihr zu entrinnen.

Völlig entkräftet schlief Sophie schließlich ein.

Als sie erwachte, war es beinahe dunkel. Sie atmete tief ein, drehte sich auf den Rücken und lauschte auf die gedämpften Geräusche, die aus den anderen Zimmern zu ihr hereindrangen. Sie hörte Schreie, verzweifeltes Weinen und irres Gelächter.

Sie betrachtete einen Riss in der Wand und dachte darüber nach, was jetzt aus ihr werden sollte. Wahrscheinlich hatte der Duc die Absicht, sie so lange hier einzusperren, bis sie einwilligte, sich nicht von ihm scheiden zu lassen. Diesen Skandal musste er um jeden Preis verhindern, davon war Sophie überzeugt. Und vielleicht spielte auch gekränkte Eitelkeit eine Rolle. Sie konnte sich keine Hoffnungen machen. Er würde nicht nachgeben. Er hatte die geliebten Kinder und er würde sie schon dazu bringen, endlich das gehorsame, demütige Weib zu sein, das er sich immer gewünscht hatte.

Aber sie würde sich nicht beugen! Sie würde einen anderen Weg finden. Eines Tages würde sie mit Louise und Emanuel ein freies Leben führen dürfen. Der Duc konnte nicht jedes Mal den Sieg davontragen.

Sophie rief sich die Worte von Pater Pierre in Erinnerung, die er immer zu ihr gesprochen hatte, wenn sie verzweifelt gewesen war und nicht mehr weiterwusste.

Was ist geschehen, Hoheit?, hatte er sie dann gefragt. *Habt Ihr keinen Mut mehr zu kämpfen? Natürlich ist Eure Lage schwierig. Ja, ja, Ihr macht Schlimmes durch, ich weiß. Aber seht den Tatsachen ins Auge, Hoheit! Und habt keine Angst! Es gibt immer einen Ausweg und Ihr werdet ihn finden.*

»Ja!«, rief Sophie in die Stille der Zelle.

Ihre Nägel gruben sich tief in die Handballen und ein kalter Schauer lief über ihren Rücken, als sie sich in jenem Augenblick schwor: »Ja, ich werde keine Angst mehr haben! Ich werde Krafft-Ebing nicht fürchten! Und wenn es stimmt, dass der Geist der Materie überlegen ist, werde ich siegen. Ich werde LEBEN!«

Neben dem Bett stand eine Schüssel mit Wasser. Sophie trank einen Schluck und wusch sich, so gut es ging. Zum Trocknen nahm sie eines der Anstaltskleider aus einem Kasten. Das kühle Wasser erfrischte sie, obgleich es sie auch daran erinnerte, was man ihr angetan hatte. *Und wenn sie mich noch einmal in diese Wassertonne stecken – ich werde auch das überleben und ich werde einen Weg finden!*, sagte sie zu sich und legte sich wieder auf das Bett.

Es war bereits spät in der Nacht, als sie endlich in einen unruhigen Schlaf fiel.

Am nächsten Morgen hatte Sophie ihre erste Sitzung bei Professor Krafft-Ebing. Ein Bleistift kreiste vor ihren Augen, während der Psychiater mit der anderen Hand über ihre Stirn fuhr, um die Keuschheitssuggestion durchzuführen. Laut rief er: »Hopp!« und fügte dann leise hinzu: »Jetzt schlaft ein, Hoheit. Zu diesem Zweck werde ich Euch weiter über die Stirn streichen und ...« Er hielt inne, schien zu prüfen, ob die Hypnose wirkte, und Sophie schloss gehorsam die Augen.

»... und Ihr wiederholt jetzt genau, was ich Euch sage, Hoheit: Ich werde mich nicht mehr meinem angetrauten Ehegemahl widersetzen und von nun an werde ich ein gehorsames Eheweib sein.«

Sophie schlug die Augen auf schüttelte unwillig den Kopf.

»Nein, Krafft-Ebing, ich werde mich scheiden lassen und nichts und niemand wird das verhindern – auch Sie nicht.«

29. Kapitel

Obwohl Sophie einen Kalender in ihrer Zelle hatte, verlor sie jegliches Gefühl für die Zeit. Jeder Tag in der Irrenanstalt glich dem nächsten. Bei Tagesanbruch wurde der Riegel zurückgeschoben und die unbestechliche Schwester Margit erschien, um Sophie eine Schüssel Wasser zum Waschen zu bringen. Danach verschwand sie wieder, um wenig später mit einem Tablett wiederzukehren, auf dem sich meist nicht mehr als eine Tasse mit wässrigem Kaffee und ein Stück Brot mit Marmelade befanden. An den ersten beiden Tagen hatte Sophie gar nichts gegessen. Dann aber begann der Hunger zu nagen und die Mahlzeiten wurden zum Höhepunkt ihres tristen Tages. Nach dem Frühstück wurde sie – außer an Sonntagen – zu Krafft-Ebing zur Behandlung gebracht. Sie saß in seinem Büro und wie am ersten Tag versuchte er, sie zu hypnotisieren. Diese Methode mochte bei anderen Patienten Erfolg haben, bei Sophie waren alle Bemühungen vergeblich. Der Bleistift kreiste vor ihren Augen, sie hörte die Worte, die sie davon überzeugen sollten, ein treues Eheweib zu sein – mehr als ein Gähnen konnte Krafft-Ebing ihr nicht entlocken.

Seit sechs Monaten war Sophie nun in dieser elenden Irren-anstalt gefangen, sechs Monate der Demütigung, der schlechten Behandlung und des ewigen Wartens hatte sie hinter sich gebracht.

Zu Beginn hatte sie sich aufgelehnt, aber sie war nur auf das undurchdringliche Schweigen der Schwestern und Pfleger gestoßen, die Professor Krafft-Ebing vollkommen ergeben waren. Schließlich schwieg sie, nahm äußerlich gefasst hin, was ihr widerfuhr, und nur in der stillen Einsamkeit ihrer Zelle gab sie sich ihrer Verzweiflung hin. In den schweren Stunden, in denen sie all ihren Mut verlor, warf sie sich auf ihr Bett, stieß gegen Himmel und Erde Schmähungen aus, rüttelte vergeblich an den Gittern und blickte ohne Hoffnung in die Zukunft. Auch die Erinnerung an die Worte Pater Pierres halfen ihr nicht mehr. Häufig erwachte Sophie mitten in der Nacht, zitternd vor Kälte und in Angstschweiß gebadet. Sie hatte immer wieder denselben Traum. Die brennende Mathilde erschien in ihrer Zelle und zeigte höhnisch grinsend mit dem Finger auf sie. »Sieh an, sieh an, jetzt bist du dran! Bezahlen sollst du für deine Liebe zu einem Bürgerlichen.« Das irre Lachen quälte Sophie noch Stunden später und sie war fest davon überzeugt, den Verstand zu verlieren.

Dann rief sie sich die Gesichter von Louise und Emanuel ins Gedächtnis zurück und sie wusste, dass sie nicht aufgeben durfte. Eines Tages würde sie aus dieser Klinik herauskommen. Die Frau des Generals de Lanrezac hatte es auch geschafft. Sie hatte sich von ihrem Mann getrennt und durfte trotzdem ihre Kinder sehen. Das war Sophies einzige Hoffnung.

Und Zeitungen durfte sie lesen. Sie waren ihr letztes Bindeglied zur Außenwelt und sie las alles, was darin geschrieben stand.

Frankreich hatte den Krieg verloren und musste Preußen

mit einer ungeheuerlichen Summe entschädigen. Gleichzeitig hatte man die Republik ausgerufen. In Frankreich bestimmte nun das Volk die Geschicke des Landes.

Ferdinands Träume waren zerplatzt und Sophies Herz klopfte vor Freude, als sie diese Nachricht in ihrer Zelle las. Den Thron, den er hatte besteigen wollen, gab es nicht mehr.

Sie wusste nicht, wie es ihrem Mann inzwischen ergangen war, und auch nach Possenhofen durfte sie keinen Kontakt aufnehmen. Hätte man dort erfahren, was inzwischen mit ihr geschehen war, wären ihre Tage in der Irrenanstalt Maria Grün sicher gezählt gewesen. Ferdinand hatte gründlich vorgesorgt.

Sophie dachte oft an Possenhofen und schmerzliches Heimweh erfasste sie. Sie erinnerte sich an die Rosen, die das Fenster ihres Zimmers eingerahmt hatten, und an ihren köstlichen Duft im Sommer. Sie erinnerte sich an die Rotkehlchen, die in der Dachrinne genistet und sie mit ihrem Gesang geweckt hatten. Sie erinnerte sich an ihre Eltern, ihre Geschwister. Sie dachte an die Fuchsjagden und an Nadia. Wie glücklich war sie damals gewesen und hatte es nicht einmal gewusst.

Und sie dachte an Edgar, ließ sein Bild vor ihrem geistigen Auge auferstehen und fühlte seine leidenschaftlichen Küsse auf ihren Lippen.

Sophie sehnte sich verzweifelt nach einem Atemzug frischer Luft, nach Freiheit, nach dem Duft von Blumen und frisch gemähtem Heu, nach dem Gesang der Vögel in den Wäldern, nach Liebe und dem Lachen ihrer Kinder.

Eines Morgens – durch ihr vergittertes Fenster hatte Sophie erkennen können, dass es ein sonniger, wolkenloser Tag werden würde – wurde der Riegel an ihrer Tür zurückgeschoben und eine fremde Schwester erschien, um ihr das Frühstück zu bringen. Überrascht betrachtete Sophie die Frau und fragte: »Wo ist denn Schwester Margit?«

»Sie ist gestern die Treppe hinuntergefallen und hat sich das Bein gebrochen. Ich vertrete sie.«

»Oh, nach dieser wundervollen Nachricht muss dies ein wundervoller Tag werden!«

Die Schwester reichte Sophie das Tablett und ihr Blick blieb an Sophies linker Hand hängen. »Einen schönen Ring habt Ihr da, Hoheit!«

Hinter Sophies Stirn hatte eine Ader zu klopfen begonnen. Sie blickte der Frau ins Gesicht, sah die gierigen Augen. Keine Worte und keine Zeit waren zu verlieren. Das, worauf sie so lange gewartet hatte, war geschehen. Blitzschnell, als könnte die Schwester es sich noch einmal überlegen, streifte Sophie sich den Ring vom Finger. Die Schwester griff hastig danach und das Schmuckstück verschwand in den weiten Taschen ihrer Tracht.

»Ich werde Euch heute Abend zum Baden abholen«, wisperte sie. »Wegen der Hitze des Tages werden nicht alle Fenster geschlossen sein.« An der Tür wandte sie sich noch einmal um und drohte: »Wenn man Euch erwischt, Hoheit, und Ihr nur mit einem einzigen Wort erwähnt, wer Euch geholfen hat, dann werdet Ihr in Maria Grün die Hölle erleben, das schwöre ich beim Allmächtigen!«

Sophie versprach hastig, ihre Helferin niemals zu verraten, selbst wenn man ihr die Seele aus dem Leib prügeln sollte.

Die Schwester hielt Wort und während die anderen Patientinnen in den Waschraum gebracht wurden, gelang es Sophie, durch ein offenes Fenster zu entwischen.

Aber kaum stand sie im Vorhof, wo sie sich im Schatten der Säulen davonstehlen wollte, ertönte die Stimme eines Pflegers, der gerade vor die Tür getreten war, um eine Zigarette zu rauchen. »Los!«, brüllte er. »Da ist eine entwischt!« Gleichzeitig rannte er auf sie zu, um sie zu ergreifen.

Sophie überlegte keine Sekunde und lief in die entgegengesetzte Richtung. Im selben Augenblick begann eine Glocke zu läuten, überall flammten Fackeln auf, das gesamte Gelände wurde beleuchtet, die Verständigung unter den Angestellten schien reibungslos zu funktionieren. Aber Sophie hatte die Mauer schon erreicht, machte einen Satz und krallte sich an der Krone fest. Hastig zog sie sich hinauf und sprang an der anderen Seite wieder hinunter.

»Dorthin ist sie gelaufen!«, schrie eine Frauenstimme. Gleich darauf erschien Krafft-Ebing, schimpfte und fluchte. Er mobilisierte alles, was Beine hatte, um sie wieder einzufangen.

»Nicht die Polizei!«, rief er, sich der Brisanz der Situation sehr wohl bewusst. Schließlich hatte er dem Duc sein Wort gegeben hatte, dass niemand außerhalb der Mauern seiner Klinik von dem Aufenthalt der Duchesse erfahren sollte.

Sophie rannte über die Straße, auf der noch einige Bürger zum späten Abendspaziergang unterwegs waren, und lief in eine dunkle Gasse, die von grauen, schmutzigen Häuserfassaden gesäumt wurde. Vor den Türen lag Abfall und Unrat. Überquellende Mülltonnen standen herum und beißender Gestank stieg Sophie in die Nase. Ein Windstoß griff nach ein paar Papierfetzen neben den Tonnen und ließ sie raschelnd durch die Luft wirbeln.

Sophie hörte die Stimmen ihrer Verfolger hinter sich. Rufe und Schritte kamen rasch näher und sie hatte keine Zeit mehr zu verlieren. Ohne zu überlegen, kletterte sie in eine der Tonnen, deren Wände rissig und durchlöchert waren. Der Gestank nahm ihr beinahe den Atem. Sie würgte und Tränen traten ihr in die Augen. Kaum hatte sie den Deckel der Tonne fallen gelassen, sah sie auch schon durch eines der Löcher Krafft-Ebing und einige Pfleger, die in die Gasse einbogen.

»Sie muss hier irgendwo sein!«, schrie der Psychiater. »Sucht jede Ecke und jeden Winkel ab!«

Sophie befürchtete beinahe, dass das laute Pochen ihres Herzens sie verraten könnte. Sie hielt den Atem an und lauschte auf das Stampfen der Stiefel. Als die Männer endlich am Ende der Gasse um die Ecke gebogen und verschwunden waren, schlug sie den Deckel zurück, kletterte aus der Tonne und lief in die entgegengesetzte Richtung davon.

Sophie rannte und rannte, durch Straßen und Gassen aus der Stadt hinaus. In der Dunkelheit erkannte sie schließlich ein abseits der Straße gelegenes Gehöft, in dessen Vorgarten eine Leine mit frischer Wäsche flatterte.

Ich bitte um Verzeihung, dachte Sophie, aber ich muss es einfach tun!

Ohne dass es jemand bemerkte, entledigte sie sich ihrer Anstaltskleidung, verbarg sie unter einem Busch und wählte einen blauen Wollrock, den sie hastig über einen weißen Unterrock zog. Dazu nahm sie eine geblümte Bluse und eine blaue Schürze von der Leine. Ihre Knöchel waren bloß und sie trug ihre eigenen Schuhe, die man ihr in Maria Grün gelassen hatte.

Als Sophie an sich hinuntersah, stellte sie erleichtert fest, dass jetzt niemand mehr auf den ersten Blick erkennen konnte, wo sie die letzten eineinhalb Jahre verbracht hatte. Sie wirkte wie eine einfache Bauernmagd.

Beruhigt lief sie weiter, bis sie an einen Fluss kam. Sie rannte weiter am Ufer entlang. Es war inzwischen stockdunkel geworden. Gewitterwolken bedeckten den Himmel und der Mond war verschwunden.

Sophie blickte nicht zurück und gönnte sich keine Verschnaufpause. Viel zu groß war die Angst, dass ihre Verfolger sie doch noch entdecken könnten. Ihre Schuhe waren im Nu durchnässt, spitze Steine drangen durch die Sohlen und bohrten sich in ihre Füße.

Erleichtert erkannte sie in der Nähe die Umrisse eines kleinen Wäldchens. Dort konnte sie sich verbergen und sie lief darauf zu. Der Rock und die Schürze schlugen um ihre Beine, Dornen zerkratzten ihr Gesicht und ihre Arme und lange, dünne Äste verfingen sich in ihrem Haar. Plötzlich stolperte sie und fiel der Länge nach auf die schlammige Erde. Vor Schmerz schossen ihr die Tränen in die Augen. Da lag sie, die ehemalige Braut des Bayernkönigs, weinend und mitten im Dreck. Benommen rappelte sie sich wieder hoch und rannte weiter. Bei jedem Schritt rechnete Sophie damit, von hinten gepackt und grob herumgedreht zu werden und in das triumphierende Gesicht eines Pflegers oder von Krafft-Ebing zu blicken. Sie hörte das Rascheln von Blättern in ihrer Nähe und zuckte vor Angst zusammen. Wieder stolperte sie über Wurzeln und Gesteinsbrocken und sie konnte vor Erschöpfung kaum noch einen Fuß vor den anderen setzen. Schließlich lichteten sich die Bäume. Es blitzte und donnerte und kurze Zeit später begann es, heftig zu regnen.

Sophie biss die Zähne zusammen; die feuchten Kleider und das nasse Haar hingen an ihrem Körper und in ihr Gesicht. Ich muss mich irgendwo unterstellen, dachte sie verzweifelt und zitterte vor Kälte. Sie rannte über ein Feld und in der Ferne sah sie die Umrisse eines Gebäudes. Es sah aus wie eine Scheune und als sie näher kam und sich davon überzeugt hatte, dass weit und breit kein Mensch zu sehen war, beschloss sie, sich darin zu verstecken und dort die Nacht zu verbringen.

Die Tür konnte sie nicht öffnen, sosehr sie sich auch bemühte, und so stolperte sie auf das einzige Fenster zu. Die

Scheibe war zerbrochen und große, scharfe Splitter hingen noch in dem Rahmen. Sophie drückte das Fenster vorsichtig auf, darauf bedacht, sich nicht zu schneiden. Dann stieg sie ein.

Es war ein schmutziger Raum, in dem es nach verschimmeltem Getreide roch. Am Boden lagen einige Säcke und Sophie ließ völlig erschöpft darauf fallen. Eine Weile lag sie nur da, lauschte ihrem pochenden Herzen und starrte ins Leere.

Sie wusste nicht, wie viel Zeit vergangen war, als sie sich wieder regte. Der Regen hatte aufgehört, der Mond war zwischen den Wolken hervorgekommen und schien durch das Fenster in die Scheune hinein.

Plötzlich entdeckte Sophie einen kleinen Zug von Ameisen, die über die Erde krochen. Sie seufzte, während sie die kleinen Tierchen beobachtete. Jede Ameise, dachte Sophie, weiß, was sie zu tun hat. Sie lebt nach einem festen Plan, den sie nicht verändern kann. Wir Menschen dagegen sind frei und können wählen. Wir können uns für oder gegen etwas entscheiden, wir haben die Wahl. Vielleicht hätte ich als Ameise zur Welt kommen sollen. Vieles wäre einfacher gewesen, wenn ich keine Entscheidungen hätte treffen müssen.

Mitten in diesem Gedanken schlief sie erschöpft ein.

Am nächsten Morgen erwachte Sophie früh. Ihre Glieder schmerzten, denn ihr Lager war hart und unbequem. Der Schein der aufgehenden Sonne fiel durch das Fenster und warf rötliche, gold- und orangefarbene Strahlen auf den schmutzigen Boden.

Sophie lächelte. Das bunte Leuchten hob ihre Stimmung und sofort fühlte sie sich beschwingt und voller Hoffnung. Sie hatte nicht geträumt! Sie war frei! Und bald würde sie wieder in Possenhofen sein.

30. Kapitel

Als Sophie etwas später die Scheune durch das Fenster wieder verließ und des Weges schritt, entdeckte sie einen Heuwagen, der auf einem Feldweg entlangholperte. Sie lief schnell hinterher und es gelang ihr, unbemerkt hinaufzuspringen. Selig über ihr Glück fuhr sie eine Zeit lang mit und schöpfte neue Kraft.

Sophie orientierte sich nach der Sonne oder sie marschierte flussaufwärts. Von einem Bauern, den sie unterwegs traf, erfuhr sie, dass es die Mur war, und sie versuchte, sich daran zu erinnern, was sie über diesen Fluss gelernt hatte und wohin er sie führen würde.

Bauern und Bäuerinnen arbeiteten auf den Feldern und brachten die Ernte ein. Sophie hatte inzwischen großen Hunger, aber als sie auf einem der Äcker eine Kartoffel ausgrub, wurde sie ertappt und konnte gerade noch davonlaufen, ehe der Bauer seinen Hund auf sie hetzte.

Nach einer Ewigkeit – so schien es ihr – erreichte sie endlich eine größere Stadt. Hier würde es leichter sein, etwas zu essen zu bekommen.

Hungrig stand sie vor den Geschäften, sah saftige Schinken und roch frisch gebackenes Brot, aber sie hatte nicht einen Groschen in ihren Taschen.

Verzweifelt blickte sie sich um, Tränen traten in ihre Augen und sie wusste nicht mehr weiter. Sie hatte keine Kraft mehr und wenn es ihr nicht gelang, etwas zu essen zu bekommen, würde sie Possenhofen nie erreichen.

Da entdeckte sie das Schild. Sie ging zögernd darauf zu und als sie vor dem Schaufenster stand, wusste sie, dass dies ihre Rettung war. Ein Perückenmacher kaufte und verkaufte Haare.

In Vincennes hatte Sophie manchmal Haarteile bestellt, um ihr eigenes Haar noch dichter erscheinen zu lassen. Dass sie einmal in die Lage kommen würde, ihr Haar verkaufen zu müssen, hätte sie sich in ihren schlimmsten Albträumen nicht vorstellen können, aber der Hunger besiegte Stolz und Eitelkeit.

Bevor sie die Werkstatt betrat, versuchte sie, ein wenig Ordnung in ihr Äußeres zu bringen. Sie wischte sich Gesicht und Hände mit einem Zipfel des Rockes ab. Die Haarnadeln hatte sie auf ihrer Flucht beinahe alle verloren, aber es gelang ihr, mit den wenigen, die ihr geblieben waren, einen Knoten am Hinterkopf zu befestigen. Das Brusttuch zog sie notdürftig zurecht, um ihr zerrissenes, verschmutztes Mieder zu verdecken. Leider war das Ergebnis dieser Bemühungen nicht zufriedenstellend, aber als sie ihr Spiegelbild im Schaufenster sah, tröstete sie sich damit, dass niemand eine Prinzessin erkennen konnte.

Als sie das Geschäft betrat, sah sie im Gesicht des Verkäufers, dass er an dieser Art von Kundinnen nicht sonderlich interessiert war.

»Verzeihung«, begann sie höflich, »aber ich las auf dem Schild, dass Sie Haare kaufen.«

Als Sophies Blick in den Spiegel fiel, der über der Ladenkasse hing, erschrak sie selbst. Die glänzenden kastanienroten Locken von einst hingen verfilzt und zottelig über ihren mageren Schultern. Himmel!, durchfuhr es Sophie, früher hat mich jeder um mein Haar beneidet! Was ist nur daraus geworden?

»Ich glaube nicht, dass ich Verwendung dafür habe«, antwortete der Mann abweisend und sein steirischer Dialekt war deutlich zu hören.

»Wenn es gewaschen ist«, entgegnete Sophie hastig, »dann hat es einen wundervollen Glanz.«

Er sah sie an, als mache sie einen schlechten Scherz, aber schließlich nickte er gnädig. »Sieben Gulden.«

Himmel! Sieben Gulden, dachte Sophie bitter, wagte aber nicht zu widersprechen vor lauter Angst, dass er sie mit leeren Händen wegschickte. Mein Haar ist gerade einmal sieben Gulden wert! Sie konnte es nicht fassen.

Im Spiegel beobachtete Sophie, wie der Mann ihre Haare nahm, sie zu einem Zopf schlang und diesen mit der Schere lieblos abschnitt. Mit einem stumpfen Geräusch wurden die verfilzten Strähnen durchtrennt und der Zopf lag in den Händen des Mannes.

Mit sieben Gulden und kurzem Haar verließ Sophie bald darauf das Geschäft. Ich habe Geld!, dachte sie und ihr Herz klopfte. Sie fühlte sich wie die reichste Frau der Welt.

Sie fragte sich zum nächsten Wirtshaus durch. Sie musste sich ein bisschen ausruhen und das konnte sie am besten, wenn sie in Ruhe etwas aß und trank.

Als sie die Gaststube betrat, mussten sich ihre Augen erst einmal an das dämmrige Licht gewöhnen. Es war ein nur spärlich beleuchteter, muffiger Raum, in dem ein paar Tische und Schemel standen. Staub, Brotkrümel und Bierpfützen verschmutzten den Boden, an den Wänden stand Kupfergeschirr, dem nichts von seinem alten Glanz geblieben war.

Sophie sah sich um. Der Raum war voller Männer, die an den Tischen saßen, aßen, tranken und grölten.

Himmel!, dachte sie entsetzt. Niemals in meinem Leben

darf ich in Possenhofen erzählen, dass ich allein in einem Wirtshaus war. Zwar hatte sie als Kind ihren Vater häufig in Wirtsstuben begleitet, aber eine vornehme Dame wäre lieber gestorben, als allein einen solchen Ort aufzusuchen.

Nun, sagte sie sich gelassen, ich habe Hunger und Durst und eine ehrenwerte Duchesse bin ich schon lange nicht mehr.

Einige der Gäste hatten bereits viel getrunken und waren laut. Als Sophie an einem der Tische vorbeiging, fasste einer der Kerle sie am Arm und wollte sie zu sich auf den Schoß ziehen.

»Lassen Sie mich sofort los!«, rief Sophie gebieterisch und der Klang ihrer Stimme war so scharf, dass der Mann sie augenblicklich losließ und mit aufgerissenen Augen anstarrte. Sogar in ihrer heruntergekommen Kleidung konnte Sophie ihre Herkunft nicht verbergen.

»Seht an, dass Weibsbild befiehlt«, stellte der Betrunkene lallend fest, aber sein Gesichtsausdruck verriet, dass sie sich Respekt verschafft hatte.

In diesem Augenblick begriff Sophie, dass ihre Lage gefährlich war. Sie konnte es sich nicht leisten aufzufallen. Wenn Krafft-Ebing auf diese Männer stieß und nach ihr fragte, würden sie ihm sicher von diesem Vorfall erzählen.

»Anscheinend gibst du immer Ruh, wenn ein Weib dir sagt, was du zu tun hast«, hetzte jetzt ein anderer Mann, aber da mischte sich endlich der Wirt ein und brachte die Männer mit einer eindeutigen Geste zum Schweigen.

Erleichtert setzte Sophie sich an einen der hinteren Ecktische. Wie schmutzig es hier war! Zahllose Fliegen schwirrten um die Speisen, die hinter der Theke standen. Das Essen sah wenig appetitlich aus, aber Sophie war viel zu hungrig, um darauf zu achten. Der nachlässig gekleidete Wirt schlurfte zu ihrem Tisch und betrachtete sie misstrauisch. Sophie konnte in seinem Gesicht lesen, was er über sie dachte. Er hielt sie zweifellos für eine Käufliche, die in Schwierigkeiten geraten war.

»Ich möchte etwas gebratenes Fleisch und dazu Kartoffeln«, sagte Sophie und bestellte außerdem ein großes Glas kaltes Wasser.

Der Wirt bewegte sich nicht von der Stelle und erst als Sophie ihm das Geld zeigte, schlurfte er wieder davon.

Sie hörte das Flüstern der Männer, sie sah die neugierigen Blicke, die auf sie gerichtet waren, aber sie ließ sich nicht stören. Zu oft war schon über sie getuschelt worden.

Als der Wirt ihr schließlich das Essen servierte, war sie enttäuscht, denn sie bekam ein fasriges, lauwarmes Stück Kochfleisch und zerkochtes Gemüse, das so stark gesalzen war, dass sie noch ein zweites Glas Wasser bestellen musste.

Dennoch fühlte sie sich nach dem Essen gestärkt und war guter Dinge. Jetzt konnte sie ihren Weg fortsetzen.

Nachdem Sophie bezahlt hatte, fragte sie den Wirt nach dem kürzesten Weg zur bayerischen Grenze. Er erklärte ihr, dass es nicht mehr allzu weit sei, schlug ihr dann aber vor, bei ihm zu arbeiten. Sie brauche nur seine Gäste ab und zu aufzufordern, ein wenig mehr zu trinken. Er würde ihr neue Kleider besorgen, mit denen sie sicher ganz passabel aussehen würde.

»Nein, danke«, lehnte Sophie das Angebot höflich ab. Himmel, wenn ihre ehrenwerten Verwandten das hörten, würden sie vor Scham im Erdboden versinken!

Als Sophie schließlich draußen vor dem Gasthof stand, musste sie beinahe lachen. Sie schüttelte den Kopf, holte tief Luft und marschierte los.

Tatsächlich befand sie sich bereits ganz in der Nähe der Grenze. Die Bergkette, die vor ihr lag, kannte sie und sie erinnerte sich daran, dass ihr Vater in dieser Gegend einmal eine

Jagdhütte besessen hatte. Als Kind hatte sie ihn oft zur Gamsjagd begleitet und sie kannte dort viele Wege.

Um die Zollstation zu umgehen, besorgte sie sich noch ein wenig Proviant, den sie in ihrem Schultertuch verbarg. Dann machte sie sich auf und überquerte auf versteckten Pfaden die Grenze nach Bayern.

Wie sie jene drei Tage überstanden hatte, wusste Sophie später nicht mehr. Der Marsch war so anstrengend gewesen, dass sie vor Erschöpfung nicht einmal weinen konnte, sondern wie besinnungslos immer weiterlief. Oft verzweifelte sie und war davon überzeugt, niemals zu Hause anzukommen. Sie wollte nur noch neben einem der Felsen zu Boden fallen und in der Einsamkeit sterben. Niemand würde sie je finden. Ihr Schicksal würde für immer ein Rätsel bleiben.

Und doch raffte sie sich wieder auf und kletterte entschlossen weiter. Als es endlich abwärts ging, konnte sie es kaum glauben. Sie hatte das Schlimmste hinter sich.

31. Kapitel

In dem kleinen bayerischen Dorf, das am Rande der Alpen lag und das sie gegen Mittag des dritten Tages erreicht hatte, beschloss sie, Rast zu machen. Ihre Füße waren mit Blasen und Schwielen übersät und sie konnte keinen Schritt mehr machen. Müde wankte Sophie auf den Dorfbrunnen zu, um sich zu erfrischen. Im selben Moment hörte sie das Knarren und Quietschen eines Wagens, der schwerfällig auf den Platz fuhr. Als Sophie erkannte, dass es eine Mietkutsche war, vergaß sie den Brunnen und sie rief, so laut sie konnte, nach dem Kutscher. Sie zog ihre letzten Groschen aus der Tasche, drückte sie dem Mann in die Hand und konnte ihr Glück kaum fassen, als sie erfuhr, dass die Reise bis kurz vor München gehen würde.

Erleichtert sprang Sophie in den Wagen, schloss den Verschlag und bemerkte nicht einmal, wie schmutzig es drinnen war. Der Kutscher fuhr so schnell, dass sie sich nur mühsam auf dem Sitz halten konnte. Die hölzerne Bank war nur mit dünnen Kissen bedeckt, so dass sie jeden Stoß des ungefederten Wagens im ganzen Körper spürte.

Der Kutscher ließ sie aussteigen, kurz bevor sie München erreichten. Den Rest des Weges nach Possenhofen legte Sophie zu Fuß zurück. In meinem ganzen Leben, dachte sie, bin ich noch nie so viel gelaufen.

Possenhofen rückte immer näher und Sophie schien es, als bringe ihr allein der Gedanke daran neue Kraft. Der Duft der Herbstblumen mischte sich mit dem frischen Harzgeruch der Kiefern. Ein Käfer mit langen behaarten Beinen schien über dem unbeweglichen Wasser einer Pfütze zu schweben. Endlich lichteten sich die Bäume. Sophie sah dazwischen die Felder und Wiesen, die ihr schon seit ihrer Kindheit vertraut waren. Sie sah die Weggabelung, an der sie sich einst mit Edgar getroffen hatte, und den Kirschbaum, der immer noch auf der Anhöhe stand. Sie beschleunigte ihre Schritte. Die Straße schimmerte in der strahlenden Sonne wie poliertes Silber. Ihre Augen suchten wie ausgehungert nach den vertrauten Plätzen.

Ach, es war alles so lange her!

Sie konnte es kaum mehr erwarten, endlich am Ziel ihrer langen Reise anzukommen, und lief, so schnell sie konnte, über die Wiese. Doch plötzlich hielt sie inne. Irgendetwas war nicht in Ordnung, anders, als sie es erwartet hatte, als sie es kannte. Eine beinahe bedrohliche Stille lag über dem Land. Kein Hund kam, um ihr ein Willkommen entgegenzubellen, auf der Koppel waren keine Pferde zu sehen und kein Gärtner, keine Dienstmagd kam des Weges.

Und als Sophie schließlich vor dem Schloss stand, erkannte sie die untrüglichen Zeichen der Vernachlässigung. Die Farbe des Mauerwerks blätterte stellenweise ab. Stauden und Blumenbeete waren verschwunden, dichtes Gestrüpp hatte sich stattdessen überall verbreitet und Unkraut und Moos bedeckten die Steinplatten der Wege im Park.

Sophies Nägel bohrten sich in ihre Handballen, sie zitterte am ganzen Körper. Sie wollte schreien, aber sie konnte nicht, ihr Hals war zu eng, es kam nicht mehr heraus als ein leiser, krächzender Laut.

Das konnte nicht sein! Das durfte nicht sein! Ihre Gedanken überschlugen sich. Blieb ihr denn gar nichts erspart? Irgendetwas musste geschehen sein, als sie eingesperrt gewesen war. Oder schon viel früher? Während des Krieges hatte sie keinen Kontakt zu ihren Eltern halten können.

Sophie lief, so schnell sie konnte, auf das große Tor zu und schrie laut nach ihrem Vater und ihrer Mutter.

Kaum hatte sie die Treppe erreicht, wurde die Eingangstür aufgerissen, und Sophie sah einen bärtigen Diener, den sie schon aus Kindertagen kannte. Zuerst schien er gar nicht zu begreifen, wer vor ihm stand. Natürlich: Er sah nur eine verwahrloste Fremde. Es dauerte einige Augenblicke, dann verbeugte er sich tief.

»Was ist los, Gustav?«, rief Sophie und sie musste sich beherrschen, um ihn nicht wild zu schütteln, weil er nicht sofort antwortete.

Sie sah die Tränen in Gustavs Augen und sandte ein Stoßgebet zum Himmel: Lass die Eltern wohlbehalten in München sein, lass es irgendetwas anderes sein, flehte sie. Gustav soll mir etwas Belangloses sagen, dass das Geld knapp ist und dass daher alles so verfallen ist – und nichts weiter!

Aber da hörte sie ihn bereits unter Tränen flüstern: »Mein Beileid, Hoheit. Der Herzog hat nicht lange leiden müssen – es ging ganz schnell!«

Sophie starrte ihn stumm und entsetzt an. Sie hörte nicht mehr, wie er schluchzte und sagte, dass man vergebens versucht hatte, sie zu erreichen, dass es nun fast drei Wochen her sei, dass ihre Geschwister entrüstet gewesen seien, dass sie nicht einmal zur Beerdigung ihres Vaters erschienen war.

Was wissen die schon von mir?, dachte Sophie bitter.

Gustav berichtete, dass in Possenhofen nicht mehr alles zum Besten stünde. Der größte Teil der Dienerschaft sei schon vor der Krankheit des Herzogs gegangen; nur Irma, er und zwei Lakaien stünden noch in den Diensten der Herzogin.

»Mama!«, rief Sophie plötzlich, als sei sie soeben aus einem tiefen Schlaf erwacht. »Wo ist sie?«

Gustav tat einen Schritt nach vorn und wollte sie zurückhalten, aber da war sie schon an ihm vorbeigelaufen und ins Schloss gestürmt. Es war ein unheimlicher Anblick, den sie in ihrem ganzen Leben nicht vergessen würde: Jeder Stuhl, jeder Tisch, jeder Spiegel, jedes Gemälde war mit schwarzem Krepp verkleidet, jedes Fenster war geschlossen. Überall brannten Kerzen.

»Mama!«, rief Sophie bestürzt, erhielt aber keine Antwort.

Schließlich fand sie die Herzogin im großen Kaminzimmer. Zwei Spitze lagen zu ihren Füßen – zu müde, zu fett und zu alt, um zu bellen, als Sophie den Raum betrat.

Herzogin Ludovika sah aus wie früher, aber ihr Gesichtsausdruck verwirrte Sophie.

»Mama, o Mama«, schluchzte sie. »Ich wusste nicht, dass Papa . . .« Sie konnte nicht weitersprechen. Ludovika reagierte nicht, starrte unentwegt auf die brennenden Scheite im Kamin, die vom Feuer verzehrt wurden.

Sophie sank zu Füßen der Herzogin nieder. »O Mama, sieh mich an! Ich hab dich all die Jahre angelogen, nichts war in Ordnung. Ich wollt bloß nicht auch noch jammern. Aber jetzt will ich mich scheiden lassen und er hat mich deswegen in eine Irrenanstalt gesperrt!«

Jetzt erst wandte Ludovika den Blick zu ihrer Tochter. Und plötzlich wusste Sophie, was sie so sehr verwirrt hatte: Der Blick ihrer Mutter galt nicht ihr, sondern er schien weit weg in die Ferne zu schweifen.

»Sopherl, du musst dich noch umziehen, damit wir rechtzeitig zum Hofball in München sind«, sagte Ludovika lächelnd. »Und du musst der Nadia sagen, dass sie dir das schöne Kleid mit der langen Schleppe anziehen soll.«

Sophies Augen weiteten sich vor Entsetzen. »Mama, was redest du denn da?«

»Und schick mir deinen Vater«, fuhr die Herzogin immer noch lächelnd fort. »Wir müssen wegen der Fuchsjagd nächste Woche noch etwas besprechen.«

Minutenlang saß Sophie nur da und starrte ihre Mutter an. Sie wunderte sich darüber, dass sie nicht schrie, nicht den Verstand verlor. Das alles drohte zwar, ihr Herz zu zerreißen, aber es brachte sie nicht um. Warum war sie nicht verzweifelt? Warum wollte sie nicht auf der Stelle sterben? Woher kam diese neue Kraft? Und plötzlich kannte sie die Antwort: Sie war wieder zu Hause.

Hungrig plünderte Sophie die Speisekammer und ihr Herz schlug höher beim Anblick von gebratenem Schinken und Eiern, Grütze mit Soße, Gebäck und kalter Pastete. Sie aß sich nach langer Zeit wieder richtig satt.

Kaum war ihr Magen gefüllt, kehrte auch ihr alter Optimismus zurück. Nein, sie würde sich nicht besiegen lassen! Leiden ist immer leichter als handeln, versuchte Sophie sich Mut zu machen. Ich werde dem Duc beweisen, dass er mich nicht bezwingen kann!

Gestärkt ging Sophie durch das Schloss, spähte in jeden Winkel und in jede Ecke und sie freute sich wie ein kleines Kind, wenn sie die Dinge unverändert fand. Jeder Raum hatte seinen eigenen Geruch und Sophie stand oft minutenlang nur in einem Zimmer und atmete tief ein. Possenhofen tat ihr wohl; sie liebte die Bediensteten, die geblieben waren, denn sie waren ein Teil ihrer Jugend und ihrer wertvollen Erinnerungen.

Nur als Irma plötzlich vor ihr stand, erschrak Sophie zu

Tode. Beinahe hätte sie die alte Zofe ihrer Mutter nicht erkannt, so verhärmt und eingefallen war ihr Gesicht.

Während Sophie erschrocken die Augen aufriss, sank Irma vor ihr auf die Knie und begann zu weinen. »Verzeiht mir, Hoheit, aber ich habe Ratzki geliebt. Ich ahnte nicht, dass er mich nur benutzte, um seine Macht zu stärken. Ich hätte Euch das sonst niemals angetan!«

»Stehen Sie auf, Irma!« Sophie wusste von Gustav, dass die alte Zofe für die Herzogin sorgte, ohne jemals eine Gegenleistung dafür zu verlangen, und das stimmte sie etwas versöhnlicher.

»Vor zwei Jahren hat Ratzki mich verstoßen«, erzählte Irma mit tiefer Bitterkeit in der Stimme. »Ich flehe Euch an, Hoheit! Jagt mich nicht davon!«

»Wem sollte das auch nutzen?«, erwiderte Sophie. »Wir alle haben viel verloren und für manches bezahlen müssen.«

Irma nickte, sie sah an Sophie vorbei und ihr Blick verlor sich irgendwo auf den kleinen pastellfarbenen Blüten der Tapete. »Mit einem Unterschied: Ihr wurdet einmal sehr geliebt – ich wurde nur benutzt.«

Edgar! Wie von einem Pfeil getroffen, zuckte Sophie bei der Erinnerung an den Geliebten zusammen. Ja, Edgar hatte sie geliebt! Und alles – jeden Schmerz, jede noch so entsetzliche Erfahrung – würde sie um dieser Liebe willen noch einmal durchstehen. Sie bereute nichts.

»Was wollen Hoheit denn jetzt unternehmen? Bleibt Ihr in Possenhofen?«

Irmas Stimme drang wie aus weiter Ferne zu ihr. Sophie kehrte aus ihren Gedanken in die Wirklichkeit zurück und zuckte mit den Achseln. Sie wusste nur, dass sie sich vom Duc scheiden lassen wollte. Wie sie das ohne Hilfe ihrer Eltern durchsetzen sollte, wusste sie nicht. Auf ihre Mutter konnte

Sophie nicht zählen. Die Herzogin verbrachte die meiste Zeit des Tages vor dem Kamin, starrte in die Flammen und redete wirres Zeug. Manchmal bat Ludovika darum, dass man Herzog Max suchen möge, weil sie ihm etwas Dringendes zu sagen habe. Sophie blutete jedes Mal das Herz. Ach, sie vermisste den Vater auch so sehr.

Trotz ihrer Trauer über den Tod des geliebten Vaters kam Sophie in Possenhofen recht schnell wieder zu Kräften. Sie erholte sich von den Strapazen ihrer Flucht und fand Trost in der vertrauten Umgebung. Sie war wieder zu Hause, dort, wo sie hingehörte. Aber sie fühlte sich nicht sicher. Der Duc ließ nach ihr suchen, das wusste sie, und es lag auf der Hand, dass er eines Tages vor der Tür stehen würde. Solange sie seine Frau war, hatte sie keinerlei Rechte, die sie gegen seinen Willen durchsetzen konnte. Sie musste erreichen, dass ihre Ehe so schnell wie möglich geschieden wurde. Erst dann konnte er sie nicht mehr in einem Irrenhaus einsperren lassen oder ihr in anderer Weise gefährlich werden.

Seit vier Tagen war Sophie jetzt in Possenhofen und sie dachte ohne Unterlass darüber nach, wie dieses Problem am besten zu lösen war. Selbst für eine Bürgerliche war es beinahe unmöglich, sich scheiden zu lassen, und auf sie würden noch viel mehr Schwierigkeiten warten. So viel sie auch in ihrem Zimmer saß und sich den Kopf zermarterte, sie wusste nicht, wie sie es am geschicktesten anstellen sollte.

Vielleicht würden frische Luft und ein Spaziergang ihr gut tun, neue und klarere Gedanken zu fassen. Es war schon immer so gewesen, dass ein Spaziergang oder ein Ausritt ihre Nerven beruhigt hatte. Sophie zog ein Paar derbe Schuhe an, hüllte sich in ihren Mantel und ging die Straße zwischen den Feldern entlang.

Der Himmel war verhangen, nur dann und wann durchbrachen Sonnenstrahlen die grauen Wolken. Der feuchte

Wind, der durch ihr Haar blies, erfrischte sie. Das Land atmete in friedlicher Ruhe. Die Hände in den Taschen ihres Mantels vergraben, ging Sophie zu ihrem Kirschbaum. Sie sank ins Gras, hob den Kopf und blickte durch die Zweige zum Himmel empor. Was soll ich nur tun?, fragte sie sich verzweifelt. Sie wusste, dass sie sich nach dem Hausgesetz der Wittelsbacher zu richten hatte. Nur der Höchstgestellte ihrer Dynastie konnte ihre Ehe auflösen, und das war der König.

Ausgerechnet der Ludwig!, dachte Sophie.

Der Wind wurde heftiger und sie fror. Sie hatte viele Jahre keinerlei Kontakt mehr zu ihm gehabt, sie wusste nicht einmal, wie es ihm ergangen war. Aber sie hatte keine Wahl: Sie musste mit Ludwig sprechen.

Am Nachmittag wollte Sophie sich für den Besuch beim König umziehen, aber Irma riet ihr ab. »Erspart Euch das, Hoheit! Man würde Euch gar nicht zu ihm vorlassen.«

Sophie hörte mit offenem Mund, was Irma ihr zu berichten hatte. Dass Ratzki längst einen wichtigen Posten habe, dass sie ihn nicht umgehen könne, dass der Irrenarzt von Gudden in Absprache mit Ratzki darüber entscheide, wer zum König vorgelassen werde und wer nicht.

Entmutigt sank Sophie auf einen Stuhl. Der arme Ludwig! Ihn hatte man also auch als verrückt erklärt.

Unter ihre aufrichtige Anteilnahme und Sorge um den Vetter mischte sich aber auch ein erschrockenes, fast lähmendes Gefühl der Angst um sich selbst. Wer konnte ihr jetzt noch helfen?

Am späten Nachmittag setzte sich Sophie zu ihrer Mutter vor den Kamin, streichelte Ludovikas Hand und blickte in die prasselnden Flammen. Von ihren Geschwistern hatte sie nichts zu erwarten. Sophie wusste, dass sie schlecht von ihr dachten, und bis sie ihnen erklärt hätte, was ihr widerfahren war – wenn es ihr überhaupt gelänge –, wäre viel zu viel wertvolle Zeit verstrichen.

Da dachte sie plötzlich an Edgar. Er hatte es immer verstanden, sie zu trösten und ihr Mut zuzusprechen. Aber konnte sie nach so langer Zeit einfach zu ihm gehen und ihn um seine Hilfe bitten? Wahrscheinlich hatte er längst geheiratet und ein ganzes Haus voller Kinder.

Kinder! Sophies Herz zog sich zusammen, als sie an Louise und Emanuel dachte. So lange hatte sie die beiden nicht gesehen. Sie wusste nicht, wie sie aussahen, wie es ihnen ergangen war, was Ferdinand ihnen erzählt hatte, was sie von ihrer Mutter hielten, ob sie sie vermissten, ob sie an sie dachten, ob sie vielleicht glaubten, sie sei tot.

»Nicht weinen«, sagte Ludovika plötzlich in die Stille und für einen Augenblick setzte Sophies Herzschlag aus. War ihre Mutter in die Wirklichkeit zurückgekehrt? Mit dem Handrücken wischte sie sich die Tränen aus dem Gesicht und sah die Herzogin an, aber sie blickte entrückt in die Ferne und fügte hinzu: »Du willst doch eine schöne Königsbraut sein, Sopherl.«

32. Kapitel

Noch am selben Abend ließ Sophie die Kutsche mit den beiden einzigen Pferden, die noch in Possenhofen waren, anspannen. Kurz darauf ließ sie sich nach München in die Maximilianstraße fahren.

Vielleicht gibt es das Geschäft gar nicht mehr, grübelte sie und riss nervös an einem Spitzenfächer, bis er in Fetzen hing. Die Wagenräder holperten über das Backsteinpflaster. Es war bereits dunkel, als der Wagen sein Ziel erreichte. Sophie zitterte am ganzen Leib, denn sie erkannte das vertraute Schild über dem Eingang mit dem geschwungenen Namenszug und die geschmackvoll gerahmten Fotografien im Schaufenster. Das Atelier war hell erleuchtet. Hinter einem der großen Fenster sah sie schemenhaft eine Silhouette auf- und abgehen.

Sophie stiegen Tränen der Freude in die Augen. Aber sie wagte es nicht, auszusteigen und das Geschäft zu betreten. Vielleicht war Edgars Frau zugegen – wenn er verheiratet war – und Sophie war nicht daran gelegen, einen falschen Eindruck zu erwecken und Edgar eine Menge Ärger zu bescheren.

Also bat sie den Kutscher, ein Stückchen weiterzufahren und den Wagen in sicherer Entfernung zu parken. Wehmütig lauschte sie dem Klang der Glocken im Turm der Frauenkirche; lange hatte sie darauf verzichten müssen.

Sie blickte aus dem Fenster und ließ den Eingang des Ladens keine Sekunde aus den Augen.

Eine Ewigkeit saß sie so da und hätte nicht in Worte fassen können, wie sehr sie sich auf das Wiedersehen freute. Gleichzeitig schnürte ihr die Angst die Kehle zu. Edgar – ihr geliebter Edgar, so lange hatte sie ihn nicht mehr gesehen!

Plötzlich hielt sie den Atem an. Die Ladentür öffnete sich. Eine Gestalt schlüpfte auf die Straße, sperrte sorgsam zu.

Gott sei Dank, er ist allein!

Sophie öffnete den Verschlag und trug dem Diener leise auf, er solle warten. Dann stieg sie aus. Mit zitternden Händen strich sie sich über das Kleid, überprüfte noch einmal den Sitz ihrer kurz geschnittenen Haare.

Sophie hörte sich keuchen, als sie auf ihn zulief. »Edgar!«

Die Gestalt drehte sich langsam um und enttäuscht hielt Sophie inne. Es war der alte Hanfstaengl. Im flackernden Licht der Straßenlaterne konnte Sophie sehen, wie die Verblüffung in seinem Gesicht wuchs, als er sie erkannte. »Prinzessin Sophie!«

Der Alte verneigte sich und sie sah den müden, traurigen Blick in seinen Augen. Sophie hatte das Gefühl, ihr Hals schwelle an. Das Keuchen wurde lauter. Nicht Edgar!, flehte sie. Bitte lass Edgar nichts geschehen sein! Auf diesen Gedanken war sie bisher gar nicht gekommen.

Doch zu ihrer größten Erleichterung hörte sie den alten Hanfstaengl im nächsten Augenblick bereits sagen: »Edgar geht es gut, Hoheit!«

Ein erleichtertes Lächeln huschte über ihre Lippen. »Ist er verheiratet?« Sie musste es wissen.

»Nein.« Der alte Hanfstaengl schüttelte den Kopf. Es klang traurig, aber nicht anklagend. »Wie hätte mein Sohn je eine andere heiraten können, wo er immer noch die eine liebt?«

Sophie stockte der Atem. Sie bemerkte gar nicht, dass sie laut zu schluchzen anfing, so glücklich war sie in diesem Moment.

»Wo ist er?«, weinte sie, während Hanfstaengl sie fürsorglich an der Schulter fasste und zum Atelier schob und die Tür wieder aufsperrte. »Hier ist nicht der richtige Ort für ein Gespräch, Hoheit.«

Im Laden hörte Sophie kurz darauf, was sich im Leben ihres Geliebten ereignet hatte. Dass er nach China gegangen war und nach seiner Rückkehr einen Brief von Nadia gefunden hatte.

Sophie hatte nicht gewusst, dass ihre Zofe an Edgar geschrieben hatte. Arme, gute Nadia, dachte sie und Sehnsucht nach ihrer alten Freundin erfasste sie.

Als Sophie gleich darauf erfuhr, dass Edgar während des Krieges in Frankreich nach ihr gesucht hatte, traute sie ihren Ohren nicht.

»Edgar hat mich gesucht?«, wiederholte sie ungläubig.

Das Entsetzen stand ihr ins Gesicht geschrieben, als der alte Hanfstaengl berichtete, wie dieses Abenteuer für seinen Sohn geendet hatte. »Es war, Gott sei Dank, nicht so schlimm, wie man anfangs befürchtet hatte. Wenn Ihr meinen Sohn sehen wollt, Hoheit... Er lebt in einem kleinen Dorf im Allgäu. Wir haben dort einen neuen Laden eröffnet.«

Sophie hatte jetzt nur noch ein Ziel: Sie musste zu Edgar.

Gleich am nächsten Morgen sagte sie Possenhofen Lebewohl. Sie hatte den Bediensteten – vor allem Irma – aufgetragen, weiterhin gut auf ihre Mutter Acht zu geben.

Nachdem Sophie noch etwas Geld gefunden hatte, konnte sie sich sogar einen Zug nach Kempten leisten. Mit klopfendem Herzen saß sie unter all den anderen Reisenden im

Abteil und blickte aus dem Fenster. Der alte Hanfstaengl hatte ihr versprochen, Edgar nicht von ihrem Besuch zu berichten. Sie wollte ihn überraschen. Sie trug ein Dirndl und ein böhmisches Kopftuch und als eine ältere Dame sie für eine junge Bauerntochter hielt, lächelte Sophie stolz. Nein, in ihr früheres Leben würde sie nie wieder zurückkehren.

Als Sophie in dem kleinen Dorf in der Nähe von Kempten angekommen war und sich nach der Straße erkundigt hatte, wo Edgar wohnte, lief sie den Rest des Weges zu Fuß. Sie konnte nicht warten, bis eine Kutsche frei war, sie musste sich sofort auf den Weg machen.

Es war ein kleines Haus, weiß getüncht, mit grünen Holzläden, die die Fenster einrahmten. Davor lag ein Hof, auf dem einige Hühner emsig herumpickten. Rechts vom Haus lag hinter einem Lattenzaun ein kleiner Gemüsegarten mit ordentlich angelegten Blumen- und Gemüsebeeten; in der Nähe des Gartentores war der Brunnen. Ein Mann stand über den Brunnenrand gebeugt, und die rostige Kette, an der er den Eimer hinaufzog, knirschte.

Sophie blieb beinahe das Herz stehen, als sie Edgar erkannte. Und dann sah er sie. Er hatte sich umgedreht und blickte ungläubig in ihr Gesicht. Seine Lippen öffneten sich, aber sie konnte nichts hören. Sie las, was sie flüsterten: »Sophie!«

Ganz langsam gingen sie aufeinander zu, als wollten beide diesen wundervollen Moment so lange wie möglich ausdehnen. Nur die letzten Meter konnten sie nicht mehr anders und sie liefen aufeinander zu und fielen sich in die Arme.

Sophie dachte an nichts mehr, alle Sorgen und Ängste schienen plötzlich so weit entfernt. Sie fühlte nur noch, dass seine Arme sie umschlungen hielten, dass seine Küsse auf ihren Lippen und auf ihren Lidern brannten und dass sie unsagbar glücklich war.

Sie vermochte sich später nicht daran zu erinnern, was sie

in diesen ersten Minuten ihres Wiedersehens miteinander gesprochen hatten, sie wusste nur, dass sie nach so langer Zeit wieder vereint waren und dass sie ihn immer noch mehr als ihr Leben liebte.

Sie verschwanden für drei Tage im Haus, verriegelten die Tür und feierten ihr Wiedersehen.

»Wie können wir nur für immer zusammen bleiben?«, fragte Edgar zärtlich und küßte Sophies Nacken.

»Ich werde meinen Geschwistern schreiben«, sagte Sophie schließlich. »Wenn das Haus Wittelsbach mir seine Hilfe zusagt, dann ist schon ein wichtiger Schritt getan. Vielleicht habe ich auch eine Möglichkeit, zum König vorzudringen.«

Sophies Augen füllten sich mit Tränen. Sie schämte sich beinahe, mit Edgar so glücklich zu sein, wo ihre Kinder doch so fern waren.

»Ich glaube, vieles habe ich nur ertragen können, weil ich immer daran geglaubt habe, dass ich sie wieder sehen werde.«

»Du wirst sie wieder sehen«, sagte Edgar tröstend. »Glaube mir, jetzt wird alles gut.«

Sophie genoss jeden Augenblick mit dem geliebten Mann. Sie lagen stundenlang nebeneinander im Gras, badeten in der heißen Sonne, deren Strahlen sie bis in die Knochen wärmten. Sophie ließ ihren Körper wieder den tiefen Braunton annehmen, für den sie einst in Possenhofen tadelnde Blicke hatte einstecken müssen, denn er ließ sie bäuerlich und nicht wie eine Prinzessin wirken.

Sophie und Edgar teilten alles miteinander, um es desto inniger zu genießen: den Spätsommerhimmel, der klar und blau war, und nur hier und dort von feinen Wolken gesprenkelt wurde, die Ringelblumen, die am Wegesrand wuchsen, den Laut der Wiesenknarre am frühen Morgen, den Duft von Wiese und Erde, die silbergrünen Blätter einer Pappel, die am Ufer eines seichten Baches wuchs. Gemeinsam liefen sie durch den warmen Sommerregen und liebten sich im Freien. Sie gingen zusammen ins Dorf, um Lebensmittel zu kaufen oder in einem Wirtshaus ihr Mahl einzunehmen. Sie lagen im Gras, hielten sich an den Händen und blinzelten in den blauen Himmel.

Das Dorf, in dem Edgar wohnte, lag inmitten eines fruchtbaren Ackerbaugebiets mit schmucken Höfen und zahllosen Obstgärten, die sich zu Füßen der Berge erstreckten, und ruhigen, kleinen Nachbarorten, die sich wie ein Ei dem anderen glichen. Die Häuser waren aus kirschroten Ziegeln und schwerem Holzgebälk gebaut. Winden und Rosen kletterten die Wände hinauf und ballten sich rings um die Dachfenster. Geranien schmückten die Balkone und ein Storchenpaar hatte sich auf dem Kirchenturm ein großes Nest gebaut. Perlgraue Tauben saßen gurrend auf dem First der Dächer und Spatzen zankten sich auf der Straße um Getreide, das von den Fuhrwagen fiel, mit denen die Bauern das Korn einbrachten.

Edgar ging jeden Morgen in sein Atelier und Sophie führte den Haushalt, wie sie es sich immer erträumt hatte. Nach dem Frühstück fegte sie mit einem Strohbesen die Küche aus, dann spülte sie das schmutzige Geschirr und trocknete es ab. Sie holte Holz herein und machte Feuer im Kamin. Gab es etwas zu bügeln, heizte sie das Eisen an oder sie putzte Schuhe. Mittags kam Edgar heim und sie empfing ihn jedes Mal mit einer köstlichen Mahlzeit. Anfangs versuchte sie, mehrere Gänge zu kochen, wie sie es von zu Hause her gewohnt war, aber schließlich beschränkte sie sich auf einfachere Speisen. An manchen Tagen verdiente sie sich auch ihr eigenes

Geld, indem sie dem benachbarten Bauern, dem ledigen Schmiedel Alois, bei der Arbeit auf dem Feld half. Edgar war zuerst empört – schließlich war sie eine geborene Prinzessin –, aber Sophie bestand darauf. So lernte sie zusammen mit dem Alois zu bangen, denn wenn das Heu erst einmal gesenst war, durfte es kein schlechtes Wetter mehr geben, denn verregnetes Heu machte doppelt soviel Arbeit, verlor an Nährwert und war nur zu einem schlechteren Preis zu verkaufen.

Sophie liebte das einfache Leben auf dem Land. Oft dachte sie auch an ihren Vater und ihr wurde bewusst, dass er als Bauer wohl auch glücklicher geworden wäre.

Die Tage verflogen, die Bäume verfärbten sich, in den Obstgärten standen beladene Karren und die Luft war vom frischen Herbstgeruch reifer roter Äpfel erfüllt.

Eines Morgens erhielt Sophie eine Antwort aus Wien. Ihre Schwester Sisi schrieb und als sie die Zeilen las, wurde ihr schwindelig. Sisi machte ihr bittere Vorwürfe, sie habe ihre Kinder im Stich gelassen und sei dem Duc davongelaufen, so handele keine verantwortungsbewusste Mutter und Ehefrau; auch die anderen Geschwister seien entsetzt und dächten genauso. Wenn Sophie noch einen Funken Ehrgefühl habe, dann solle sie sofort zu ihrem Mann zurückkehren.

Sophie fühlte ihre Kräfte schwinden. Der Brief fiel zu Boden und sie sank am Fuße der Treppe in sich zusammen. Sie spürte, dass jedes einzelne Glied ihres Körpers einen besonderen Schmerz aussandte und ein fürchterliches Dröhnen ihren Kopf zu sprengen drohte.

In diesem Augenblick betrat Edgar das Haus. Es war Mittag und wie immer hatten sie gemeinsam essen wollen. Erleichtert klammerte Sophie sich an ihn.

»Fühlst du dich besser?«

Sie nickte und er sah den Brief am Boden liegen. Er stellte keine Fragen, sondern führte sie die Treppe hinauf in ihr Zimmer. Sie legte sich erschöpft auf das Bett und Edgar deckte sie zärtlich zu.

»Sie werden mir nicht helfen, Edgar. Und jetzt wissen sie doch auch, wo ich bin.«

»Wieso sollten sie dich verraten?« Er küsste tröstend ihre Stirn. »Und wenn dir deine Verwandtschaft nicht beisteht, dann werden wir eben einen anderen Weg finden. Außerdem hast du doch auch dem Ludwig geschrieben. Vielleicht geschieht ja ein Wunder und er bekommt deinen Brief doch.«

Mit nassen Augen blickte Sophie ihn an. »Ich bin so müde, Edgar. Und ich möchte meine Kinder endlich wieder sehen.«

Louise und Emanuel würde sie niemals aufgeben. Und damit war auch die Zukunft mit Edgar ungewiss. Es brach Sophie fast das Herz und sie wagte nicht, es auszusprechen, aber sie wusste in diesem Augenblick, dass ihr Glück mit Edgar wieder befristet sein würde.

»Es tut mir Leid, Sophie«, sagte er leise. »Wir werden uns etwas einfallen lassen müssen.«

Nach einer Weile ergriff Sophie seine Hand und legte die ihre hinein. »Ich will dich nie wieder verlieren, aber es scheint alles so unerreichbar.«

Er drehte ihre Hand herum, sah die vernarbten Schwielen auf den Handflächen, die an ihre Flucht erinnerten, und strich zärtlich darüber. »Manchmal komme ich mir vor wie ein Versager, aber ich habe deiner Welt einfach nichts entgegenzusetzen.«

»Du bist kein Versager«, murmelte sie. »Du bist das Wundervollste, was mir je widerfahren ist. Ich liebe dich mehr, als ich dir sagen kann.«

Ihre Hände verschränkten sich ineinander.

»Kannst du dich noch an das Gedicht von Horaz erinnern?«, fragte Sophie plötzlich. »Glücklich der Mensch, glücklich er allein, der das Heute ganz besitzen kann. Der in sich ruhend sagen kann: ›Das Morgen, sei es noch so schlimm, ich hab heut' gelebt!‹«

»Nein, nein«, flüsterte Edgar beruhigend. »Es wird ein Morgen für uns geben.«

33. Kapitel

Ein paar Tage später saß Sophie vor dem Haus und spielte mit ein paar Welpen, die vor einigen Wochen im Schmiedel-Hof zur Welt gekommen waren. Sie kniete auf den Steinplatten, streichelte die Hündchen und warf abwechselnd kleine Stöckchen, während die Mutterhündin müde im Gras lag und nur ab und zu einen prüfenden Blick auf ihre Nachkommenschaft warf. Es war bereits später Nachmittag, die Dämmerung hatte längst eingesetzt und der kalte Herbstwind raschelte in den Blättern der Bäume und Sträucher. Lange würde es nicht mehr dauern und die Dunkelheit würde sich über die Landschaft gelegt haben.

Sophie wartete auf Edgar. Sie liebte es, vor dem Haus zu sitzen, auf die Straße zu blicken und zu warten, bis er endlich um die Ecke bog.

Als sie ihn an diesem Tag kommen sah, sprang sie auf und lief ihm entgegen. In ihrer Hand hielt sie einen Briefumschlag. »Stell dir vor, der Ludwig hat mir geschrieben!« Sophies Wangen waren vor Erregung gerötet. »Er schreibt, dass er gegenwärtig zwar arge Probleme mit seinen Ministern hätte, aber wenn sich die Wogen wieder geglättet haben, dann will er sich sofort mit mir treffen.«

Strahlend fiel Sophie Edgar um den Hals. »Weißt du, was das bedeutet?«

Er küßte sie und Freudentränen standen in ihren Augen.

»Das bedeutet, dass er mir verziehen hat! O Edgar, der Ludwig könnte mich mit einem Fingerschnippen vom Duc scheiden. Nicht einmal meine Familie müsste gefragt werden.«

»Hab ich dir nicht gesagt, dass alles gut wird?« Edgar lachte und beugte sich zu einem der Welpen hinunter, der mit wedelndem Schwanz auf ihn zugelaufen kam.

»Ja«, seufzte Sophie und hakte sich bei ihm unter, während sie auf das Haus zugingen. »Ich fürchte, Herr Hanfstaengl, jetzt werden Sie mich für den Rest Ihres Lebens wirklich nicht mehr los!«

Später konnte Sophie vor lauter Aufregung nicht einschlafen. Den Mund an ihrem Ohr flüsterte Edgar, dass er sie gern noch einmal auf andere Gedanken brächte, und Sophie verzog ihren Mund zu einem vergnügten Grinsen. Bereits seit zwei Stunden liebten sie sich und beide waren völlig verschwitzt.

»Wo wollen wir leben?«, fragte Sophie plötzlich in die Stille hinein.

Edgar strich ihr zärtlich eine Strähne aus der Stirn. Ihr Haar war bereits ein ansehnliches Stück gewachsen. »Wir könnten für immer hier bleiben«, sagte er schließlich.

Sophie starrte nachdenklich an die Decke. Die Schatten von Ästen und Zweigen, die durchs Fenster fielen, schienen über dem Bett zu tanzen.

Plötzlich schüttelte sie energisch den Kopf. »O nein, ich glaube, ich möchte doch einmal mit dir nach China reisen. Ja, wenn ich geschieden bin, will ich mit dir die ganze Welt sehen – und Emanuel und Louise kommen mit uns.«

Mit diesem wundervollen Gedanken schlief Sophie ein.

Es war weit nach Mitternacht, als sie plötzlich durch ein lautes Poltern an der Tür geweckt wurden.

Edgar sprang in seine Hosen. Er hatte die erregte Stimme vom Schmiedel Alois erkannt.

Sophie richtete sich beunruhigt auf. Sie zündete eine Kerze an und konnte nur Bruchstücke von dem hören, was der Nachbar zu berichten hatte. Sie erstarrte. Der Bauer sprach von einem Duc, der die ganze Umgebung nach seiner Frau absuchen ließ. Jeden Bauern, jede Bäuerin habe er schon aus dem Bett gejagt und eine hohe Belohnung auf den Kopf der Duchesse ausgesetzt. Das halbe Dorf sei inzwischen auf den Beinen.

Sophie sprang voller Angst aus dem Bett, schlüpfte in Kleid und Schuhe und griff nach ihrem Mantel.

Als Edgar ins Zimmer stürmte, ergriff sie seine Hand.

»Schnell, wir müssen sofort weg von hier!«

»Ich ... ich werde doch nicht vor denen davonlaufen!«, rief Edgar und Wut und Hass auf den Ehemann der geliebten Frau standen ihm deutlich ins Gesicht geschrieben. »Ich werde ihm ins Gesicht sagen, was ich von ihm halte.«

»Jetzt ist nicht die richtige Zeit, den Helden zu spielen, Edgar. Der Duc wird mich nie und nimmer freiwillig aufgeben.«

Edgar sträubte sich noch immer und sie fuhr ihn verzweifelt an: »Jetzt komm schon! Wir müssen zusehen, dass wir aus einem der hinteren Fenster hier herauskommen.«

Die Warnung vom Schmiedel war keine Sekunde zu früh gekommen, denn schon ertönten im Hof laute Stimmen. Jemand schlug hart gegen die Tür und es hörte sich an, als würde er eine Eisenstange benutzen. Hastig kletterten Sophie und Edgar aus dem Fenster.

Draußen war es stockdunkel und ein kalter Wind blies ihnen

ins Gesicht. Sophie fürchtete, dass bereits das ganze Haus umstellt war. Als sie in der Dunkelheit niemanden erkennen konnte, atmete sie erleichtert auf. Sie blickten auf den kleinen Wald, der sich hinter dem Garten erstreckte. Wenn sie ihn erreichten, könnten sie sich dort verstecken, ohne entdeckt zu werden.

»Komm«, sagte Edgar leise und Hand in Hand liefen sie los.

Doch bereits nach wenigen Metern drehten sie sich um. Hinter sich hatten sie helles Licht wahrgenommen und sie sahen, dass das Haus angezündet worden war. Anscheinend hatten die Männer bemerkt, dass sie längst geflohen waren.

»Dort vorn laufen sie!«, rief plötzlich eine Stimme und als Sophie im selben Moment das Gewieher von Pferden hörte, blieb ihr beinahe das Herz stehen. »Großer Gott, sie haben Pferde! Sie werden schneller sein als wir!«

»Wir müssen es bis zum Wald schaffen!«, keuchte Edgar und zog Sophie weiter. Der Boden war weich. Es hatte geregnet und ihre Füße sanken bei jedem Schritt tief in die Erde. Einmal rutschte Sophie aus und Edgar zog sie sofort wieder hoch. Dabei wagten sie nicht, sich umzudrehen. Sie hatten keine Sekunde zu verlieren, die Verfolger waren ihnen dicht auf den Fersen.

Das Geschrei schwoll an und die Stimmen klangen wie das Gekläff einer jagenden Meute.

»Was sollen wir nur machen?«, keuchte Sophie verzweifelt.

»Wir schaffen es!« Edgar umklammerte ihre Hand und zog sie weiter. Da erreichten sie schon die ersten Bäume.

Sophie stolperte nur knapp an einer Fichte vorbei, deren dicker roter Stamm plötzlich aus der wirren Schattenwelt vor ihr auftauchte, und die Zweige und Äste schlugen ihr wie

Ruten ins Gesicht. Schließlich musste sie stehen bleiben, sie bekam keine Luft mehr. Erschöpft lehnte sie sich an einen Baum und versuchte, wieder zu Atem zu kommen.

»Soll ich dich tragen?«, fragte Edgar, aber sie schüttelte den Kopf.

»Es geht schon wieder.«

Sophie wollte schon loslaufen, aber da erklang ganz in der Nähe eine Stimme. »Dort sind die beiden! Wir haben sie!«

In selben Augenblick setzte der Hengst des Duc durch das Gebüsch, das genau vor ihnen lag. Er hatte ihnen einfach den Weg abgeschnitten.

Edgar und Sophie drehten sich verzweifelt um die eigene Achse, suchten nach einem Fluchtweg, aber sie waren bereits von Reitern umzingelt.

Sophie schrie auf. Es war ein markerschütternder Schrei der Angst und der Verzweiflung. Sie starrte in das Gesicht ihres Mannes und erkannte neben ihm, ebenfalls zu Pferde, Ratzki. Polizisten in Uniform gafften sie an und zahllose Bauern waren herbeigelaufen, weil sie der hohen Belohnung nicht hatten widerstehen können.

»Ich werde nicht mit dir gehen!«, schrie Sophie dem Duc ins Gesicht und bemerkte nicht einmal, dass sie nach so vielen Jahren zum vertrauten ›Du‹ übergegangen war. »Eher lasse ich mich zu Tode prügeln!«

Sie sah die Härte in seinen Augen und den unversöhnlichen Zug um seinen Mund. Der frostige Herbstwind drang durch ihre Kleider und sie spürte, wie ihre Glieder steif wurden.

»Ihr Schweine!«, brüllte Edgar. »Lasst uns in Frieden!«

Als Ferdinand von seinem Pferd stieg und langsam auf seine Frau zuging, spuckte Edgar ihm mitten ins Gesicht.

Sophie spürte, wie sich ihr Magen verkrampfte, als sie das gefährliche Glitzern in den Augen ihres Mannes sah. Er säuberte sich mit dem Ärmel die Wange, hielt den Blick unverwandt auf Edgar gerichtet und gab dann ganz ruhig das Kommando: »Fasst den Kerl und zeigt es ihm!«

Drei Uniformierte aus Ratzkis Truppe rannten auf Edgar zu und ergriffen ihn. Edgar wehrte sich heftig, schlug um sich, aber es gelang der Übermacht binnen weniger Sekunden, ihn unschädlich zu machen. So verzweifelt er sich auch wehrte, er konnte sich kaum noch bewegen und die Männer ließen nicht locker.

Der Duc schritt hoch erhobenen Hauptes langsam auf den Gefangenen zu. Als er vor ihm stand, spuckte Edgar ihm abermals ins Gesicht. Sophie schrie laut auf, wollte ihrem Liebsten zu Hilfe eilen und wurde nun selbst festgehalten.

Sie beobachtete entsetzt, wie ihr Mann mit dem Peitschenstock ausholte und mitten in Edgars Gesicht schlug. Blut quoll aus der aufgeplatzten Haut.

»Meine Gemahlin scheint noch immer eine Vorliebe für bemitleidenswerte Geschöpfe zu haben. Das hast du jetzt davon, *mon cheri*. Ich muss ihn leider bestrafen und es wird noch viel schlimmer kommen, wenn du nicht endlich Vernunft annimmst.«

»Wage es nicht, ihn noch einmal anzurühren!«, schrie Sophie außer sich und ihre Stimme überschlug sich.

Ferdinands Lippen verzogen sich langsam zu einem verächtlichen Lächeln. »Wage du es nicht, mir noch einmal einen Befehl zu erteilen!«

Gleichzeitig begannen die drei Uniformierten, den Wehrlosen mit Fußtritten und Fausthieben zu attackieren.

»Hört auf!«, brüllte Sophie verzweifelt. »Ihr bringt ihn doch um!«

Niemand beachtete sie. Edgar lag bereits am Boden, doch die Männer hörten nicht auf, ihn zu treten und auf ihn einzuschlagen. Sophie schrie und weinte, flehte und bettelte, doch der Duc grinste nur hämisch und dachte nicht daran, den Schlägern Einhalt zu gebieten.

Edgar rührte sich kaum noch, er hatte die Arme schützend über seinen Kopf gelegt, aber er konnte den Tritten in seinen Leib nicht entgehen und stöhnte leise.

Da erkannte Sophie, dass sie nichts würde ausrichten können. Sie nahm die Kraft ihrer Wut und ihres Hasses zusammen, wand sich aus der Umklammerung und rannte zu ihrem Mann. »Ich werde mich nicht scheiden lassen!«, schrie sie wie von Sinnen. »Ich verspreche es dir! Und jetzt hört endlich auf!«

Der Duc gab gelassen ein Zeichen, seine linke Augenbraue verzog sich spöttisch zu der verhassten Spitze. »Das hättest du sofort haben können, *mon cheri*.«

Sophie starrte ihn an, ihre Gedanken rasten über abschüssige, irrsinnige Pfade. Mordlust glitzerte in ihren Augen. Sie würde ihn umbringen! Ja, noch heute Nacht würde sie ihn töten, wenn sich eine Möglichkeit dazu ergab! Nur wie? Mit einer Pistole? Nein, das ginge viel zu schnell! Sie wollte ihn leiden sehen!

Sophie versuchte, sich zu beherrschen. Sie musste sich beruhigen, wollte sie einen klaren Gedanken fassen. Sie durfte nicht daran denken, dass sie Edgar wieder verloren hatte. Er lag blutend im Dreck, das Gesicht abgewandt, die Arme immer noch über dem Kopf. Es zerriss ihr das Herz und sie wusste, dass sie nie wieder glücklich sein würde.

Die Bauern stritten sich um die Belohnung. Der Duc hatte die Münzen in die Menge geworfen und wie Hunde krochen die Männer nun auf dem Boden herum, um ihren Anteil zu kassieren.

Als Sophie in den Damensattel eines Pferdes gehoben wurde, richtete sie den Blick nach oben. Am Himmel sah sie den bleichen Mond stehen. Ich muss an etwas Schönes denken, befahl sie sich verzweifelt, sonst verliere ich den Verstand.

Während sie davonritt, hörte sie, dass Edgar nach ihr rief. Er hatte sich aufgerichtet, stand allein mitten auf der Lichtung und schaute ihr nach. Aber Sophie wandte sich nicht um. Es hätte ihr das Herz gebrochen.

Glücklich der Mensch, glücklich er allein, der das Heute ganz besitzen kann. Der in sich ruhend sagen kann: Das Morgen, sei es noch so schlimm, ich hab heut gelebt!

Sophie ritt schweigend neben ihrem Mann durch die Dunkelheit. Sie blickte nach vorn und dachte an Louise und Emanuel. Endlich würde sie ihre Kinder wieder sehen. Nur das zählte noch und nur daran wollte sie jetzt denken.

Und morgen, sagte sie sich im Stillen, morgen werde ich nach einem Weg suchen, um mich von Ferdinand zu befreien. Und ich werde ihn finden! Sie spürte, wie Zuversicht und Kraft sie mit neuem Lebensmut erfüllten, und sie hob den Kopf. Diesem Mann werde ich mich niemals beugen! Er wird mich nie und nimmer besitzen!

* * *

Noch im selben Jahr floh Sophie zu Pater Pierre in das Kloster Faubourg St. Honoré in Paris. Mit seiner Hilfe gelang es ihr, Louise und Emanuel wieder zu finden und sporadisch zu treffen.

Am 4. Mai 1897 kam Sophie in Paris auf einer Wohltätigkeitsveranstaltung gemeinsam mit über einhundert anderen Menschen bei einem Großbrand ums Leben. Sie wurde 49 Jahre alt.

Prinzessin Diana – sie war die Rose von England, die Königin der Herzen. Von vielen ist sie zum Mythos des 20. Jahrhunderts hochstilisiert worden. Mit ihrer offen gezeigten Liebe zu Dodi hat sie sich, ohne es recht zu ahnen, viele Feinde geschaffen – vor allem im eigenen Land. Der britische Geheimdienst, aber auch andere Geheimdienste haben sie stets im Visier. Pläne werden geschmiedet, um die Prinzessin von ihrer Liebe abzubringen. Und dann, eines Tages im August, wird der Befehl zum Losschlagen erteilt...

Peter Brighton lebt auf der Insel Jersey. Er ist ein bekannter Journalist und Drehbuchautor. *Der Tod des Lächelns* ist sein erster Roman.

Manchmal kommt die Phantasie der Wahrheit am nächsten: Der erste große Schlüsselroman um den Unfalltod der Prinzessin.

Peter Brighton

Der Tod des Lächelns
Roman

Econ | **ULLSTEIN** | List

Diana und Sisi träumten vom Märchenprinzen und scheiterten an der Wirklichkeit. Beide heirateten Männer, die sie kaum kannten. Beide lebten in Familien, in denen es keinen Platz für sie gab. Auf ihre zerbrochenen Beziehungen reagierten beide mit Eßstörungen. Beide litten unter den höfischen Zwängen – und entschieden sich schließlich, den Herrenhäusern die Stirn zu bieten. Sie suchten die fehlende Anerkennung in der Öffentlichkeit – und wurden spontan umjubelt. Doch in ihrem Innern blieben sie einsam. Ihr Leid, ihr Engagement und ihr tragischer Tod lassen sie in den Erinnerungen vieler weiterleben. Renate Daimler ist den Lebenswegen der englischen Prinzessin und der österreichischen Kaiserin nachgegangen und hat erstaunliche Parallelen entdeckt.

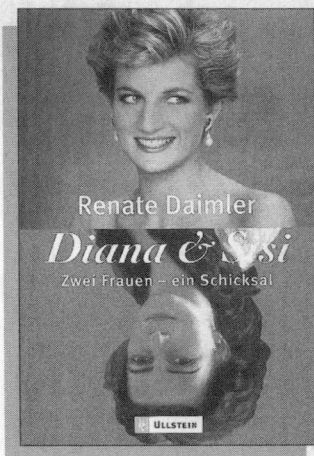

Renate Daimler

Diana & Sisi
Zwei Frauen – ein Schicksal
TB 35976-0

»Schwestern im Schmerz«
DER SPIEGEL

Econ | **Ullstein** | List